企业法律实务

主　编　盛庆川

副主编　吴限英　周红梅

THE PRACTICE OF CORPORATE LEGAL AFFAIRS

厦门大学出版社　国家一级出版社
XIAMEN UNIVERSITY PRESS　全国百佳图书出版单位

图书在版编目（CIP）数据

企业法律实务 / 盛庆川主编；吴限英，周红梅副主编. -- 厦门：厦门大学出版社，2022.10
ISBN 978-7-5615-8649-5

Ⅰ．①企⋯ Ⅱ．①盛⋯ ②吴⋯ ③周⋯ Ⅲ．①企业法—中国—高等学校—教材 Ⅳ．①D922.291.91

中国版本图书馆CIP数据核字(2022)第118524号

出 版 人	郑文礼
责任编辑	许红兵
封面设计	李嘉彬
技术编辑	朱 楷

出版发行 厦门大学出版社

社 址	厦门市软件园二期望海路 39 号
邮政编码	361008
总 机	0592-2181111 0592-2181406(传真)
营销中心	0592-2184458 0592-2181365
网 址	http://www.xmupress.com
邮 箱	xmup@xmupress.com
印 刷	厦门市竞成印刷有限公司

开本	787 mm×1 092 mm 1/16
印张	14
插页	1
字数	299 千字
版次	2022 年 10 月第 1 版
印次	2022 年 10 月第 1 次印刷
定价	46.00 元

本书如有印装质量问题请直接寄承印厂调换

厦门大学出版社
微信二维码

厦门大学出版社
微博二维码

前　言

　　"企业法律实务"是商学院开设的一门必修课,其目的在于培养商科专业学生处理有关企业法律实务的基本技能,培养商科专业学生应用法律知识分析和解决企业经营中可能面临的法律问题的实际能力。本书主要围绕企业生产经营过程中可能遇到的法律问题展开并予以全面阐述,从法律事务处理和法律风险防控出发,全面解析企业设立、运营、破产,企业合同,企业担保,企业工业产权,企业人事劳动管理,企业竞争以及企业诉讼与仲裁等法律实务问题。通过典型案例引导、技能训练和实践活动,营造自主学习氛围,培养学生的法律思维能力和创新意识;激发学生学习法律的兴趣,掌握企业经营活动中常见的法律法规;运用所学知识解决企业经营中常见的经济纠纷;培养学生的法律素养,充分认识守法的重要性,树立以法律约束自己行为的世界观;增强经济法律意识和法律风险意识,树立利用法律维护自己在就业、创新创业中的合法权益的法律观念。

　　本书在编写中,力求通俗、简练,突出基础性、应用性和创新性的特点。本书为黎明职业大学"十四五"校企共建项目,由黎明职业大学盛庆川副教授任主编,负责第一、三章的编写,并负责全书的定稿工作;黎明职业大学周红梅讲师任副主编,负责第二、四章的编写;黎明职业大学讲师吴限英任副主编,负责第六、八章的编写;黎明职业大学副教授黄萃芸负责第五章的编写;黎明职业大学副教授赖锦标负责第七章的编写。福建诺道律师事务所提供案例指导和支持。由于编写时间较紧,任务较重,编者的学识水平有限,书中存在的不妥和疏漏,恳请广大读者批评指正。

编者

2022 年 10 月

目　录

第一章　企业法律实务概述

🔮 能力目标

1.掌握企业经营中可能面临的法律风险,并学会采取相应的防范措施;
2.掌握处理企业法律事务的方式和能力。

🔮 知识目标

1.了解企业的法律概念和特征,了解我国企业不同的分类,以及与企业相关的法律;
2.理解企业法律风险的类型、成因及防范措施;
3.了解企业法律事务的处理方式。

📋 案例导入

iPad 商标转让纠纷

1991 年,台湾人杨荣山创办唯冠科技(深圳)有限公司(以下简称"深圳唯冠"),后陆续在东莞、武汉和长春设厂,6 年后,他把旗下 IT 业务打包以唯冠国际控股有限公司(以下简称"唯冠国际")为名在香港联交所上市。2000 年,唯冠国际下属数家子公司在欧洲及世界其他地区注册了"iPad"商标。2001 年,深圳唯冠在中国注册了 iPad 商标。

2009 年 12 月,苹果股份有限公司(以下简称"苹果公司")通过旗下英国子公司 IP Application 支付 3.5 万英镑(约合 5.5 万美元),从唯冠国际手中买下 iPad 全球商标权。当时,深圳唯冠员工袁辉与麦世宏参与了谈判,苹果公司认为转让协议也包括了 iPad 在中国大陆的商标权。

2010 年 1 月,苹果公司正式发布 iPad。2010 年 9 月 17 日,在中国大陆,推出了同名的 iPad 平板电脑。

2010 年 4 月,苹果公司在深圳市中级人民法院起诉深圳唯冠,认为基于之前的转让协议,自己持有 iPad 商标在大陆的所有权。但深圳法院认为苹果公司是与唯冠国际达成协议的,并未与深圳唯冠签署合约,且也没有证据表明深圳唯冠批准了这一协议,故一审驳回苹果公司的诉讼请求。

与此同时,2011 年,深圳唯冠在深圳与惠州两地起诉苹果经销商,要求禁售 iPad。3 月,深圳唯冠向北京工商局投诉,要求对商标侵权的苹果公司实施罚款。

2012 年 2 月 29 日,苹果公司不服一审判决,向广东省高级人民法院提起上诉。二审中,经广东高院主持调解,苹果公司与深圳唯冠就 iPad 商标权问题达成和解,苹果公司支付 6000 万美元和解费用。

作为跨国大公司的苹果公司在处理商标转让法律事务时,未能根据《中国商标法》关于商标转让的规定积极做好前期的调查和风险评估,也未能在签订合约后积极办理商标转让手续,就仓促在中国境内推出 iPad 产品,导致自己陷入被动局面,最终付出了巨额的赔偿。

案例思考:苹果公司在商标转让合同签订过程中有哪些工作未做好? 如果你是该公司的法务人员或法律顾问,在处理该类事务时,应当如何做好相关工作以防止本案法律风险的发生?

第一节　企业法概述

◇ **目标提示**

通过本节的学习,了解企业法立法概论。

◇ **学习内容**

1.企业概念及法律特征;

2.企业法律分类;

3.我国企业法立法概论。

◇ **重要知识**

企业是指依法成立的,从事商品生产、销售及服务,以营利为目的的社会组织。

一、企业概念

投资人开展商事活动,通常不以自己的名义来进行,而是开设相应的企业,以企业的名义开展商业活动。企业是市场经济的基本细胞,是市场经济中进行生产、流通、交换等经济活动的一种主要组织形式。在我国现有的企业法律下,不同类型的企业在法律地位、设立条件、设立程序、运营管理方式、利润分配、企业税收、融资及投资者的风险等方面均有极大的不同。如何选择适合投资人需求、符合企业业务经营模式和行业特征的企业形式,对投资人而言是非常重要的。我国现行法律,并未对企业的法律概念作一明确的定义。

我们认为,企业是指依法成立的,从事商品生产、销售及服务,以营利为目的的社会组织。企业依法成立后,即作为一个相对独立的主体,以企业名义与其他市场主体或个人发生各种法律关系,并对此承担法律责任。

二、企业法律特征

从概念上来看,企业具有以下三个法律特征:

(一)营利性

开设企业的目的是为投资人获取利润。企业是投资人开展经营活动并获取利润的工具或手段,其存在的基础即营利性,这也是企业与其他社会组织相区别的重要标志。如事业单位或社会团体等,其存在的基础并非营利性。但随着社会的发展,各国法律也要求营利性企业承担更多的社会责任,如劳动者保护、环境保护、捐赠慈善及社会福利等。

(二)组织性

企业是一种社会组织,社会组织是相对于自然人而言的,它是人的集合体,有自己的名称、住所、章程、组织机构及法定代表人等,在法律上视为拟制人格,能够以自己名义对外实施民事行为,开展经营活动,并以自己名义承担相应的民事责任。

(三)法定性

我国法律均对各类企业的设立条件和设立程序作了相应的规定,投资人设立某类企业必须符合法律规定,并按法定程序设立,由此设立的企业才能受法律保护。投资人不可自行创设企业类型。

三、企业法律分类

(一)个人独资企业、普通合伙企业、有限合伙企业、特殊的普通合伙企业、有限责任公司、股份有限公司

按投资人对企业承担责任的不同,可以将企业分为个人独资企业、普通合伙企业、有限合伙企业、特殊的普通合伙企业、有限责任公司、股份有限公司。我国投资人开设企业通常在这六种类型中进行选择,选择最符合自己需求的企业形式。投资人不能自行创设新的企业形式。

个人独资企业是指依照《个人独资企业法》在中国境内设立的,由一个自然人投资,财产为投资人个人所有,投资人以其个人财产对企业债务承担无限责任的经营实体。

普通合伙企业是指依照《合伙企业法》设立的,由普通合伙人组成,合伙人对合伙企业债务承担无限连带责任的经营实体。

有限合伙企业是指依照《合伙企业法》设立的,由普通合伙人和有限合伙人组成,普通合伙人对合伙企业债务承担无限连带责任,有限合伙人以其认缴的出资额为限对合伙企业债务承担责任的经营实体。

特殊的普通合伙企业是指依照《合伙企业法》设立的以专业知识和专门技能为客户提供有偿服务的专业服务机构。一个合伙人或者数个合伙人在执业活动中因故意或者重大过失造成合伙企业债务的,应当承担无限责任或者无限连带责任,其他合伙人以其在合伙企业中的财产份额为限承担责任。合伙人在执业活动中非因故意或者重大过失造成的合伙企业债务以及合伙企业的其他债务,由全体合伙人承担无限连带责任。

有限责任公司是指依照《公司法》设立的,股东以其认缴的出资额为限对公司承担有限责任,公司以其全部资产对其债务承担责任的公司。

股份有限公司是指依照《公司法》设立的,全部资本划分为等额股份,股东以其所认

购的股份为限对公司承担责任,公司以其全部资产对公司的债务承担责任的公司。

(二)法人企业、非法人企业

按企业是否具备法人资格,可将企业分为法人企业和非法人企业。《民法典》规定,法人是指具有民事权利能力和民事行为能力,依法独立享有民事权利和承担民事义务的组织,它通常须具备四个条件:依法成立;有必要的财产或经费;有自己的名称、组织机构和场所;能够独立承担责任。若企业满足法人条件,则为法人企业,否则为非法人企业。前述企业类型中有限责任公司和股份有限公司为法人型企业,其余类型的企业均为非法人型企业。

(三)国有企业、集体企业、私营企业、个体工商户

按投资人性质不同,可将企业分为国有企业、集体企业、私营企业及个体工商户。这种企业分类是我国 20 世纪 80 年代最初采用的企业分类,并按此企业分类进行立法,制定和颁布了《全民所有制工业企业法》《城镇集体所有制企业条例》《乡村集体所有制企业条例》《私营企业暂行条例》《城乡个体工商户管理暂行条例》。

国有企业,又称全民所有制企业,是指企业财产属于全民所有,依法自主经营、自负盈亏、独立核算的商品生产和经营单位。其投资人是国家或国家授权的部门。随着国有企业改制的深入,现在大部分国有企业已改制成公司,如福建省第一公路工程公司改制成福建省第一公路工程集团有限公司;但仍有部分国有企业尚未改制,如泉州市汽车运输总公司。

集体企业,是指财产属于集体所有、实行共同劳动、在分配方式上以按劳分配为主体的经济组织,包括城镇集体企业和乡村集体企业。其投资人是城镇集体或乡村集体组织。之前设立的集体企业大部分已改制成公司,现在很少有集体组织再新设集体企业。

私营企业,是指由自然人投资设立或由自然人控股,以雇佣劳动为基础的营利性经济组织。允许私营企业设立,在 20 世纪 80 年代曾极大地刺激了投资,促进了就业,但随着我国《合伙企业法》《个人独资企业法》等的出台,现在很少有投资者按《私营企业暂行条例》设立企业了。

个体工商户,是指自然人从事工商业经营,经依法登记的自然人或者家庭。个体工商户可以起字号。个体工商户的债务,个人经营的,以个人财产承担;家庭经营的,以家庭财产承担;无法区分的,以家庭财产承担。为了促进就业,我国允许自然人经依法登记直接从事商业经营。据光明网 2022 年 2 月 10 日报道,截至 2021 年年底,全国登记在册的个体工商户已达 1.03 亿户,约占市场主体总量的 2/3。这是一个历史性突破,迈上了 1 亿户。

上述企业分类按企业投资人的身份来进行立法和规范,这种分类法本身不符合市场经济下各类市场主体公平竞争的需要而慢慢被淡化,转而按投资人对企业承担责任的不同进行划分,并以此立法。

(四)中国企业、外国企业

按企业的国籍来分类,可将企业分为中国企业与外国企业。中国企业是指按照中国法律在中国境内设立的企业,属中国企业,无论投资人的国籍。若投资人中有外国人或

外国组织，则可能是中外合作经营企业、中外合资经营企业或外商独资企业。外国企业是指依照外国法律在外国境内设立的企业，属外国企业，无论投资人的国籍。

（五）内资企业、外资企业

中国企业中，按投资人是否均是中国人或中国企业，可将企业分为内资企业与外资企业。无论内资企业还是外资企业，均属于中国企业。内资企业是指全部投资人均是中国人或中国企业，依照中国法律在中国境内设立的企业。外资企业是指至少有一个以上的投资人是外国人或外国组织，其有三种类型：中外合作经营企业、中外合资经营企业和外商独资企业。20 世纪 80 年代以来，我国为了吸引外资，出台了上述三资企业法，对外资企业在各方面提供鼓励和优惠政策，包括税收、用地、贷款等优惠，一定程度上促进了我国市场经济的发展。

四、我国企业法立法概论

我国企业立法的发展历程是根据不同的企业分类进行的，之前按企业投资人的身份对企业进行了分类，如 1988 年 4 月 13 日颁布的《全民所有制工业企业法》、1988 年 6 月 25 日颁布的《私营企业暂行条例》、1990 年 6 月 3 日颁布的《乡村集体所有制企业条例》、1991 年 9 月 9 日颁布的《城镇集体所有制企业条例》。尔后随着市场经济的发展，以企业投资人身份进行的企业分类已不适应新的经济发展需要，不符合公平竞争的市场要求，我国借鉴市场经济国家的做法按企业投资人对企业承担责任的不同对企业进行了分类，分别于 1993 年 12 月 29 日通过《公司法》、1997 年 2 月 23 日通过《合伙企业法》、1999 年 8 月 30 日通过《个人独资企业法》，后在实践中不断完善，《公司法》历经数次修正和一次修订，《合伙企业法》经过一次修订，以适应市场经济发展的需要。我国现行的企业立法比较完备，为市场经济的发展提供了有效的法律保障。

第二节　企业法律风险

◇ 目标提示
通过本节的学习，掌握企业法律风险的概念及类型。

◇ 学习内容
1.企业法律风险概述；
2.企业法律风险的类型及防范；
3.与企业相关的法律法规。

◇ 重要知识
企业法律风险是企业经营风险的一种，是指企业经营中未尽法律审查义务，违反法律规定或合同约定所引发的法律纠纷给企业带来的潜在或已发生的经济损失。法律风险一旦发生，会给企业带来损害，有时甚至会让企业破产倒闭。

一、现代企业与法律关系密切

随着市场经济的不断发展,以及我国民商事法律制度的不断更新和完善,现代企业在经营管理过程中涉及法律的事务越来越多,各种法律风险层出不穷。从企业设立开始,到企业的运行管理,直至企业解散清算,法律风险伴随着企业整个生命周期,企业投资人和管理人须熟悉并掌握与企业相关的所有法律知识,了解企业经营中可能面临的法律风险,才能有效规避风险,合法规范地管理企业,使企业健康地发展和壮大。为避免法律风险的发生,以及发生法律风险后减少经济损失,大部分企业会专门聘请专业律师作为法律顾问,大型企业会成立专门的法务部门或风控部门用于处理企业日常的法律事务和防范日常经营的法律风险。

二、企业法律风险

(一)企业法律风险概念

企业在经营活动中,会遇到各种不确定性事件,这些不确定事件发生的概率及其影响程度是无法事先预知的,它们一旦发生将对经营活动产生影响,并且影响企业目标实现的程度,给企业造成经济损失。这种在一定环境下和一定限期内客观存在的、影响企业目标实现的各种不确定性事件就是企业风险。企业法律风险是企业风险的一种,它是指企业经营中未尽法律审查义务,违反法律规定或合同约定所引发的法律纠纷给企业带来的潜在或已发生的经济损失。法律风险一旦发生,会给企业带来损害,有时甚至会让企业破产倒闭。降低经营过程中的法律风险成为各企业的首要任务,而加强企业防范法律风险的能力,是提高企业竞争力的重要手段。

(二)企业法律风险成因

企业法律风险的成因是多方面的,可能来自社会外部法律环境发生变化,如《公司法》的修订、《民法典》的出台等,也可能来自企业自身未依法依规从事商事活动,更有可能来自第三方的侵权等,由此对企业造成负面的法律后果。

综合来看,社会环境、法律环境、政策环境等外在因素引发的法律风险是企业的外部风险,包括但不限于:新法律的出台,旧法的修订、废止,合同相对人的人为因素及不可抗力等。这些外来因素并非企业自身能够控制的,因而企业不能从根本上杜绝外部环境法律风险的发生。而企业内部管理、经营行为、经营决策等因素引发的法律风险是企业的内部风险,企业可以通过法务部门的设置、法律顾问的聘请以及法律行为的审批等流程设置,减少或控制企业法律风险的发生。

(三)企业法律风险类型

企业法律风险类型多样,总的来说有以下几种:

1.企业设立法律风险

现行法律对各类企业的设立条件和设立程序均有明确规定,它为投资人设立企业设定了条件和程序,在设立过程中会涉及一系列的法律问题:对内而言,投资人之间的法律关系必须理顺和明晰,如投资人出资方式和缴纳方式、企业类型的选择、企业组织机构的设置、企业事务的执行方式、企业利润分配和亏损分担等,均必须以合同或协议的方式进行确认;对外而言,包括设立过程中对外产生的法律后果应当如何分配或承担,及企业设立未果如何处置等。如果没有及时解决涉及的法律问题,那么它必然会在企业设立之后长期存在并影响企业,成为潜在的法律风险。

企业设立风险中最重要的是企业类型选择的风险。投资人选择何种企业类型,考虑的因素是多方面的,通常有以下几个方面:

(1)投资人对企业经营过程中产生的债务承担的是有限责任还是无限责任;

(2)企业所得税的纳税方式,是一次纳税还是两次纳税;

(3)企业经营活动的性质是否适合此类企业形式,投资者的数量及其相互关系;

(4)企业内部运作的有效性及从事业务活动的费用;

(5)筹措资金及其他经济资源的可行性程度。

依照我国现行企业法律规定,投资人可根据上面的因素,从个人独资企业、普通合伙企业、特殊的普通合伙企业、有限合伙企业、有限责任公司、股份有限公司中选择最适合自己的企业形式。例如,考虑投资风险,则可选择有限责任公司;考虑未来融资需要,可以选择股份有限公司;考虑一次纳税,可考虑个人独资或普通合伙企业;专业服务机构可考虑特殊的普通合伙企业;基金管理,可选择有限合伙企业;等等。

2.企业经营法律风险

(1)企业合同法律风险。合同法律风险是指企业在合同订立、生效、履行、变更和转让、终止及违约责任的确定过程中,因自身或对方的行为导致损害或损失的可能性。企业在经营过程中,必然与各类企业发生各种法律关系,如与供应商间的采购合同、与销售商的销售合同、与银行的贷款合同、与广告商的广告合同、与房东的房屋租赁合同、与物业公司的物业管理合同、与代理人的委托合同等。从合同的签订如何设置有利于自身的合同条款,到合同效力的审查,再到如何履行合同义务或督促对方履行合同义务,最后到对方出现违约行为如何追究违约责任等,每个环节均需要把好关,做好风险防范,建立合同管理的长效机制,才能尽可能减少企业合同法律风险的出现。

(2)企业债权债务法律风险。债权债务是指企业在生产经营过程中因销售产品、提供或接受劳务等业务而形成的应收债权或应付债务。企业对债权的及时催收可以有效保障企业现金流,对应付债务的支付可保证企业与客户良好关系的存续,如何控制债权和债务之比,实质上是关系到企业能否良好运转的重大问题。如果企业未对债权债务管理给予足够的重视,势必造成企业死账、呆账的大量增加,从而制约企业的经营与发展。在对债权债务法律风险的防控中,企业应做好确切的记录,留存各笔债权债务交易的凭证或合同等证据材料,并做好建档和保管工作,并且对不同性质的企业债权或债务进行分类,必要时通过诉讼的方式进行解决。

(3)企业用工法律风险。随着高等教育的普及,新一代企业员工的文化素养和法律意识有了较大的提高,员工维权意识较强,企业用工中劳资纠纷有增无减,如何防范企业在用工过程中可能产生的法律风险,也是摆在企业面前最紧迫的问题。《劳动合同法》对于劳动合同的订立、履行、解除等各方面进行了详细规定,《工伤保险条例》对员工工伤认定及赔偿作出了详细规定。这些法律法规对企业合法用工提出了明确的要求,违反法律规定可能承担严重的法律责任,如不签订书面劳动合同须支付双倍工资等规定。企业任何不遵守劳动法律法规的行为都会造成法律风险,防范用工风险,要求企业人力资源管理部门建立规范的用工制度,做好从入职、履职到离职各方面工作,一旦发生劳资纠纷,应当有专门的部门负责处理和沟通。

3.企业知识产权法律风险

随着社会公众的知识产权保护意识不断增强,企业间的知识产权纠纷案件日益增多。例如争议不断的王老吉与加多宝的商标许可纠纷,苹果公司与唯冠的 iPad 商标之争,纽百伦与新百伦的 NB 商标之争。这些知识产权的纠纷关系到企业的生死存亡。因此加强企业自身知识产权的保护,防范企业知识产权被侵害,是企业健康良性发展的根基。

4.企业融资法律风险

企业发展过程中最大的问题是资金问题,破解资金难题是企业的首要任务,企业可以找银行贷款,也可向自然人或社会组织借贷,还可通过发行债券和股票等方式融资。但在融资过程中可能面临的法律风险是非常巨大的,企业如何选择合适的融资方式,有效规避各种融资方式可能遇到的法律风险也是企业融资时应当时刻考量的。近年来,一些企业盲目融资,企业生产规模不断扩大,但是企业利润却并未增加,从而造成企业破产清算的严重后果。

5.企业诉讼法律风险

诉讼风险是企业法律风险当中最常见的风险,也是最显性的风险,一旦败诉,企业会遭受严重的经济损失。在很多人看来,企业的法律风险最终都有可能表现为诉讼风险。企业诉讼大部分是民事纠纷,诉讼的结果将对企业的利益造成直接或间接的影响。企业诉讼涉及诉讼时效确定、调查取证、参加庭审、协调关系、申请执行等复杂过程,任何一个环节处理不妥,对案件的结果都将产生影响,从而导致对企业不利的后果。如何处理企业的诉讼业务,是由企业的法务部门自行处理,还是委托专业的律师事务所处理,必须根据企业自身的需要来决定。除了大型企业的法务部门会自行处理一些简单案件外,大部分诉讼案件通常委托专业律师进行处理,以获得诉讼的先机。

企业诉讼风险还可能是行政纠纷或刑事纠纷,企业违法经营须承担行政责任或刑事责任。企业应当遵循公平竞争的市场规则,合法经营,但为获得竞争优势,企业可能会铤而走险采取各种非法手段,比如:发布虚假广告,违反《广告法》;生产销售伪劣产品,违反《产品质量法》《食品安全法》;假冒他人注册商标,违反《商标法》;等等。企业经营违法,需要承担相应的法律责任,轻则罚款,重则被责令关闭、吊销营业执照或许可证;更严重的甚至要承担刑事责任,被判处刑罚。企业法务部门或管理者应当保证企业经营活动的合法性或合规性,有效防范此类风险的发生。

三、企业法律风险的防范

企业法律风险防范通常须通过事前防范、事中控制和事后补救等来进行。

1.事前防范

风险发生前预防风险最为重要。事前防范与事后补救相比,成本低、效果好。企业管理应当提高风险防范意识,设立专门的法务部门,建立企业风险防范机制和流程,建立与法律顾问沟通和交流的长效机制。

2.事中控制

企业的运营是动态的,所以法律风险的存在也是动态的,对法律风险进行防范与管理也应该是动态的,这就要求在具体工作过程中进行有效的控制。法律风险的过程控制是企业法律风险防范与管理工作的关键因素,它对有效控制法律风险、健全企业法律风险防范体系具有重要意义。

3.事后补救

事后补救要主动。企业要主动开展司法救济和维权工作,控制和化解风险。企业发生法律纠纷或企业合法权益受到侵害时,通过协商、调解、仲裁、诉讼等活动,依法维护企业的合法权益,可以最大限度地避免或挽回企业的经济损失。

第三节　企业法律事务

◇ **目标提示**

通过本节的学习,能够根据企业规模和状况设计符合企业的法务处理方式。

◇ **学习内容**

企业法律事务概念与内容。

◇ **重要知识**

企业法律事务是指企业在生产经营活动中与法律相关的,需要专业人员运用法律知识进行处理的事务。它可能是专门的,如涉讼业务;也可能是与其他事务交叉的,如财税业务或秘书业务。

一、企业法律事务概述

企业法律事务是指企业在生产经营活动中与法律相关的,需要专业人员运用法律知识进行处理的事务。它可能是专门的,如涉讼业务;也可能是与其他事务交叉的,如财税业务或秘书业务。

二、企业法律事务的内容

(一)非诉讼法律事务

企业非诉讼法律事务主要包括:(1)为企业投资人起草章程、合伙协议及合作合同;(2)制定企业劳动合同管理制度;(3)草拟、修改及审查企业日常经营合同及其他法律文书;(4)草拟、修改及审查企业对外签订、出具的各种法律性文件;(5)为企业其他部门提供法律咨询解答;(6)为企业领导决策提供法律意见;(7)参与企业与客户的谈判;(8)为企业上市或融资提供法律意见等。此外,它还包括参与企业法制文化建设、普法教育等。

(二)诉讼法律事务

企业诉讼法律事务是指法务人员或执业律师作为企业的代理人参加民事诉讼、行政诉讼、劳动仲裁(包括工伤认定申请、劳动能力鉴定等)或刑事诉讼,处理解决企业涉讼纠纷,保障企业利益在诉讼中不受损害。

三、企业法律事务的解决途径

企业规模大小不同,处理企业法律事务的方式也有所不同。大型企业的法律事务比较多,可设立法务部,全面处理企业法律事务。法务部工作人员是企业的内部员工,对企业有深入的了解,给出的法律意见更加有效和实用,而且其工作不限于解决特定法律事务纠纷,更能参与企业生产经营管理全过程,并为企业提供全方位法律服务和法律风险防范指导。大型企业通常还聘请专业律师为公司法律顾问,对于重大法律事务或专业的诉讼事务则由专业律师处理,法务部协助,通过内外两种方式构建有效的防控体系。中小型企业的法律事务比较少或者比较简单,可以在企业总裁办、总经理办或行政部下设立法律事务室,主要办理一般企业日常法律事务工作和一些比较简单的法律事务工作,重大法律事务及诉讼业务则委托专业律师办理。规模更小的企业,可以不设法律事务部门,而直接聘请专业律师为公司法律顾问,统一处理法律事务。

本章小结

本章是本课程的入门章节,主要介绍企业法律实务的基础知识。从企业的概念和法律特征出发,介绍在法律上企业分类及我国企业立法的变革;介绍企业法律风险的成因、类型及防控;最后介绍企业法律事务的基本内容和处理方式。通过本章的学习,学生能够正确区分各种类型的企业及其法律特征,能够根据企业法律风险初步提出相应防范与控制措施,能够根据企业法律事务内容初步设计企业法务管理制度。

技能训练

1.企业信息查询和分析

要求：通过全国企业信用网等平台对本地或全国知名企业的企业登记信息进行查询，每个人至少查询 10 家企业信息；对所查询的企业信息及法律形态进行分析和比较，并找出它们的差别。

目的：通过企业信息查询和认知，掌握不同类型企业的特征。

2.请结合实例，说说企业经营中可能涉及的法律风险，并阐述如何进行防范。

第二章 企业设立、运营与破产法律实务

🔆 能力目标

1.能够根据创业者的需要,处理企业设立过程中的法律问题;
2.能结合具体案情分析破产相关问题,提出破产财产分配方案。

🔆 知识目标

1.掌握个人独资企业、合伙企业、公司的设立条件与设立程序;
2.熟悉个人独资企业、合伙企业、公司的运营与管理;
3.熟悉破产管理人、破产费用和共益债务、重整制度、破产清算程序。

📋 案例导入

A、B、C、D四家公司作为发起人拟设立一家股份有限公司,四家公司一致同意,公司注册资本定为6000万元;A公司认购公司的股份额为1000万元,其他三家公司认购公司股份额累计为600万元,拟向社会公开募集的股份数额为4400万元。这四个发起人制定的公司章程草案拟交公司创立大会通过,该公司章程草案规定公司董事会由四家公司各派一名代表作为董事组成,其中A公司所派董事担任董事长,B公司所派董事担任经理,并任公司法定代表人;公司设监事会,由两名监事组成,其中一名监事由C公司所派董事兼任,另一名监事由D公司另外派员出任,是监事会主席。公司如期募集股份成功,准备召开公司创立大会。

案例思考:

1.四个发起人能否募集设立一家股份有限公司? 为什么?

2.该公司发起人认购公司股份符合法律规定吗? 为什么?

3.该股份公司董事会的组成符合法律规定吗? 为什么?

4.该股份公司董事长、法定代表人的产生符合法律规定吗? 为什么?

5.该股份公司监事会的组成符合法律规定吗? 为什么?

第一节　个人独资企业的设立与运营

◇ **目标提示**

通过本节的学习,熟悉我国个人独资企业的设立与运营。

◇ **学习内容**

1.个人独资企业法的立法概况;

2.个人独资企业的设立条件与设立程序;

3.个人独资企业的运营管理。

◇ **重要知识**

个人独资企业是指依法在中国境内设立,由一个自然人投资,财产为投资人个人所有,投资人以其个人财产对企业债务承担无限责任的经营实体。

一、个人独资企业法的立法概况

为了规范个人独资企业的行为,保护个人独资企业投资人和债权人的合法权益,维护社会经济秩序,促进社会主义市场经济的发展,《中华人民共和国个人独资企业法》(以下简称《个人独资企业法》)由第九届全国人民代表大会常务委员会第 11 次会议于 1999 年 8 月 30 日修订通过,自 2000 年 1 月 1 日起施行。

二、个人独资企业的概念与特征

个人独资企业是指依法在中国境内设立,由一个自然人投资,财产为投资人个人所有,投资人以其个人财产对企业债务承担无限责任的经营实体。

个人独资企业相对于合伙企业、公司等其他市场主体而言,具有以下法律特征:

(1)投资人只能是一个自然人。这里的自然人是指具有完全民事行为能力的人。法人和其他组织不能成为个人独资企业的投资人。

(2)不具有法人地位。个人独资企业是典型的非法人企业,但其有自己的住所,能以企业的名义对外进行经济活动。

(3)财产归投资人个人所有。即投资人对企业的财产依法享有所有权。

(4)投资人对企业债务承担无限责任。个人独资企业财产不足以清偿债务的,投资人应当以其个人的其他财产予以清偿。投资人在申请设立登记时明确以其家庭共有财产作为个人出资的,应当依法以家庭共有财产对企业债务承担无限责任。

三、个人独资企业的设立

(一)个人独资企业的设立条件

根据《个人独资企业法》第 8 条的规定,设立个人独资企业应当具备以下条件:

（1）投资人为一个自然人，且只能是中国公民。外国投资者不能成为我国个人独资企业的投资者，我国香港、澳门、台湾的单个自然人也不能成为个人独资企业的投资人。此外，法律、行政法规明令禁止从事营利性活动的人，不得作为投资人申请设立个人独资企业。

（2）有合法的企业名称。个人独资企业的名称应当符合企业名称登记管理有关规定，并与其责任形式及从事的营业相符合，可以叫厂、店、部、中心、工作室等，但不得使用"有限"、"有限责任"或"公司"字样。

（3）有投资人申报的出资。投资人可以以个人财产出资，也可以以家庭共有财产出资，出资数额没有限制。出资方式可以是货币，也可以是实物、土地使用权、知识产权或其他财产权利。

（4）有固定的生产经营场所和必要的生产经营条件。

（5）有必要的从业人员。

（二）个人独资企业的设立程序

申请设立个人独资企业，应当由投资人或者其委托的代理人向个人独资企业所在地的登记机关提交设立申请书、投资人身份证明、生产经营场所使用证明等文件。委托代理人申请设立登记时，应当出具投资人的委托书和代理人的合法证明。

个人独资企业不得从事法律、行政法规禁止经营的业务；从事法律、行政法规规定须报经有关部门审批的业务，应当在申请设立登记时提交有关部门的批准文件。

个人独资企业设立申请书应当载明下列事项：①企业的名称和住所；②投资人的姓名和居所；③投资人的出资额和出资方式；④经营范围。

个人独资企业的营业执照的签发日期，为个人独资企业成立日期。

四、个人独资企业的事务管理

个人独资企业投资人可以自行管理企业事务，也可以委托或者聘用其他具有民事行为能力的人负责企业的事务管理。

投资人委托或者聘用他人管理个人独资企业事务，应当与受托人或者被聘用的人签订书面合同，明确委托的具体内容和授予的权利范围。投资人对受托人或者被聘用的人员职权的限制，不得对抗善意第三人。

受托人或者被聘用的人员应当履行诚信、勤勉义务，按照与投资人签订的合同负责个人独资企业的事务管理。受托人或者被聘用的人员不得有违背诚信、勤勉义务和违法的行为。

五、个人独资企业的权利与义务

（一）权利

根据《个人独资企业法》第24条、第25条的规定，个人独资企业享有以下权利：可以依法申请贷款、取得土地使用权，并享有法律、行政法规规定的其他权利。任何单位和个人不得违反法律、行政法规的规定，以任何方式强制个人独资企业提供财力、物力、人力；

对于违法强制提供财力、物力、人力的行为,个人独资企业有权拒绝。

(二)义务

(1)依法开展经营活动。

(2)依法设置会计账簿,进行会计核算。

(3)依法履行纳税义务。

(4)依法与职工签订劳动合同,保障职工的劳动安全,按时、足额发放职工工资,按照国家规定为职工缴纳社会保险费。

六、个人独资企业的解散与清算

(一)个人独资企业的解散

个人独资企业有下列情形之一时,应当解散:

(1)投资人决定解散;

(2)投资人死亡或者被宣告死亡,无继承人或者继承人决定放弃继承;

(3)被依法吊销营业执照;

(4)法律、行政法规规定的其他情形。

(二)个人独资企业的清算

个人独资企业解散,由投资人自行清算或者由债权人申请人民法院指定清算人进行清算。

投资人自行清算的,应当在清算前 15 日内书面通知债权人;无法通知的,应当予以公告。债权人应当在接到通知之日起 30 日内,未接到通知的应当在公告之日起 60 日内,向投资人申报其债权。

个人独资企业解散后,原投资人对个人独资企业存续期间的债务仍应承担偿还责任,但债权人在 5 年内未向债务人提出偿债请求的,该责任消灭。

个人独资企业解散的,财产应当按照下列顺序清偿:

(1)所欠职工工资和社会保险费用;

(2)所欠税款;

(3)其他债务。

清算期间,个人独资企业不得开展与清算目的无关的经营活动。在按前条规定清偿债务前,投资人不得转移、隐匿财产。

个人独资企业财产不足以清偿债务的,投资人应当以其个人的其他财产予以清偿。

个人独资企业清算结束后,投资人或者人民法院指定的清算人应当编制清算报告,并于 15 日内到登记机关办理注销登记。

第二节　合伙企业的设立与运营

◇ **目标提示**

通过本节的学习,熟悉我国合伙企业的设立与运营。

◇ **学习内容**

1.合伙企业法的立法概况;

2.合伙企业的设立条件与设立程序;

3.合伙企业的运营管理。

◇ **重要知识**

普通合伙企业是指由普通合伙人组成,合伙人对合伙企业债务依照《合伙企业法》规定承担无限连带责任的一种合伙企业。

有限合伙企业是指由普通合伙人和有限合伙人组成,普通合伙人对合伙企业债务承担无限连带责任,有限合伙人以其认缴的出资额为限对合伙企业债务承担责任的一种合伙企业。

一、合伙企业法概述

(一)合伙企业法的概念

合伙企业法有广义和狭义之分。狭义的合伙企业法,是指由国家立法机关依法制定的《中华人民共和国合伙企业法》。该法于 1997 年 2 月 23 日由第八届全国人民代表大会常务委员会第 24 次会议通过,2006 年 8 月 27 日第十届全国人民代表大会常务委员会第 23 次会议修订,修订后的《中华人民共和国合伙企业法》(以下简称《合伙企业法》),自 2007 年 6 月 1 日起施行。广义的合伙企业法,是指国家立法机关或者其他有权机关依法制定的、调整合伙企业合伙关系的各种法律规范的总称。

(二)合伙企业法的基本原则

《合伙企业法》规定了下列基本原则:①协商原则;②自愿、平等、公平、诚实信用原则;③守法原则;④合法权益受法律保护原则;⑤依法纳税原则。

二、合伙企业的概念及分类

合伙企业,是指自然人、法人和其他组织依照《合伙企业法》在中国境内设立的普通合伙企业和有限合伙企业。

合伙企业分为普通合伙企业和有限合伙企业。普通合伙企业由普通合伙人组成,合伙人对合伙企业债务承担无限连带责任。《合伙企业法》对普通合伙人承担责任的形式有特别规定的,从其规定。有限合伙企业由普通合伙人和有限合伙人组成,普通合伙人对合伙企业债务承担无限连带责任,有限合伙人以其认缴的出资额为限对合伙企业债务承担责任。

三、普通合伙企业

(一)普通合伙企业概述

普通合伙企业,是指由普通合伙人组成,合伙人对合伙企业债务依照《合伙企业法》规定承担无限连带责任的一种合伙企业。普通合伙企业具有以下特点:

(1)由普通合伙人组成。所谓普通合伙人,是指在合伙企业中对合伙企业的债务依法承担无限连带责任的自然人、法人和其他组织。《合伙企业法》规定,国有独资公司、国有企业、上市公司以及公益性的事业单位、社会团体不得成为普通合伙人。

(2)合伙人对合伙企业债务依法承担无限连带责任,法律另有规定的除外。所谓无限连带责任,包括两个方面。一是连带责任,即所有的合伙人对合伙企业的债务都有责任向债权人偿还,不管自己在合伙协议中所承担的比例如何。一个合伙人不能清偿对外债务的,其他合伙人都有清偿的责任。但是,当某一合伙人偿还合伙企业的债务超过自己所应承担的数额时,有权向其他合伙人追偿。二是无限责任,即所有的合伙人不仅以自己投入合伙企业的资金和合伙企业的其他资金对债权人承担清偿责任,而且在不够清偿时还要以合伙人自己所有的财产对债权人承担清偿责任。

(二)普通合伙企业的设立条件

根据《合伙企业法》的规定,设立普通合伙企业,应当具备下列条件:

1.有两个以上合伙人

关于合伙人的资格,《合伙企业法》作了以下限定:①合伙人可以是自然人,也可以是法人或者其他组织。如何组成,除法律另有规定外不受限制。②合伙人为自然人的,应当具有完全民事行为能力。无民事行为能力人和限制民事行为能力人不得成为合伙企业的合伙人。③国有独资公司、国有企业、上市公司以及公益性的事业单位、社会团体不得成为普通合伙人。

2.有书面合伙协议

合伙协议是指由各合伙人通过协商,共同决定相互间的权利义务,达成的具有法律约束力的协议。合伙协议应当依法由全体合伙人协商一致,以书面形式订立。合伙协议应当载明下列事项:①合伙企业的名称和主要经营场所的地点;②合伙目的和合伙经营范围;③合伙人的姓名或者名称、住所;④合伙人的出资方式、数额和缴付期限;⑤利润分配、亏损分担方式;⑥合伙事务的执行;⑦入伙与退伙;⑧争议解决办法;⑨合伙企业的解散与清算;⑩违约责任等。合伙协议经全体合伙人签名、盖章后生效。合伙人按照合伙协议享有权利,履行义务。修改或者补充合伙协议,应当经全体合伙人一致同意;但是,合伙协议另有约定的除外。合伙协议未约定或者约定不明确的事项,由合伙人协商决定;协商不成的,依照《合伙企业法》和其他有关法律、行政法规的规定处理。

3.有合伙人认缴或者实际缴付的出资

合伙协议生效后,合伙人应当按照合伙协议的规定缴纳出资。合伙人可以用货币、实物、知识产权、土地使用权或者其他财产权利出资,也可以用劳务出资。合伙人的劳务出资形式是有别于公司出资形式的重要不同之处。合伙人以实物、知识产权、土地使用权或者其他财产权利出资,需要评估作价的,可以由全体合伙人协商确定,也可以由全体合伙人委托法定评估机构评估。合伙人以劳务出资的,其评估办法由全体合伙人协商确定,并在合伙协议中载明。合伙人应当按照合伙协议约定的出资方式、数额和缴付期限,履行出资义务。以非货币财产出资的,依照法律、行政法规的规定,需要办理财产权转移手续的,应当依法办理。

4.有合伙企业的名称和生产经营场所

普通合伙企业应当在其名称中标明"普通合伙"字样,其中,特殊的普通合伙企业应当在其名称中标明"特殊普通合伙"字样。

5.法律、行政法规规定的其他条件

(三)普通合伙企业的设立登记

1.申请人向企业登记机关提交相关文件

该类文件有:①全体合伙人签署的设立登记申请书;②合伙协议书;③全体合伙人的身份证明;④全体合伙人指定的代表或者共同委托代理人的委托书;⑤全体合伙人对各合伙人认缴或者实际缴付出资的确认书;⑥经营场所证明;⑦其他法定的证明文件。

此外,法律、行政法规规定设立合伙企业须经批准的,还应当提交有关批准文件。合伙协议约定或者全体合伙人决定,委托一个或者数个合伙人执行合伙事务的,还应当提交全体合伙人的委托书。

2.企业登记机关核发营业执照

合伙企业的营业执照签发日期,为合伙企业的成立日期。合伙企业领取营业执照前,合伙人不得以合伙企业名义从事合伙业务。

合伙企业设立分支机构,应当向分支机构所在地的企业登记机关申请登记,领取营业执照。合伙企业登记事项发生变更的,执行合伙事务的合伙人应当自作出变更决定或者发生变更事由之日起15日内,向企业登记机关申请办理变更登记。

(四)普通合伙企业的财产

1.合伙企业财产的构成

根据《合伙企业法》的规定,合伙人的出资、以合伙企业名义取得的收益和依法取得的其他财产,均为合伙企业的财产。从这一规定可以看出,合伙企业财产由以下三部分构成:

(1)合伙人的出资。《合伙企业法》规定,合伙人可以用货币、实物、知识产权、土地使用权或者其他财产权利出资,也可以用劳务出资。这些出资形成合伙企业的原始财产。

(2)以合伙企业名义取得的收益。合伙企业作为一个独立的经济实体,有自己的独立利益,因此,企业以其名义取得的收益作为合伙企业获得的财产,当然归属于合伙企业,成为合伙企业财产的一部分。以合伙企业名义取得的收益,主要包括合伙企业的公共积累资金、未分配的盈余、合伙企业债权、合伙企业取得的工业产权和非专利技术等财产权利。

(3)依法取得的其他财产。即根据法律、行政法规的规定合法取得的其他财产,如合法接受的赠与财产等。

2.合伙企业财产的性质

合伙企业的财产具有独立性和完整性两方面的特征。所谓独立性,是指合伙企业的财产独立于合伙人,合伙人出资以后,一般来说,便丧失了对其作为出资部分的财产的所有权或者持有权、占有权,合伙企业的财产权主体是合伙企业,而不是单独的每一个合伙人。所谓完整性,是指合伙企业的财产作为一个完整的统一体而存在,合伙人对合伙企业财产权益的表现形式仅是依照合伙协议所确定的财产收益份额或者比例。

3.合伙人财产份额的转让

合伙人财产份额的转让,是指合伙企业的合伙人向他人转让其在合伙企业中的全部或者部分财产份额的行为。由于合伙人财产份额的转让将会影响到合伙企业以及各合伙人的切身利益,因此,《合伙企业法》对合伙人财产份额的转让作了以下限制性规定:

(1)除合伙协议另有约定外,合伙人向合伙人以外的人转让其在合伙企业中的全部或者部分财产份额时,须经其他合伙人一致同意。

(2)合伙人之间转让在合伙企业中的全部或者部分财产份额时,应当通知其他合伙人。

(3)合伙人向合伙人以外的人转让其在合伙企业中的财产份额的,在同等条件下,其他合伙人有优先购买权;但是,合伙协议另有约定的除外。

此外,由于合伙人财产份额出质可能导致该财产份额依法发生权利转移,《合伙企业法》规定,合伙人以其在合伙企业中的财产份额出质的,须经其他合伙人一致同意;未经其他合伙人一致同意,其行为无效,由此给善意第三人造成损失的,由行为人依法承担赔偿责任。

(五)普通合伙企业合伙事务的执行

1.合伙事务执行的形式

根据《合伙企业法》的规定,合伙人执行合伙企业事务,可以有以下两种形式:

(1)全体合伙人共同执行合伙事务。这是合伙事务执行的基本形式,也是在合伙企业中经常使用的一种形式,尤其是在合伙人较少的情况下更为适宜。在采取这种形式的合伙企业中,按照合伙协议的约定,各个合伙人都直接参与经营,处理合伙企业的事务,对外代表合伙企业。

(2)委托一个或者数个合伙人执行合伙事务。该形式是在各合伙人共同执行合伙事务的基础上引申而来的。在合伙企业中,有权执行合伙事务的合伙人并不都愿意行使这种权利,而愿意委托其中的一个或者数个合伙人执行合伙事务,从而就从共同执行合伙事务的基本形式中,引申出了共同委托一部分人去执行合伙事务的形式。按照合伙协议的约定或者经全体合伙人决定,可以委托一个或者数个合伙人对外代表合伙企业,执行合伙事务。

合伙人可以将合伙事务委托一个或者数个合伙人执行,但并非所有的合伙事务都可以委托给部分合伙人决定。根据《合伙企业法》的规定,除合伙协议另有约定外,合伙企业的下列事项应当经全体合伙人一致同意:①改变合伙企业的名称;②改变合伙企业的经营范围、主要经营场所的地点;③处分合伙企业的不动产;④转让或者处分合伙企业的知识产权和其他财产权利;⑤以合伙企业名义为他人提供担保;⑥聘任合伙人以外的人担任合伙企业的经营管理人员。

2.合伙人在执行合伙事务中的权利和义务

(1)合伙人在执行合伙事务中的权利。根据《合伙企业法》的规定,合伙人在执行合伙事务中的权利主要包括以下内容:

①合伙人对执行合伙事务享有同等的权利。合伙企业的特点之一就是合伙经营,各合伙人无论其出资多少,都有权平等享有执行合伙企业事务的权利。

②执行合伙事务的合伙人对外代表合伙企业。合伙人在代表合伙企业执行事务时,不是以个人的名义进行一定的民事行为,而是以合伙企业事务执行人的身份组织实施企业的生产经营活动。

③不执行合伙事务的合伙人的监督权利。《合伙企业法》规定,不执行合伙事务的合伙人有权监督执行事务合伙人执行合伙事务的情况。这一规定有利于维护全体合伙人的共同利益,同时也可以促进合伙事务执行人更加认真谨慎地处理合伙企业事务。

④合伙人有查阅合伙企业会计账簿等财务资料的权利。每个合伙人都有权利而且有责任关心了解合伙企业的全部经营活动。因此,查阅合伙企业会计账簿等财务资料,作为了解合伙企业经营状况和财务状况的有效手段,成为合伙人的一项重要权利。

⑤合伙人有提出异议的权利和撤销委托的权利。在合伙人分别执行合伙事务的情况下,由于执行合伙事务的合伙人的行为所产生的亏损和责任要由全体合伙人承担,因此,《合伙企业法》规定,合伙人分别执行合伙事务的,执行事务合伙人可以对其他合伙人执行的事务提出异议。

(2)合伙人在执行合伙事务中的义务。根据《合伙企业法》的规定,合伙人在执行合伙事务中的义务主要包括以下内容:

①合伙事务执行人应当向不参加执行事务的合伙人报告企业经营状况和财务状况。《合伙企业法》规定,由一个或者数个合伙人执行合伙事务的,执行事务合伙人应当定期向其他合伙人报告事务执行情况以及合伙企业的经营和财务状况,其执行合伙事务所产生的收益归合伙企业,所产生的费用和亏损由合伙企业承担。

②合伙人不得自营或者同他人合作经营与本合伙企业相竞争的业务。

③合伙人不得同本合伙企业进行交易。

④合伙人不得从事损害本合伙企业利益的活动。

3.合伙事务执行的决议办法

《合伙企业法》规定,合伙人对合伙企业有关事项作出决议,按照合伙协议约定的表决办法办理。合伙协议未约定或者约定不明确的,实行合伙人一人一票并经全体合伙人过半数通过的表决办法。《合伙企业法》对合伙企业的表决办法另有规定的,从其规定。

4.合伙企业的损益分配

(1)合伙企业的利润分配、亏损分担,按照合伙协议的约定办理;合伙协议未约定或者约定不明确的,由合伙人协商决定;协商不成的,由合伙人按照实缴出资比例分配、分担;无法确定出资比例的,由合伙人平均分配、分担。

(2)合伙协议不得约定将全部利润分配给部分合伙人或者由部分合伙人承担全部亏损。

5.非合伙人参与经营管理

在合伙企业中,往往由于合伙人经营管理能力不足,需要在合伙人之外聘任非合伙人担任合伙企业的经营管理人员,参与合伙企业的经营管理工作。《合伙企业法》规定,除合伙协议另有约定外,经全体合伙人一致同意,可以聘任合伙人以外的人担任合伙企业的经营管理人员。

关于被聘任的经营管理人员的职责,《合伙企业法》作了明确规定,主要有:①被聘任的合伙企业的经营管理人员应当在合伙企业授权范围内履行职务;②被聘任的合伙企业的经营管理人员,超越合伙企业授权范围履行职务,或者在履行职务过程中因故意或者重大过失给合伙企业造成损失的,依法承担赔偿责任。

(六)普通合伙企业和普通合伙人的债务清偿

1.合伙企业的债务清偿与合伙人的关系

(1)合伙企业财产优先清偿。《合伙企业法》规定,合伙企业对其债务,应先以其全部财产进行清偿。所谓合伙企业的债务,是指在合伙企业存续期间产生的债务。合伙企业对其债务,应先以其全部财产进行清偿。

(2)合伙人的无限连带清偿责任。《合伙企业法》规定,合伙企业不能清偿到期债务的,合伙人承担无限连带责任。当合伙企业的全部财产不足以偿付到期债务时,合伙企业的债权人对合伙企业所负债务,可以向任何一个合伙人主张,该合伙人不得以其出资的份额大小、合伙协议有特别约定、合伙企业债务另有担保人或者自己已经偿付所承担的份额的债务等理由来拒绝。

(3)合伙人之间的债务分担和追偿。《合伙企业法》规定,合伙人由于承担无限连带责任,清偿数额超过规定的其分担比例的,有权向其他合伙人追偿。

2.合伙人的债务清偿与合伙企业的关系

在合伙企业存续期间,可能发生个别合伙人因不能偿还其私人债务而被追索的情况。由于合伙人在合伙企业中拥有财产权益,合伙人的债权人可能向合伙企业提出各种清偿请求。为了保护合伙企业和其他合伙人的合法权益,同时保护债权人的合法权益,《合伙企业法》作了如下规定:

(1)合伙人发生与合伙企业无关的债务,相关债权人不得以其债权抵销其对合伙企业的债务;也不得代位行使合伙人在合伙企业中的权利。

(2)合伙人的自有财产不足清偿其与合伙企业无关的债务的,该合伙人可以以其从合伙企业中分取的收益用于清偿;债权人也可以依法请求人民法院强制执行该合伙人在合伙企业中的财产份额用于清偿。

人民法院强制执行合伙人的财产份额时,应当通知全体合伙人,其他合伙人有优先购买权;其他合伙人未购买,又不同意将该财产份额转让给他人的,依照《合伙企业法》的规定为该合伙人办理退伙结算,或者办理削减该合伙人相应财产份额的结算。

(七)入伙与退伙

1.入伙

入伙,是指在合伙企业存续期间,合伙人以外的第三人加入合伙,从而取得合伙人资格。

(1)入伙的条件和程序。《合伙企业法》规定,新合伙人入伙,除合伙协议另有约定外,应当经全体合伙人一致同意,并依法订立书面入伙协议。订立入伙协议时,原合伙人应当向新合伙人如实告知原合伙企业的经营状况和财务状况。

(2)新合伙人的权利和责任。一般来讲,入伙的新合伙人与原合伙人享有同等权利,承担同等责任。但是,如果原合伙人愿意以更优越的条件吸引新合伙人入伙,或者新合伙人愿意以较为不利的条件入伙,也可以在入伙协议中另行约定。关于新入伙人对入伙前合伙企业的债务承担问题,《合伙企业法》规定,新合伙人对入伙前合伙企业的债务承担无限连带责任。

2.退伙

退伙是指合伙人退出合伙企业,从而丧失合伙人资格。

(1)退伙的原因。合伙人退伙,一般有两种原因:一是自愿退伙,二是法定退伙。

自愿退伙,是指合伙人基于自愿的意思表示而退伙。自愿退伙可以分为协议退伙和通知退伙两种。

关于协议退伙,《合伙企业法》规定,合伙协议约定合伙期限的,在合伙企业存续期间,有下列情形之一的,合伙人可以退伙:①合伙协议约定的退伙事由出现;②经全体合伙人一致同意;③发生合伙人难以继续参加合伙的事由;④其他合伙人严重违反合伙协议约定的义务。合伙人违反上述规定退伙的,应当赔偿由此给合伙企业造成的损失。

关于通知退伙,《合伙企业法》规定,合伙协议未约定合伙期限的,合伙人在不给合伙企业事务执行造成不利影响的情况下,可以退伙,但应当提前30日通知其他合伙人。由此可见,法律对通知退伙有一定的限制,即附有以下三项条件:①必须是合伙协议未约定合伙企业的经营期限;②必须是合伙人的退伙不给合伙企业事务执行造成不利影响;③必须提前30日通知其他合伙人。这三项条件必须同时具备,缺一不可。合伙人违反上述规定退伙的,应当赔偿由此给合伙企业造成的损失。

法定退伙,是指合伙人因出现法律规定的事由而退伙。法定退伙分为当然退伙和除名两类。

关于当然退伙,《合伙企业法》规定,合伙人有下列情形之一的,当然退伙:①作为合伙人的自然人死亡或者被依法宣告死亡;②个人丧失偿债能力;③作为合伙人的法人或者其他组织依法被吊销营业执照、责令关闭、撤销,或者被宣告破产;④法律规定或者合伙协议约定合伙人必须具有相关资格而丧失该资格;⑤合伙人在合伙企业中的全部财产份额被人民法院强制执行。此外,合伙人被依法认定为无民事行为能力人或者限制民事行为能力人的,经其他合伙人一致同意,可以依法转为有限合伙人,普通合伙企业依法转为有限合伙企业。其他合伙人未能一致同意的,该无民事行为能力或者限制民事行为能力的合伙人退伙。当然,退伙以退伙事由实际发生之日起为退伙生效日。

关于除名,《合伙企业法》规定,合伙人有下列情形之一的,经其他合伙人一致同意,可以决议将其除名:①未履行出资义务;②因故意或者重大过失给合伙企业造成损失;③执行合伙事务时有不正当行为;④发生合伙协议约定的事由。对合伙人的除名决议应当书面通知被除名人。被除名人接到除名通知之日起,除名生效,被除名人退伙。被除名人对除名决议有异议的,可以自接到除名通知之日起 30 日内,向人民法院起诉。

(2)退伙的效果。退伙的效果,是指退伙时退伙人在合伙企业中的财产份额和民事责任的归属变动。分为两类情况:一是财产继承,二是退伙结算。

关于财产继承,《合伙企业法》规定,合伙人死亡或者被依法宣告死亡的,对该合伙人在合伙企业中的财产份额享有合法继承权的继承人,按照合伙协议的约定或者经全体合伙人一致同意,从继承开始之日起,取得该合伙企业的合伙人资格。有下列情形之一的,合伙企业应当向合伙人的继承人退还被继承合伙人的财产份额:①继承人不愿意成为合伙人;②法律规定或者合伙协议约定合伙人必须具有相关资格,而该继承人未取得该资格;③合伙协议约定不能成为合伙人的其他情形。合伙人的继承人为无民事行为能力人或者限制民事行为能力人的,经全体合伙人一致同意,可以依法成为有限合伙人,普通合伙企业依法转为有限合伙企业。全体合伙人未能一致同意的,合伙企业应当将被继承合伙人的财产份额退还该继承人。

关于退伙结算,除合伙人死亡或者被依法宣告死亡的情形外,《合伙企业法》对退伙结算作了以下规定:①合伙人退伙,其他合伙人应当与该退伙人按照退伙时的合伙企业财产状况进行结算,退还退伙人的财产份额。退伙人对给合伙企业造成的损失负有赔偿责任的,相应扣减其应当赔偿的数额。退伙时有未了结的合伙企业事务的,待该事务了结后进行结算。②退伙人在合伙企业中财产份额的退还办法,由合伙协议约定或者由全体合伙人决定,可以退还货币,也可以退还实物。③合伙人退伙时,合伙企业财产少于合伙企业债务的,退伙人应当依照法律规定分担亏损,即如果合伙协议约定亏损分担比例的,按照合伙协议的约定办理;合伙协议未约定或者约定不明确的,由合伙人协商决定;协商不成的,由合伙人按照实缴出资比例分担;无法确定出资比例的,由合伙人平均分担。

合伙人退伙以后,并不能解除对于合伙企业既往债务的连带责任。根据《合伙企业法》的规定,退伙人对基于其退伙前的原因发生的合伙企业债务,承担无限连带责任。

四、特殊的普通合伙企业

(一)特殊的普通合伙企业的概念

特殊的普通合伙企业,是指以专业知识和专门技能为客户提供有偿服务的专业服务机构。特殊的普通合伙企业名称中应当标明"特殊普通合伙"字样。

(二)特殊的普通合伙企业的责任形式

1.责任承担

《合伙企业法》规定,一个合伙人或者数个合伙人在执业活动中因故意或者重大过失造成合伙企业债务的,应当承担无限责任或者无限连带责任,其他合伙人以其在合伙企业中的财产份额为限承担责任。合伙人在执业活动中非因故意或者重大过失造成的合伙企业债务以及合伙企业的其他债务,由全体合伙人承担无限连带责任。所谓重大过失,是指明知可能造成损失而轻率地作为或者不作为。根据这一法律规定,特殊的普通合伙企业的责任形式分为以下两种:

(1)有限责任与无限连带责任相结合。即一个合伙人或者数个合伙人在执业活动中因故意或者重大过失造成合伙企业债务的,应当承担无限责任或者无限连带责任,其他合伙人以其在合伙企业中的财产份额为限承担责任。由于特殊普通合伙企业的特殊性,为了保证特殊的普通合伙企业的健康发展,必须对合伙人的责任形式予以改变,否则以专业知识和专门技能为客户提供服务的专业服务机构难以存续。因此,对一个或者数个在执业活动中有故意或者重大过失行为的合伙人应当与其他合伙人区别对待,对于负有重大责任的合伙人应当承担无限责任或者无限连带责任,其他合伙人只以其在合伙企业中的财产份额为限承担责任。这也符合公平、公正原则,如果不分清责任,简单地归责于无限连带责任或者有限责任,不但对其他合伙人不公平,而且债权人的利益也难以得到保障。

(2)无限连带责任。对合伙人在执业活动中非因故意或者重大过失造成的合伙企业债务以及合伙企业的其他债务,全体合伙人承担无限连带责任。这是在责任划分的基础上作出的合理规定,以最大限度地实现公平、正义和保障债权人的合法权益。当然,这种责任形式的前提是合伙人在执业过程中不存在重大过错,即既没有故意也不存在重大过失。

2.责任追偿

《合伙企业法》规定,合伙人在执业活动中因故意或者重大过失造成的合伙企业债务,以合伙企业财产对外承担责任后,该合伙人应当按照合伙协议的约定,对给合伙企业造成的损失承担赔偿责任。

(三)特殊的普通合伙企业的执业风险防范

特殊的普通合伙企业应当建立执业风险基金,办理职业保险。

执业风险基金,主要是指为了化解经营风险,特殊的普通合伙企业从其经营收益中提取相应比例的资金留存或者根据相关规定上缴至指定机构所形成的资金。执业风险基金用于偿付合伙人执业活动造成的债务。执业风险基金应当单独立户管理。

职业保险,又称职业责任保险,是指承保各种专业技术人员因工作上的过失或者疏忽大意所造成的合同一方或者他人的人身伤害或者财产损失的经济赔偿责任的保险。

五、有限合伙企业

(一)有限合伙企业的概念和法律适用

1.有限合伙企业的概念

有限合伙企业,是指由有限合伙人和普通合伙人共同组成,普通合伙人对合伙企业债务承担无限连带责任,有限合伙人以其认缴的出资额为限对合伙企业债务承担责任的合伙组织。

2.有限合伙企业的法律适用

凡是《合伙企业法》中对有限合伙企业有特殊规定的,应当适用有关《合伙企业法》中对有限合伙企业的特殊规定。无特殊规定的,适用有关普通合伙企业及其合伙人的一般规定。

(二)有限合伙企业设立的特殊规定

1.有限合伙企业人数

(1)有限合伙企业由 2 个以上 50 个以下合伙人设立;但是,法律另有规定的除外。

(2)有限合伙企业至少应当有 1 个普通合伙人。

(3)在有限合伙企业存续期间,有限合伙人的人数可能发生变化。有限合伙企业仅剩有限合伙人的,应当解散;有限合伙企业仅剩普通合伙人的,应当转为普通合伙企业。

2.有限合伙企业名称

《合伙企业法》规定,有限合伙企业名称中应当标明"有限合伙"字样。

3.有限合伙企业协议

有限合伙企业协议是有限合伙企业生产经营的重要法律文件。有限合伙企业协议除符合普通合伙企业合伙协议的规定外,还应当载明下列事项:①普通合伙人和有限合伙人的姓名或者名称、住所;②执行事务合伙人应具备的条件和选择程序;③执行事务合伙人的违约处理办法;④执行事务合伙人的除名条件和更换程序;⑤有限合伙人入伙、退伙的条件、程序以及相关责任;⑥有限合伙人和普通合伙人相互转变程序。

4.有限合伙人出资形式

《合伙企业法》规定,有限合伙人可以用货币、实物、知识产权、土地使用权或者其他财产权利作价出资。有限合伙人不得以劳务出资。

5.有限合伙人出资义务

《合伙企业法》规定,有限合伙人应当按照合伙协议的约定按期足额缴纳出资;未按期足额缴纳的,应当承担补缴义务,并对其他合伙人承担违约责任。

6.有限合伙企业登记事项

《合伙企业法》规定,有限合伙企业登记事项中应当载明有限合伙人的姓名或者名称及认缴的出资数额。

(三)有限合伙企业事务执行的特殊规定

1.有限合伙企业事务执行人

《合伙企业法》规定,有限合伙企业由普通合伙人执行合伙事务。执行事务合伙人可以要求在合伙协议中确定执行事务的报酬及报酬提取方式,如合伙协议约定数个普通合伙人执行合伙事务,这些普通合伙人均为合伙事务执行人;如合伙协议无约定,全体普通合伙人是合伙事务的共同执行人。合伙事务执行人除享有一般合伙人相同的权利外,还有接受其他合伙人的监督和检查、谨慎执行合伙事务的义务,若因自己的过错造成合伙财产损失的,应向合伙企业或其他合伙人负赔偿责任。

2.禁止有限合伙人执行合伙事务

《合伙企业法》规定,有限合伙人不执行合伙事务,不得对外代表有限合伙企业。有限合伙人的下列行为,不视为执行合伙事务:①参与决定普通合伙人入伙、退伙;②对企业的经营管理提出建议;③参与选择承办有限合伙企业审计业务的会计师事务所;④获取经审计的有限合伙企业财务会计报告;⑤对涉及自身利益的情况,查阅有限合伙企业财务会计账簿等财务资料;⑥在有限合伙企业中的利益受到侵害时,向有责任的合伙人主张权利或者提起诉讼;⑦执行事务合伙人怠于行使权利时,督促其行使权利或者为了本企业的利益以自己的名义提起诉讼;⑧依法为本企业提供担保。

另外,《合伙企业法》规定,第三人有理由相信有限合伙人为普通合伙人并与其交易的,该有限合伙人对该笔交易承担与普通合伙人同样的责任。有限合伙人未经授权以有限合伙企业名义与他人进行交易,给有限合伙企业或者其他合伙人造成损失的,该有限合伙人应当承担赔偿责任。

3.有限合伙企业利润分配

《合伙企业法》规定,有限合伙企业不得将全部利润分配给部分合伙人;但是合伙协议另有约定的除外。

4.有限合伙人的权利

(1)有限合伙人可以同本企业进行交易。《合伙企业法》规定,有限合伙人可以同本有限合伙企业进行交易;但是,合伙协议另有约定的除外。

(2)有限合伙人可以经营与本企业相竞争的业务。《合伙企业法》规定,有限合伙人可以自营或者同他人合作经营与本有限合伙企业相竞争的业务;但是,合伙协议另有约定的除外。

(四)有限合伙企业财产出质与转让的特殊规定

1.有限合伙人财产份额出质

《合伙企业法》规定,有限合伙人可以将其在有限合伙企业中的财产份额出质;但是,合伙协议另有约定的除外。

2.有限合伙人财产份额转让

《合伙企业法》规定,有限合伙人可以按照合伙协议的约定向合伙人以外的人转让其在有限合伙企业中的财产份额,但应当提前30日通知其他合伙人。

(五)有限合伙人债务清偿的特殊规定

《合伙企业法》规定,有限合伙人的自有财产不足清偿其与合伙企业无关的债务的,该合伙人可以以其从有限合伙企业中分取的收益用于清偿;债权人也可以依法请求人民法院强制执行该合伙人在有限合伙企业中的财产份额用于清偿。人民法院强制执行有限合伙人的财产份额时,应当通知全体合伙人。在同等条件下,其他合伙人有优先购买权。

(六)有限合伙企业入伙与退伙的特殊规定

1.入伙

《合伙企业法》规定,新入伙的有限合伙人对入伙前有限合伙企业的债务,以其认缴的出资额为限承担责任。需要注意的是,在普通合伙企业中,新入伙的合伙人对入伙前合伙企业的债务承担连带责任,而在有限合伙企业中,新入伙的有限合伙人对入伙前有限合伙企业的债务,以其认缴的出资额为限承担责任。

2.退伙

(1)有限合伙人当然退伙。《合伙企业法》规定,有限合伙人出现下列情形时当然退伙:①作为合伙人的自然人死亡或者被依法宣告死亡;②作为合伙人的法人或者其他组织依法被吊销营业执照、责令关闭、撤销,或者被宣告破产;③法律规定或者合伙协议约定合伙人必须具有相关资格而丧失该资格;④合伙人在合伙企业中的全部财产份额被人民法院强制执行。

(2)有限合伙人丧失民事行为能力的处理。《合伙企业法》规定,作为有限合伙人的自然人在有限合伙企业存续期间丧失民事行为能力的,其他合伙人不得因此要求其退伙。

(3)有限合伙人继承人的权利。《合伙企业法》规定,作为有限合伙人的自然人死亡、被依法宣告死亡或者作为有限合伙人的法人及其他组织终止时,其继承人或者权利承受人可以依法取得该有限合伙人在有限合伙企业中的资格。

(4)有限合伙人退伙后的责任承担。《合伙企业法》规定,有限合伙人退伙后,对基于其退伙前的原因发生的有限合伙企业债务,以其退伙时从有限合伙企业中取回的财产承担责任。

(七)有限合伙企业合伙人性质转变的特殊规定

《合伙企业法》规定,除合伙协议另有约定外,普通合伙人转变为有限合伙人,或者有限合伙人转变为普通合伙人,应当经全体合伙人一致同意。有限合伙人转变为普通合伙人的,对其作为有限合伙人期间有限合伙企业发生的债务承担无限连带责任。普通合伙人转变为有限合伙人的,对其作为普通合伙人期间合伙企业发生的债务承担无限连带责任。

六、合伙企业的解散、清算和违反《合伙企业法》的法律责任

(一)合伙企业的解散

根据《合伙企业法》的规定,合伙企业有下列情形之一的,应当解散:①合伙期限届满,合伙人决定不再经营;②合伙协议约定的解散事由出现;③全体合伙人决定解散;④合伙人已不具备法定人数满30日;⑤合伙协议约定的合伙目的已经实现或者无法实现;⑥依法被吊销营业执照、责令关闭或者被撤销;⑦法律、行政法规规定的其他原因。

(二)合伙企业的清算

合伙企业解散后应当进行清算。《合伙企业法》对合伙企业清算做了以下几方面的规定:

1.确定清算人

合伙企业解散,应当由清算人进行清算。清算人由全体合伙人担任;经全体合伙人过半数同意,可以自合伙企业解散事由出现后15日内指定一个或者数个合伙人,或者委

托第三人担任清算人。自合伙企业解散事由出现之日起 15 日内未确定清算人的,合伙人或者其他利害关系人可以申请人民法院指定清算人。

2.清算人职责

清算人在清算期间执行下列事务:①清理合伙企业财产,分别编制资产负债表和财产清单;②处理与清算有关的合伙企业未了结事务;③清缴所欠税款;④清理债权、债务;⑤处理合伙企业清偿债务后的剩余财产;⑥代表合伙企业参加诉讼或者仲裁活动。

3.通知和公告债权人

清算人自被确定之日起 10 日内将合伙企业解散事项通知债权人,并于 60 日内在报纸上公告。债权人应当自接到通知书之日起 30 日内,未接到通知书的自公告之日起 45 日内,向清算人申报债权。债权人申报债权,应当说明债权的有关事项并提供证明材料。清算人应当对债权进行登记。清算期间,合伙企业存续,但不得开展与清算无关的经营活动。

4.财产清偿顺序

合伙企业财产在支付清算费用和职工工资、社会保险费用、法定补偿金以及缴纳所欠税款、清偿债务后的剩余财产,依照《合伙企业法》关于利润分配和亏损分担的规定进行分配。

合伙企业财产清偿问题主要包括以下三方面的内容:

(1)合伙企业的财产首先用于支付合伙企业的清算费用。清算费用包括:①管理合伙企业财产的费用,如仓储费、保管费、保险费等;②处分合伙企业财产的费用,如聘任工作人员的费用等;③清算过程中的其他费用,如通告债权人的费用、调查债权的费用、咨询费用、诉讼费用等。

(2)合伙企业的财产支付合伙企业的清算费用后的清偿顺序如下:合伙企业职工工资、社会保险费用和法定补偿金;缴纳所欠税款;清偿债务。

(3)分配财产。合伙企业财产依法清偿后仍有剩余时,对剩余财产依照《合伙企业法》的规定进行分配,即按照合伙协议的约定办理;合伙协议未约定或者约定不明确的,由合伙人协商决定;协商不成的,由合伙人按照实缴出资比例分配;无法确定出资比例的,由合伙人平均分配。

5.注销登记

清算结束,清算人应当编制清算报告,经全体合伙人签名、盖章后,在 15 日内向企业登记机关报送清算报告,申请办理合伙企业注销登记。经企业登记机关注销登记,合伙企业终止。合伙企业注销后,原普通合伙人对合伙企业存续期间的债务仍应承担无限连带责任。

6.合伙企业不能清偿到期债务的处理

合伙企业不能清偿到期债务的,债权人可以依法向人民法院提出破产清算申请,也可以要求普通合伙人清偿。合伙企业依法被宣告破产的,普通合伙人对合伙企业债务仍应承担无限连带责任。

(三)违反合伙企业法的法律责任

1.合伙人违法行为应承担的法律责任

(1)违反《合伙企业法》规定,提交虚假文件或者采取其他欺骗手段,取得合伙企业登记的,由企业登记机关责令改正,处以5000元以上5万元以下的罚款;情节严重的,撤销企业登记,并处以5万元以上20万元以下的罚款。

(2)违反《合伙企业法》规定,合伙企业未在其名称中标明"普通合伙"、"特殊普通合伙"或者"有限合伙"字样的,由企业登记机关责令限期改正,处以2000元以上1万元以下的罚款。

(3)违反《合伙企业法》规定,未领取营业执照,而以合伙企业或者合伙企业分支机构名义从事合伙业务的,由企业登记机关责令停止,处以5000元以上5万元以下的罚款。

(4)合伙企业登记事项发生变更时,未依照规定办理变更登记的,由企业登记机关责令限期改正;逾期不登记的,处以2000元以上2万元以下的罚款。合伙企业登记事项发生变更,执行合伙事务的合伙人未按期申请办理变更登记的,应当赔偿由此给合伙企业、其他合伙人或者善意第三人造成的损失。

(5)合伙人执行合伙事务,或者合伙企业从业人员利用职务上的便利,将应当归合伙企业的利益据为己有的,或者采取其他手段侵占合伙企业财产的,应当将该利益和财产退还合伙企业;给合伙企业或者其他合伙人造成损失的,依法承担赔偿责任。

(6)合伙人对《合伙企业法》规定或者合伙协议约定必须经全体合伙人一致同意始得执行的事务擅自处理,给合伙企业或者其他合伙人造成损失的,依法承担赔偿责任。

(7)不具有事务执行权的合伙人擅自执行合伙事务,给合伙企业或者其他合伙人造成损失的,依法承担赔偿责任。

(8)合伙人违反《合伙企业法》规定或者合伙协议约定,从事与本合伙企业相竞争的业务或者与本合伙企业进行交易的,该收益归合伙企业所有;给合伙企业或者其他合伙人造成损失的,依法承担赔偿责任。

(9)合伙人违反合伙协议的,应当依法承担违约责任。合伙人履行合伙协议发生争议的,合伙人可以通过协商或者调解解决。不愿通过协商、调解解决或者协商、调解不成的,可以按照合伙协议约定的仲裁条款或者事后达成的书面仲裁协议,向仲裁机构申请仲裁。合伙协议中未订立仲裁条款,事后又没有达成书面仲裁协议的,可以向人民法院起诉。

2.合伙企业清算人违法行为应承担的法律责任

(1)清算人未按照《合伙企业法》规定向企业登记机关报送清算报告,或者报送清算报告隐瞒重要事实,或者有重大遗漏的,由企业登记机关责令改正。由此产生的费用和损失,由清算人承担和赔偿。

(2)清算人执行清算事务,牟取非法收入或者侵占合伙企业财产的,应当将该收入和侵占的财产退还合伙企业;给合伙企业或者其他合伙人造成损失的,依法承担赔偿责任。

(3)清算人违反《合伙企业法》规定,隐匿、转移合伙企业财产,对资产负债表或者财产清单做虚假记载,或者在未清偿债务前分配财产,损害债权人利益的,依法承担赔偿责任。

3.行政管理机关及其人员违法行为应承担的法律责任

有关行政管理机关的工作人员违反规定,滥用职权、徇私舞弊、收受贿赂、侵害合伙企业合法权益的,依法给予行政处分。

第三节　公司的设立与运营

◇ 目标提示

通过本节的学习,熟悉我国公司的设立与运营。

◇ 学习内容

1.公司法的立法概况;

2.公司的设立条件与设立程序;

3.公司的运营管理。

◇ 重要知识

有限责任公司是指依照公司法设立的,股东以其认缴的出资额为限对公司承担有限责任,公司以其全部资产对其债务承担责任的公司。

股份有限公司是指全部资本划分为等额股份,股东以其所认购的股份为限对公司承担责任,公司以其全部资产对公司的债务承担责任的公司。

一、公司法概况

公司法是规定公司法律地位,调整公司组织关系,规范公司设立、变更与终止的法律规范的总称。公司法的概念有狭义和广义之分。狭义的公司法,仅指《公司法》这一形式意义上的规范性文件;广义的公司法,则是调整公司组织关系、规范公司行为的法律规范的总称,其表现形式不仅包括《公司法》,还包括《公司登记管理条例》等。

我国《公司法》由第八届全国人民代表大会常务委员会第 5 次会议于 1993 年 12 月 29 日通过,自 1994 年 7 月 1 日起施行。全国人民代表大会常务委员会于 1999 年、2004 年对《公司法》进行了两次小的修改,2005 年 10 月 27 日第十届全国人民代表大会常务委员会第 18 次会议对《公司法》进行了较大规模的修订,并自 2006 年 1 月 1 日起施行。2013 年 12 月 28 日第十二届全国人民代表大会常务委员会第 6 次会议对《公司法》进行了修改,自 2014 年 3 月 1 日起施行。2018 年 10 月 26 日全国人民代表大会常务委员会第 6 次会议又通过了对《公司法》的修改,并于 2018 年 10 月 26 日起施行。

二、公司的概念和种类

(一)公司的概念

由于各国立法对公司规定不同,加之不同类型的公司法律特征有一定区别,因此,公

司的概念并不统一。根据我国《公司法》的规定,公司是指依法设立的,以营利为目的的,由股东投资形成的企业法人。其特征为:

(1)依法设立。这是指公司必须依法定条件、法定程序设立。一方面,要求公司的章程、资本、组织机构、活动原则等必须合法;另一方面,要求公司设立必须经过法定程序,进行市场主体登记。

(2)以营利为目的。以营利为目的,是指公司设立以经营并获取利润为目的,且股东出资设立公司也是为了营利,即从公司经营中取得利润。如果某些公司对经营利润不进行分配,而是用于社会公益等其他目的,则不属于以营利为目的的公司性质。

(3)以股东投资行为为基础设立。公司的注册资本来源于股东的投资,即由股东按法定或章程约定的出资方式及约定比例出资形成,因此,没有股东的投资行为就不能设立公司。

(4)是企业法人。公司有独立的法人财产,享有法人财产权。公司以其全部财产对公司的债务承担责任。有限责任公司的股东以其认缴的出资额为限对公司承担责任;股份有限公司的股东以其认购的股份为限对公司承担责任。

(二)公司的种类

按照法律的规定及学理的解释,可以对公司进行以下分类:

1.以公司资本结构和股东对公司债务承担责任的方式为标准来分类

以公司资本结构和股东对公司债务承担责任的方式为标准,可以将公司分为以下几类:

(1)有限责任公司,是指股东以其认缴的出资额为限对公司承担责任,公司以其全部资产对公司的债务承担责任的公司。

(2)股份有限公司,是指将公司全部资本分为等额股份,股东以其认购的股份为限对公司承担责任,公司以其全部资产对公司的债务承担责任的公司。

(3)无限公司,是指由两个以上的股东组成,全体股东对公司的债务承担无限连带责任的公司。无限公司与合伙公司具有基本相同的法律属性,但不同的是,有些国家规定无限公司具有法人资格。

(4)两合公司,是指由负无限责任的股东和负有限责任的股东组成,无限责任股东对公司债务负无限连带责任,有限责任股东仅以其认缴的出资额为限对公司债务承担责任。其中,无限责任股东是公司经营管理者,有限责任股东则是不参与经营管理的出资者。

我国《公司法》规定的公司形式仅为有限责任公司和股份有限公司。

2.以公司的信用基础为标准来分类

以公司的信用基础为标准,可以将公司分为以下几类:

(1)资合公司,是指以公司资本作为信用基础的公司。其典型的形式为股份有限公司。此类公司仅以资本的实力取信于人,股东个人的财产、能力或者信誉与公司无关。

(2)人合公司,是指以股东个人的财力、能力和信誉作为信用基础的公司。其典型的形式为无限公司。人合公司的财产及责任与股东的财产及责任没有完全分离,其不以自身资本为信用基础,法律上也不规定设立公司的最低资本额,股东可以用劳务、信用和其他权利出资,企业的所有权和经营权一般也不分离。

(3)资合兼人合公司,是指同时以公司资本和股东个人信用作为公司信用基础的公司。其典型的形式为两合公司。

3.以公司组织关系为标准来分类

以公司组织关系为标准,可以将公司分为以下几类:

(1)母公司和子公司。在不同公司之间基于股权而存在控制与依附关系时,因持有其他公司股权而处于控制地位的是母公司,因其股权被持有而处于依附地位的则是子公司。母子公司之间虽然存在控制与被控制的组织关系,但它们都具有法人资格,在法律上是彼此独立的企业。我国《公司法》规定,公司可以设立子公司,子公司具有法人资格,依法独立承担民事责任。

(2)总公司与分公司。分公司是公司依法设立的以公司名义进行经营活动,其法律后果由总公司承担的分支机构。相对分公司而言,公司称为总公司或本公司。分公司没有独立的公司名称、章程,没有独立的财产,不具有法人资格,但可领取营业执照,进行经营活动,其民事责任由总公司承担。我国《公司法》规定,公司可以设立分公司,分公司不具有法人资格,其民事责任由总公司承担。

三、有限责任公司

有限责任公司是指依照公司法设立的,股东以其认缴的出资额为限对公司承担有限责任,公司以其全部资产对其债务承担责任的公司。

(一)有限责任公司的设立

1.有限责任公司设立的条件

根据《公司法》第 23 条的规定,设立有限责任公司,应当具备下列条件:

(1)股东符合法定人数。《公司法》规定,有限责任公司由 50 个以下股东出资设立。《公司法》对有限责任公司股东人数没有规定下限,有限责任公司股东人数可以为 1 个或 50 个以下股东,既可以是自然人,也可以是法人。

(2)有符合公司章程规定的全体股东认缴的出资额。有限责任公司的注册资本为在公司登记机关登记的全体股东认缴的出资额。法律、行政法规以及国务院决定对有限责任公司注册资本实缴、注册资本最低限额另有规定的,从其规定。股东可以用货币出资,也可以用实物、知识产权、土地使用权等可以用货币估价并可以依法转让的非货币财产作价出资;但是,法律、行政法规规定不得作为出资的财产除外。实物出资是指以房屋、机器设备、工具、原材料、零部件等有形资产的所有权出资。知识产权出资是指以无形资产,包括著作权、专利权、商标权、非专利技术等所有权出资。对作为出资的非货币财产应当评估作价,核实财产,不得高估或者低估作价。

(3)股东共同制定公司章程。公司章程是记载公司组织、活动基本准则的公开性法律文件。设立有限责任公司必须由股东共同依法制定公司章程。股东应当在公司章程上签名、盖章。公司章程对公司、股东、董事、监事、高级管理人员具有约束力。公司章程所记载的事项可以分为必备事项和任意事项。必备事项是法律规定的在公司章程中必须记载的事项，或称绝对必要事项；任意事项是由公司自行决定是否记载的事项，包括公司有自主决定权的一些事项。

（4）有公司名称，建立符合有限责任公司要求的组织机构。公司的名称是公司的标志。公司设立自己的名称时，应当符合法律、法规的规定。公司应当设立符合有限责任公司要求的组织机构，即股东会、董事会或者执行董事、监事会或者监事等。

（5）有公司住所。设立公司必须有住所。没有住所的公司，不得设立。公司以其主要办事机构所在地为住所。

2.有限责任公司设立的程序

（1）发起人发起。有限责任公司只能采取发起设立方式设立。

（2）订立公司章程。股东设立有限责任公司，必须先订立公司章程，将要设立的公司基本情况以及各方面的权利义务加以明确规定。根据《公司法》第25条的规定，有限责任公司章程应当载明下列事项：公司名称和住所；公司经营范围；公司注册资本；股东的姓名或者名称；股东的出资方式、出资额和出资时间；公司的机构及其产生办法、职权、议事规则；公司法定代表人；股东会会议认为需要规定的其他事项。股东应当在公司章程上签名、盖章。

（3）股东缴纳出资。股东应当按期足额缴纳公司章程中规定的各自所认缴的出资额。股东以货币出资的，应当将货币出资足额存入为设立有限责任公司而在银行开设的账户；以非货币财产出资的，应当依法办理其财产权的转移手续。这里的手续，是指过户手续，即将原来属于股东所有的财产，转移为属于公司所有的财产。例如股东以房产出资的，必须到房管部门办理房屋所有权转移手续，将房屋所有权人由股东改为公司。

（4）申请名称预先核准。设立有限责任公司，应当由全体股东指定的代表或者共同委托的代理人向公司登记机关申请名称预先核准。

（5）申请设立登记。股东认足公司章程规定的出资额后，由全体股东指定的代表或者共同委托的代理人向公司登记机关报送公司登记申请书、公司章程等文件，申请设立登记。

申请公司、分公司登记，申请人可以到公司登记机关提交申请，也可以通过信函、电报、电传、传真、电子数据交换和电子邮件等方式提出申请。

公司经核准登记后，领取公司营业执照，公司企业法人营业执照签发日期为公司成立日期。

公司应当于每年1月1日至6月30日，通过企业信用信息公示系统向公司登记机关报送上一年度的年度报告，并向社会公示。

国家推行电子营业执照。电子营业执照与纸质营业执照具有同等法律效力。

我国《公司法》规定，有限责任公司成立后，发现作为设立公司出资的非货币财产的实际价额显著低于公司章程所定价额的，应当由交付该出资的股东补足其差额，公司设立时的其他股东承担连带责任。

(二)有限责任公司的股东及股权

1.股东

股东是公司成立、存续不可或缺的条件,可以为自然人,也可以为法人。有些自然人法律禁止其为股东,如国家公务员。法人作为股东应遵守法律、法规的相关规定,如公司不得自为股东。

有限责任公司成立后,应当向股东签发出资证明书。有限责任公司应当置备股东名册,记载下列事项:①股东的姓名或者名称及住所;②股东的出资额;③出资证明书编号。

记载于股东名册的股东,可以依股东名册主张行使股东权利。

2.股权的分类

以股东权行使的目的是为股东个人利益还是涉及全体股东共同利益为标准,可以将股东权分为共益权和自益权。

(1)共益权是指股东依法参加公司事务的决策和经营管理的权利,它是股东基于公司利益同时兼为自己的利益而行使的权利,包括股东会或股东大会参加权、提案权、质询权,在股东会或股东大会上的表决权、累积投票权,股东会或股东大会召集请求权和自行召集权,了解公司事务、查阅公司账簿和其他文件的知情权,提起诉讼权等权利。

(2)自益权是指股东仅以个人利益为目的而行使的权利,即依法从公司取得收益、财产和处分自己股权的权利,包括股利分配请求权、剩余财产分配权、新股认购优先权、股份质押权和股份转让权等。

3.有限责任公司股东转让股权

有限责任公司股东转让股权,包括股东之间转让股权、股东向股东以外的人转让股权和人民法院强制转让股东股权几种情形。

(1)股东之间转让股权。有限责任公司的股东之间可以相互转让其全部或者部分股权。《公司法》对股东之间转让股权没有作任何限制,只需通知其他股东即可。

(2)股东向股东以外的人转让股权。《公司法》规定,股东向股东以外的人转让股权,应当经其他股东过半数同意。股东应就其股权转让事项书面通知其他股东征求同意,其他股东自接到书面通知之日起满 30 日未答复的,视为同意转让。其他股东半数以上不同意转让的,不同意的股东应当购买该转让的股权;不购买的,视为同意转让。经股东同意转让的股权,在同等条件下,其他股东有优先购买权。两个以上股东主张行使优先购买权的,协商确定各自的购买比例;协商不成的,按照转让时各自的出资比例行使优先购买权。但是,公司章程对股权转让另有规定的,从其规定。

(3)人民法院强制转让股东股权。人民法院依照法律规定的强制执行程序转让股东的股权时,应当通知公司及全体股东,其他股东在同等条件下有优先购买权。其他股东自人民法院通知之日起满 20 日不行使优先购买权的,视为放弃优先购买权。

4.有限责任公司股东退出公司

(1)股东退出公司的法定条件。《公司法》规定,有下列情形之一的,对股东会该项决议投反对票的股东可以请求公司按照合理的价格收购其股权,退出公司:①公司连续 5 年不向股东分配利润,而公司该 5 年连续盈利,并且符合公司法规定的分配利润条件的;

②公司合并、分立、转让主要财产的;③公司章程规定的营业期限届满或者章程规定的其他解散事由出现,股东会会议通过决议修改章程使公司存续的。根据上述规定,股东退出公司应当满足两个条件:一是具备上述三种情形之一;二是对股东会上述事项决议投了反对票,即投赞成票的股东不能以上述事项为由,要求退出公司。

(2)股东退出公司的法定程序:①请求公司收购其股权。股东要求退出公司时,首先应当请求公司收购其股权。②依法向人民法院提起诉讼。股东请求公司收购其股权,应当尽量通过协商的方式解决。但如果协商不成,根据《公司法》规定,自股东会会议决议通过之日起60日内,股东与公司不能达成股权收购协议的,股东可以自股东会会议决议通过之日起90日内向人民法院提起诉讼。

(三)有限责任公司的组织机构

1.股东会

(1)股东会的职权

有限责任公司股东会由全体股东组成。股东会是公司的权力机构,依法行使下列职权:①决定公司的经营方针和投资计划;②选举和更换非由职工代表担任的董事、监事,决定有关董事、监事的报酬事项;③审议批准董事会的报告;④审议批准监事会或者监事的报告;⑤审议批准公司的年度财务预算方案、决算方案;⑥审议批准公司的利润分配方案和弥补亏损方案;⑦对公司增加或者减少注册资本作出决议;⑧对发行公司债券作出决议;⑨对公司合并、分立、解散、清算或者变更公司形式等事项作出决议;⑩修改公司章程;⑪公司章程规定的其他职权。

(2)股东会会议的形式

股东会会议分为定期会议和临时会议。定期会议应当按照公司章程的规定按时召开。代表1/10以上表决权的股东,1/3以上的董事,监事会或者不设监事会的公司的监事提议召开临时会议的,应当召开临时会议。

(3)股东会的召开

首次股东会会议由出资最多的股东召集和主持,依法行使职权。以后的股东会会议,公司设立董事会的,由董事会召集,董事长主持;董事长不能履行职务或者不履行职务的,由副董事长主持;副董事长不能履行职务或者不履行职务的,由半数以上董事共同推举一名董事主持。公司不设董事会的,股东会会议由执行董事召集和主持。董事会或者执行董事不能履行或者不履行召集股东会会议职责的,由监事会或者不设监事会的公司的监事召集和主持;监事会或者监事不召集和主持的,代表1/10以上表决权的股东可以自行召集和主持。召开股东会会议,应当于会议召开15日前通知全体股东;但是,公司章程另有规定或者全体股东另有约定的除外。股东会应当对所议事项的决定做成会议记录,出席会议的股东应当在会议记录上签名。

(4)股东会的决议

股东会会议由股东按照出资比例行使表决权;但是,公司章程另有规定的除外。股东会的议事方式和表决程序,除《公司法》有规定的外,由公司章程规定。股东会会议作出修改公司章程、增加或者减少注册资本的决议,以及公司合并、分立、解散或者变更公司形式的决议,必须经代表 2/3 以上表决权的股东通过。

2.董事会

董事会是公司股东会的执行机构,对股东会负责。

(1)董事会的组成

有限责任公司设董事会(依法不设董事会的除外)其成员为 3 人至 13 人。两个以上的国有企业或者其他两个以上的国有投资主体投资设立的有限责任公司,其董事会成员中应当有公司职工代表;其他有限责任公司董事会成员中也可以有公司职工代表。董事会中的职工代表由公司职工通过职工代表大会、职工大会或者其他形式民主选举产生。董事会设董事长 1 人,可以设副董事长。董事长、副董事长的产生办法由公司章程规定。董事任期由公司章程规定,但每届任期不得超过 3 年。董事任期届满,连选可以连任。董事任期届满未及时改选,或者董事在任期内辞职导致董事会成员低于法定人数的,在改选出的董事就任前,原董事仍应当依照法律、行政法规和公司章程的规定,履行董事职务。

(2)董事会的职权

董事会对股东会负责,行使下列职权:①召集股东会会议,并向股东会报告工作;②执行股东会的决议;③决定公司的经营计划和投资方案;④制订公司的年度财务预算方案、决算方案;⑤制订公司的利润分配方案和弥补亏损方案;⑥制订公司增加或者减少注册资本以及发行公司债券的方案;⑦制订公司合并、分立、解散或者变更公司形式的方案;⑧决定公司内部管理机构的设置;⑨决定聘任或者解聘公司经理及其报酬事项,并根据经理的提名决定聘任或者解聘公司副经理、财务负责人及其报酬事项;⑩制定公司的基本管理制度;⑪公司章程规定的其他职权。

(3)董事会的召开

董事会会议由董事长召集和主持;董事长不能履行职务或者不履行职务的,由副董事长召集和主持;副董事长不能履行职务或者不履行职务的,由半数以上董事共同推举 1 名董事召集和主持。

(4)董事会的决议

董事会的议事方式和表决程序,除《公司法》有规定的外,由公司章程规定。董事会应当对所议事项的决定做成会议记录,出席会议的董事应当在会议记录上签名。董事会决议的表决,实行一人一票。

有限责任公司股东人数较少或者规模较小的,可以设 1 名执行董事,不设董事会。执行董事可以兼任公司经理。执行董事的职权由公司章程规定。

(5)经理

有限责任公司可以设经理,由董事会决定聘任或者解聘。经理对董事会负责,行使下列职权:①主持公司的生产经营管理工作,组织实施董事会决议;②组织实施公司年度经营计划和投资方案;③拟订公司内部管理机构设置方案;④拟订公司的基本管理制度;⑤制定公司的具体规章;⑥提请聘任或者解聘公司副经理、财务负责人;⑦决定聘任或者解聘除应由董事会决定聘任或者解聘以外的负责管理人员;⑧董事会授予的其他职权。

公司章程对经理职权另有规定的,从其规定。经理列席董事会会议。

3.监事会

监事会是公司的内部监督机构。

(1)监事会的组成

有限责任公司设立监事会,其成员不得少于 3 人。股东人数较少或者规模较小的有限责任公司,可以设 1～2 名监事,不设立监事会。监事会应当包括股东代表和适当比例的公司职工代表,其中职工代表的比例不得低于 1/3,具体比例由公司章程规定。监事会中的职工代表由公司职工通过职工代表大会、职工大会或者其他形式民主选举产生。监事会设主席 1 人,由全体监事过半数选举产生。监事会主席召集和主持监事会会议;监事会主席不能履行职务或者不履行职务的,由半数以上监事共同推举 1 名监事召集和主持监事会会议。董事、高级管理人员不得兼任监事。监事的任期每届为 3 年。监事任期届满,连选可以连任。监事任期届满未及时改选,或者监事在任期内辞职导致监事会成员低于法定人数的,在改选出的监事就任前,原监事仍应当依照法律、行政法规和公司章程的规定,履行监事职务。

(2)监事会的职权

监事会、不设监事会的公司的监事行使下列职权:①检查公司财务;②对董事、高级管理人员执行公司职务的行为进行监督,对违反法律、行政法规、公司章程或者股东会决议的董事、高级管理人员提出罢免的建议;③当董事、高级管理人员的行为损害公司的利益时,要求董事、高级管理人员予以纠正;④提议召开临时股东会会议,在董事会不履行规定的召集和主持股东会会议职责时召集和主持股东会会议;⑤向股东会会议提出提案;⑥依照《公司法》的规定,对董事、高级管理人员提起诉讼;⑦公司章程规定的其他职权。

监事可以列席董事会会议,并对董事会决议事项提出质询或者建议。

(3)监事会的决议

监事会每年度至少召开 1 次会议,监事可以提议召开临时监事会会议。监事会的议事方式和表决程序,除《公司法》有规定的外,由公司章程规定。监事会决议应当经半数以上监事通过。监事会应当对所议事项的决定做成会议记录,出席会议的监事应当在会议记录上签名。

四、一人有限责任公司的特别规定

(一)一人有限责任公司的概念

一人有限责任公司,是指只有一个自然人股东或者一个法人股东的有限责任公司。一人有限责任公司是独立的企业法人,具有完全的民事权利能力、民事行为能力和民事责任能力,是有限责任公司中的特殊类型。

(二)一人有限责任公司的特别规定

《公司法》规定,一人有限责任公司的设立和组织机构适用特别规定,没有特别规定的,适用有限责任公司的相关规定。这些特别规定,具体包括以下几个方面:

（1）一个自然人只能投资设立一个一人有限责任公司，该一人有限责任公司不能投资设立新的一人有限责任公司。

（2）一人有限责任公司应当在公司登记中注明自然人独资或者法人独资，并在公司营业执照中载明。

（3）一人有限责任公司不设股东会。法律规定的股东会职权由股东行使，当股东行使相应职权作出决定时，应当采用书面形式，并由股东签字后置备于公司。

（4）一人有限责任公司应当在每一会计年度终了时编制财务会计报告，并经会计师事务所审计。

（5）一人有限责任公司的股东不能证明公司财产独立于股东自己财产的，应当对公司债务承担连带责任。

五、国有独资公司的特别规定

（一）国有独资公司的概念

国有独资公司是指国家单独出资，由国务院或者地方人民政府委托本级人民政府国有资产监督管理机构履行出资人职责的有限责任公司。与一般意义上的有限责任公司相比较，国有独资公司具有以下特征：

（1）公司股东的单一性。国有独资公司的股东只有 1 个。

（2）单一股东的特定性。国有独资公司的股东只能是国有资产监督管理机构。

（二）国有独资公司的特别规定

《公司法》规定，国有独资公司的设立和组织机构适用特别规定；没有特别规定的，适用有限责任公司的相关规定。这些特别规定，具体包括以下几个方面：

（1）国有独资公司章程由国有资产监督管理机构制定，或者由董事会制定报国有资产监督管理机构批准。

（2）国有独资公司不设股东会，由国有资产监督管理机构行使股东会职权。国有资产监督管理机构可以授权公司董事会行使股东会的部分职权，决定公司的重大事项，但公司的合并、分立、解散、增减注册资本和发行公司债券，必须由国有资产监督管理机构决定；其中，重要的国有独资公司合并、分立、解散、申请破产的，应当由国有资产监督管理机构审核后，报本级人民政府批准。上述所称重要的国有独资公司，按照国务院的规定确定。

（3）国有独资公司设立董事会，依照法律规定的有限责任公司董事会的职权和国有资产监督管理机构的授权行使职权。董事会成员中应当有公司职工代表。董事会成员由国有资产监督管理机构委派；但是，董事会成员中的职工代表由公司职工代表大会选举产生。董事每届任期不得超过 3 年。董事会设董事长 1 人，可以设副董事长。董事长、副董事长由国有资产监督管理机构从董事会成员中指定。

（4）国有独资公司设经理，由董事会聘任或者解聘。国有独资公司经理的职权与一般有限责任公司经理的职权相同。经国有资产监督管理机构同意，董事会成员可以兼任经理。

(5)国有独资公司的董事长、副董事长、董事、高级管理人员,未经国有资产监督管理机构同意,不得在其他有限责任公司、股份有限公司或者其他经济组织兼职。

(6)国有独资公司设监事会,其成员不得少于 5 人,其中职工代表的比例不得低于1/3,具体比例由公司章程规定。监事会成员由国有资产监督管理机构委派;但是,监事会中的职工代表由公司职工代表大会选举产生。监事会主席由国有资产监督管理机构从监事会成员中指定。

六、股份有限公司

股份有限公司是指全部资本划分为等额股份,股东以其所认购的股份为限对公司承担责任,公司以其全部资产对公司的债务承担责任的公司。

(一)股份有限公司的设立

1.设立方式

股份有限公司可以采取发起设立或者募集设立的方式。

发起设立,是指由发起人认购公司应发行的全部股份而设立公司。

募集设立,是指由发起人认购公司应发行股份的一部分,其余股份向社会公开募集或者向特定对象募集而设立公司。

2.设立条件

《公司法》第 76 条规定,设立股份有限公司,应当具备下列条件:

(1)发起人符合法定人数。发起人是指依法筹办创立股份有限公司事务的人。为设立公司而签署公司章程、向公司认购出资或者股份并履行公司设立职责的人,应当认定为公司的发起人。发起人既可以是自然人,也可以是法人;既可以是中国公民,也可以是外国公民。设立股份有限公司,应当有 2 人以上 200 人以下为发起人,其中,须有半数以上的发起人在中国境内有住所。

(2)有符合公司章程规定的全体发起人认购的股本总额或者募集的实收股本总额。股份有限公司采取发起设立方式设立的,注册资本为在公司登记机关登记的全体发起人认购的股本总额。在发起人认购的股份缴足前,不得向他人募集股份。股份有限公司采取募集方式设立的,注册资本为在公司登记机关登记的实收股本总额。法律、行政法规以及国务院决定对股份有限公司注册资本实缴、注册资本最低限额另有规定的,从其规定。发起人可以用货币出资,也可以用实物、知识产权、土地使用权等可以用货币估价并可以依法转让的非货币财产作价出资;但是,法律、行政法规规定不得作为出资的财产除外。

(3)股份发行、筹办事项符合法律规定。发起人为设立股份有限公司发行股份,以及在进行其他的筹办事项时,都必须符合法律规定的条件和程序,不得违反。

(4)发起人制定公司章程,采用募集方式设立的须经创立大会通过。股份有限公司的章程是指记载有关公司组织和行动基本规则的文件。公司章程对公司、股东、董事、监事、高级管理人员具有约束力。设立公司必须依法制定章程。对于以发起设立方式设立的股份有限公司,由全体发起人共同制定公司章程;对于以募集设立方式设立的股份有限公司,发起人制定的公司章程,还应当召开有其他认股人参加的创立大会,并经出席会议的认股人所持表决权的过半数通过,方为有效。

股份有限公司章程应当载明下列事项:①公司名称和住所;②公司经营范围;③公司设立方式;④公司股份总数、每股金额和注册资本;⑤发起人的姓名或者名称、认购的股份数、出资方式和出资时间;⑥董事会的组成、职权、任期和议事规则;⑦公司法定代表人;⑧监事会的组成、职权、任期和议事规则;⑨公司利润分配办法;⑩公司的解散事由与清算办法;⑪公司的通知和公告办法;⑫股东大会会议认为需要规定的其他事项。

(5)有公司名称,建立符合股份有限公司要求的组织机构。

(6)有公司住所。

3.设立程序

(1)发起设立方式设立股份有限公司的程序

①发起人书面认足公司章程规定其认购的股份;

②缴纳出资;

③选举董事会和监事会;

④申请设立登记。

(2)募集设立方式设立股份有限公司的程序

①发起人认购法定股份。以募集设立方式设立股份有限公司的,发起人认购的股份不得少于公司股份总数的35%;但是,法律、行政法规另有规定的,从其规定。

②向社会公开募集股份。募股申请经国务院证券监督管理部门审批;公告招股说明书,并制作认股书;与证券公司签订承销协议,将公司股份交由证券公司承销;同银行签订代收股款协议;发行股份的股款缴足后,经依法设立的验资机构验资并出具证明。

③召开创立大会。发起人应当自股款缴足之日起30日内主持召开公司创立大会。创立大会由发起人、认股人组成。创立大会行使下列职权:审议发起人关于公司筹办情况的报告;通过公司章程;选举董事会成员;选举监事会成员;对公司的设立费用进行审核;对发起人用于抵作股款的财产的作价进行审核;发生不可抗力或者经营条件发生重大变化直接影响公司设立的,可以作出不设立公司的决议。创立大会对前款所列事项作出决议,必须经出席会议的认股人所持表决权过半数通过。

④申请设立登记。

(二)股份有限公司发起人设立阶段承担的责任

(1)公司不能成立时,对设立行为所产生的债务和费用负连带责任。

(2)公司不能成立时,对认股人已缴纳的股款,负返还股款并加算银行同期存款利息的连带责任。

(3)在公司设立过程中,由于发起人的过失致使公司利益受到损害的,应当对公司承担赔偿责任。

(三)股份有限公司的组织机构

1.股东大会

(1)股东大会的组成和性质

股份有限公司的股东大会由全体股东组成,是公司的权力机构,依法行使职权。

（2）股东大会的职权

股份有限公司股东大会的职权与有限责任公司股东会的职权的规定基本相同。

（3）股东大会的形式

股份有限公司的股东大会分为年会和临时股东大会两种。股东大会应当每年召开1次年会。上市公司的年度股东大会应当于上一会计年度结束后的6个月内举行。临时股东大会是指股份有限公司在出现召开临时股东大会的法定事由时，应当在法定期限召开的股东大会。有下列情形之一的，应当在2个月内召开临时股东大会：

①董事人数不足《公司法》规定人数或者公司章程所定人数的2/3时；

②公司未弥补的亏损达实收股本总额1/3时；

③单独或者合计持有公司10%以上股份的股东请求时；

④董事会认为必要时；

⑤监事会提议召开时；

⑥公司章程规定的其他情形。

（4）股东大会的召开

股东大会会议由董事会召集，董事长主持；董事长不能履行职务或者不履行职务的，由副董事长主持；副董事长不能履行职务或者不履行职务的，由半数以上董事共同推举1名董事主持。董事会不能履行或者不履行召集股东大会会议职责的，监事会应当及时召集和主持；监事会不召集和主持的，连续90日以上单独或者合计持有公司10%以上股份的股东可以自行召集和主持。

召开股东大会会议，应当将会议召开的时间、地点和审议的事项于会议召开20日前通知各股东；临时股东大会应当于会议召开15日前通知各股东；发行无记名股票的，应当于会议召开30日前公告会议召开的时间、地点和审议事项。

单独或者合计持有公司3%以上股份的股东，可以在股东大会召开10日前提出临时提案并书面提交董事会；董事会应当在收到提案后2日内通知其他股东，并将该临时提案提交股东大会审议。临时提案的内容应当属于股东大会职权范围，并有明确议题和具体决议事项。股东大会不得对上述通知中未列明的事项作出决议。无记名股票持有人出席股东大会会议的，应当于会议召开5日前至股东大会闭会时将股票交存于公司。

（5）股东大会的决议

股东出席股东大会会议，所持每一股份有一表决权。股东可以委托代理人出席股东大会会议，代理人应当向公司提交股东授权委托书，并在授权范围内行使表决权。公司持有的本公司股份没有表决权。股东大会作出决议，必须经出席会议的股东所持表决权过半数通过。但是，股东大会作出修改公司章程、增加或者减少注册资本的决议，以及公司合并、分立、解散或者变更公司形式的决议，必须经出席会议的股东所持表决权的2/3以上通过。

股东大会选举董事、监事，可以依照公司章程的规定或者股东大会的决议，实行累积投票制。

股东大会应当对所议事项的决定做成会议记录，主持人、出席会议的董事应当在会议记录上签名。会议记录应当与出席股东的签名册及代理出席的委托书一并保存。

2.董事会、经理

(1)董事会的性质和组成

股份有限公司的董事会是股东大会的执行机构,对股东大会负责。股份有限公司设董事会,其成员为 5 人至 19 人。董事会成员中可以有公司职工代表,董事会中的职工代表由公司职工通过职工代表大会、职工大会或者其他形式民主选举产生。股份有限公司的董事任期由公司章程规定,但每届任期不得超过 3 年。董事任期届满,连选可以连任。董事任期届满未及时改选,或者董事在任期内辞职导致董事会成员低于法定人数的,在改选出的董事就任前,原董事仍应当依照法律、行政法规和公司章程的规定,履行董事职务。

(2)董事会的职权

股份有限公司董事会的职权与有限责任公司董事会的职权的规定基本相同。

(3)董事会的召开

董事会设董事长 1 人,可以设副董事长。董事长和副董事长由董事会以全体董事的过半数选举产生。董事长召集和主持董事会会议,检查董事会决议的实施情况。副董事长协助董事长工作,董事长不能履行职务或者不履行职务的,由副董事长履行职务;副董事长不能履行职务或者不履行职务的,由半数以上董事共同推举 1 名董事履行职务。董事会每年度至少召开 2 次会议,每次会议应当于会议召开 10 日前通知全体董事和监事。代表 1/10 以上表决权的股东、1/3 以上董事或者监事会,可以提议召开董事会临时会议。董事长应当自接到提议后 10 日内,召集和主持董事会会议。董事会召开临时会议,可以另定召集董事会的通知方式和通知时限。

(4)董事会的决议

董事会会议应有过半数的董事出席方可举行。董事会作出决议,必须经全体董事的过半数通过。董事会决议的表决,实行一人一票,即每个董事只能享有一票表决权。董事会会议,应由董事本人出席;董事因故不能出席,可以书面委托其他董事代为出席,委托书中应载明授权范围。董事会应当对会议所议事项的决定做成会议记录,出席会议的董事应当在会议记录上签名。董事应当对董事会的决议承担责任。董事会的决议违反法律、行政法规或者公司章程、股东大会决议,致使公司遭受严重损失的,参与决议的董事对公司负赔偿责任。但经证明在表决时曾表明异议并记载于会议记录的,该董事可以免除责任。

(5)经理

股份有限公司设经理,由董事会决定聘任或者解聘。公司董事会可以决定由董事会成员兼任公司经理。

3.监事会

股份有限公司依法应当设立监事会,监事会为公司的监督机构。

(1)监事会的组成

股份有限公司监事会成员不得少于 3 人,应当包括股东代表和适当比例的公司职工代表,其中,职工代表的比例不得低于1/3,具体比例由公司章程规定。监事会中的职工代表由公司职工通过职工代表大会、职工大会或者其他形式民主选举产生。董事、高级管理人员不得兼任监事。监事的任期每届为3年。监事任期届满,连选可以连任。监事任期届满未及时改选,或者监事在任期内辞职导致监事会成员低于法定人数的,在改选出的监事就任前,原监事仍应当依照法律、行政法规和公司章程的规定,履行监事职务。

(2)监事会的职权

股份有限公司监事会的职权与有限责任公司监事会的职权的规定基本相同。监事可以列席董事会会议,并对董事会决议事项提出质询或者建议。监事会发现公司经营情况异常,可以进行调查;必要时,可以聘请会计师事务所等协助其工作,费用由公司承担。监事会行使职权所必需的费用,由公司承担。

(3)监事会的召开

监事会设主席1人,可以设副主席。监事会主席和副主席由全体监事过半数选举产生。监事会主席召集和主持监事会会议;监事会主席不能履行职务或者不履行职务的,由监事会副主席召集和主持监事会会议;监事会副主席不能履行职务或者不履行职务的,由半数以上监事共同推举1名监事召集和主持监事会会议。监事会每6个月至少召开1次会议。监事可以提议召开临时监事会会议。监事会的议事方式和表决程序,除《公司法》规定的外,由公司章程规定。监事会应当对所议事项的决定做成会议记录,出席会议的监事应当在会议记录上签名。

(四)股份有限公司的股份发行和转让

1.股份发行

(1)股份和股票的概念

股份是指将股份有限公司的注册资本按相同的金额或比例划分为相等的份额。股份作为代表公司资本的一部分,是公司资本的最小划分单位,股东根据其出资额度计算出其持有的股份数量,所有股东持有的股份加起来所代表的资本数额即为公司的资本总额。股份有限公司的股份具有平等性,公司每股金额相等,所表现出的股东权利和义务是相等的。股票是指公司签发的证明股东所持股份的凭证,是股份的表现形式。

股票具有以下性质:①股票是有价证券。股票是一种具有财产价值的证券,股票记载着股票种类、票面金额及代表的股份数,反映着股票的持有人对公司的权利。②股票是证权证券。股票表现的是股东的权利,任何人只要合法占有股票,其就可以依法向公司行使权利,而且公司股票发生转移时,公司股东的权益也即随之转移。③股票是要式证券。股票应当采取纸面形式或者国务院证券监督管理机构规定的其他形式,其记载的内容和事项应当符合法律的规定。④股票是流通证券。股票可以在证券交易市场依法进行交易。

(2)股票的种类

依据不同的标准,可以将股票分为以下几类:

①普通股和优先股。这是按照股东权利、义务的不同进行的分类。普通股是指享有普通权利、承担普通义务的股份,是股份的最基本形式。依照规定,普通股股东享有决策

参与权、利润分配权、优先认股权和剩余资产分配权。优先股是指享有优先权的股份。公司对优先股的股利须按约定的股利率支付,有特别约定时,当年可供分配股利的利润不足以按约定的股利率支付优先股利的,还可由以后年度可供分配股利的利润补足。在公司进行清算时,优先股股东先于普通股股东取得公司剩余财产。但是,优先股股东不参与公司决策,不参与公司红利分配。

②国有股、发起人股和社会公众股。这是按照投资主体性质的不同进行的分类。国有股包括国家股和国有法人股,国家股是指有权代表国家投资的政府部门或机构以国有资产投入公司形成的股份或依法定程序取得的股份。国有法人股是指具有法人资格的国有企业、事业及其他单位以其依法占用的法人资产向独立于自己的股份公司出资形成或依法定程序取得的股份。发起人股是指股份公司的发起人认购的股份。社会公众股是指个人和机构以合法财产购买并可依法流通的股份。

③记名股票和无记名股票。这是按照票面上是否记载股东的姓名或名称进行的分类。记名股票是指在票面上记载股东姓名或名称的股票。我国《公司法》规定,公司向发起人、法人发行的股票,应当为记名股票,并应当记载该发起人、法人的名称或者姓名,不得另立户名或者以代表人姓名记名。无记名股票是指在票面上不记载股东姓名或名称的股票。我国《公司法》规定,发行无记名股票的,公司应当记载其股票数量、编号及发行日期。

除上述分类以外,我国的股票还可根据发行对象的不同分为 A 股、B 股、H 股等;按股东有无表决权分为表决权股和无表决权股等。

(3)股份发行的原则

股份的发行,实行公平、公正的原则,同股同利原则。同次发行的同种类股票,每股的发行条件和价格应当相同。任何单位或者个人所认购的股份,每股应当支付相同价额。同种类的每一股份应当具有同等权利。

(4)股票发行的价格

公司发行股票可以平价发行、溢价发行,但不可以折价发行。即股票发行价格可以按票面金额,也可以超过票面金额,但不得低于票面金额。

(5)股份发行的分类

股份的发行分为设立发行和新股发行。

①设立发行股份。公司设立发行股份,应当符合《公司法》规定的设立股份有限公司公开发行股票(即募集设立)的条件和程序以及国务院证券监督管理机构规定的其他条件和程序。股份有限公司成立后,即向股东正式交付股票。公司成立前不得向股东交付股票。

②公开发行新股。公司公开发行新股,应符合《证券法》规定的相关条件和程序。公司经国务院证券监督管理机构核准公开发行新股时,必须公告新股招股说明书和财务会计报告,并制作认股书。同时,还应同依法设立的证券公司签订股票承销协议和同银行签订代收股款协议。公司发行新股募足股款后,必须向公司登记机关办理变更登记,并公告。

2.股份转让

(1)股份转让的一般规定

股东持有的股份可以依法转让。股东转让其股份,应当在依法设立的证券交易场所进行或者按照国务院规定的其他方式进行。上市公司的股票,依照有关法律、行政法规及证券交易所交易规则上市交易。

股份转让的方式:记名股票,由股东以背书方式或者法律、行政法规规定的其他方式转让;无记名股票,由股东将该股票交付给受让人后即发生转让的效力。

(2)股份转让的限制

股份转让以自由转让为原则,限制是为保护公司、股东及公司债权人的整体利益。

①对发起人的限制。发起人持有的本公司股份,自公司成立之日起 1 年内不得转让。公司公开发行股份前已发行的股份,自公司股票在证券交易所上市交易之日起 1 年内不得转让。

②对董事、监事、经理的限制。公司董事、监事、高级管理人员应当向公司申报所持有的本公司的股份及其变动情况,在任职期间每年转让的股份不得超过其所持有本公司股份总数的 25%,所持本公司股份自公司股票上市交易之日起 1 年内不得转让。上述人员离职后半年内,不得转让其所持有的本公司股份。

③对公司接受本公司股票质押的禁止。公司不得接受本公司的股票作为质押权的标的。

(3)公司收购本公司股份的特殊情况

一般情况下,公司不得收购本公司股份。

公司可以收购本公司股份特殊情形为:

①减少公司注册资本。公司应当自收购之日起 10 日内注销公司收购的本公司股份。

②与持有本公司股份的其他公司合并。公司应在收购后 6 个月内转让或注销所收购股份。

③将股份奖励给本公司职工。这种情况下,收购股份不得超过本公司已发行股份总额的 5%;收购资金从公司税后利润中支出;收购的股份应当在 1 年内转让给职工。

④股东因对股东大会作出的公司合并、分立决议持异议,要求公司收购其股份。公司应当在收购后 6 个月内转让或者注销所收购的本公司股份。

公司因前述第①至第③种情况,收购本公司股份的,应当经股东大会决议。

(4)记名股票被盗、遗失或者灭失的处理

记名股票被盗、遗失或者灭失,股东可以依照《民事诉讼法》规定的公示催告程序,请求人民法院宣告该股票失效。人民法院宣告该股票失效后,股东可以向公司申请补发股票。

(5)上市公司股票的转让

上市公司的股票,依照有关法律、行政法规及证券交易所交易规则上市交易。

七、上市公司的特别规定

上市公司,是指其股票在证券交易所上市交易的股份有限公司。《公司法》对上市公司组织及活动原则的特别规定,主要包括以下几个方面:

(一)增加股东大会特别决议事项

上市公司在一年内购买、出售重大资产或者担保金额超过公司资产总额30%的,应当由股东大会作出决议,并经出席会议的股东所持表决权的2/3以上通过。

(二)上市公司设立独立董事

独立董事,是指既不是公司股东,又不在公司担任除董事外的其他职务,并与其受聘的上市公司及其主要股东不存在可能妨碍其进行独立客观判断的关系的董事。独立董事除了应履行董事的一般职责外,主要职责在于对控股股东及其选任的上市公司的董事、高级管理人员,以及其与公司进行的关联交易等进行监督。

下列人员不得担任独立董事:①在上市公司或者其附属企业任职的人员及其直系亲属、主要社会关系(直系亲属是指配偶、父母、子女等,主要社会关系是指兄弟姐妹、岳父母、儿媳女婿、兄弟姐妹的配偶、配偶的兄弟姐妹等);②直接或间接持有上市公司已发行股份1%以上或者是上市公司前十名股东中的自然人股东及其直系亲属;③在直接或间接持有上市公司已发行股份5%以上的股东单位或者在上市公司前五名股东单位任职的人员及其直系亲属;④最近一年内曾经具有前三项所列举情形的人员;⑤为上市公司或者其附属企业提供财务、法律、咨询等服务的人员;⑥公司章程规定的其他人员;⑦中国证监会认定的其他人员。

独立董事除依法行使股份有限公司董事的职权外,还行使下列职权:①对公司关联交易、聘用或者解聘会计师事务所等重大事项进行审核并发表独立意见;②就上市公司董事、高级管理人员的提名、任免、报酬、考核事项以及其认为可能损害中小股东权益的事项发表独立意见。独立董事发表的独立意见应当做成记录,并经独立董事书面签字确认。股东有权查阅独立董事发表的独立意见。

(三)上市公司设立董事会秘书

董事会秘书是指掌管董事会文件并协助董事会成员处理日常事务的人员。董事会秘书是董事会设置的服务席位,既不能代表董事会,也不能代表董事长。上市公司董事会秘书是公司的高级管理人员,承担法律、行政法规以及公司章程对公司高级管理人员所要求的义务,享有相应的工作职权,获得相应的报酬。上市公司设立董事会秘书,负责公司股东大会和董事会会议的筹备、文件保管以及公司股权管理,办理信息披露事务等事宜。

(四)增设关联关系董事的表决权排除制度

上市公司董事与董事会会议决议事项所涉及的企业有关联关系的,不得对该项决议行使表决权,也不得代理其他董事行使表决权。该董事会会议由过半数的无关联关系董事出席即可举行,董事会会议所做决议须经无关联关系董事过半数通过。出席董事会的无关联关系董事人数不足3人的,应将该事项提交上市公司股东大会审议。这里所称的关联关系,是指上市公司的董事与董事会决议事项所涉及的企业之间存在直接或者间接的利益关系。

八、公司董事、监事、高级管理人员的资格和义务

(一)公司董事、监事、高级管理人员的资格

公司董事、监事、高级管理人员在公司中处于重要的地位并具有法定的职权,因此需要对其任职资格作一些限制性的规定,以保证其具有正确履行职责的能力和条件。《公司法》规定,有下列情形之一的,不得担任公司的董事、监事、高级管理人员:

(1)无民事行为能力或者限制民事行为能力。无民事行为能力的人是指8周岁以下的未成年人和不能辨认自己行为的成年人。限制民事行为能力的人是指8周岁以上的未成年人和不能完全辨认自己行为的成年人。

(2)因贪污、贿赂、侵占财产、挪用财产或者破坏社会主义市场经济秩序,被判处刑罚,执行期满未逾5年,或者因犯罪被剥夺政治权利,执行期满未逾5年。

(3)担任破产清算的公司、企业的董事或者厂长、经理,对该公司、企业的破产负有个人责任的,自该公司、企业破产清算完结之日起未逾3年。

(4)担任因违法被吊销营业执照、责令关闭的公司、企业的法定代表人,并负有个人责任的,自该公司、企业被吊销营业执照之日起未逾3年。

(5)个人所负数额较大的债务到期未清偿。

公司违反《公司法》的上述规定选举、委派董事、监事或者聘任高级管理人员的,该选举、委派或者聘任无效。公司董事、监事、高级管理人员在任职期间出现上述所列情形的,公司应当解除其职务。

(二)公司董事、监事、高级管理人员的义务

公司董事、监事、高级管理人员应当遵守法律、行政法规和公司章程,对公司负有忠实义务和勤勉义务。公司董事、监事、高级管理人员不得利用职权收受贿赂或者其他非法收入,不得侵占公司的财产。

《公司法》规定,公司董事、高级管理人员不得有下列行为:

(1)挪用公司资金;

(2)将公司资金以其个人名义或者以其他个人名义开立账户存储;

(3)违反公司章程的规定,未经股东会、股东大会或者董事会同意,将公司资金借贷给他人或者以公司财产为他人提供担保;

(4)违反公司章程的规定或者未经股东会、股东大会同意,与本公司订立合同或者进行交易;

(5)未经股东会或者股东大会同意,利用职务便利为自己或者他人谋取属于公司的商业机会,自营或者为他人经营与所任职公司同类的业务;

(6)接受他人与公司交易的佣金归为己有;

(7)擅自披露公司秘密;

(8)违反对公司忠实义务的其他行为。

公司董事、高级管理人员违反上述规定所得的收入应当归公司所有。公司董事、监事、高级管理人员执行公司职务时违反法律、行政法规或者公司章程的规定,给公司造成损失的,应当承担赔偿责任。公司股东会或者股东大会要求董事、监事、高级管理人员列席会议的,董事、监事、高级管理人员应当列席并接受股东的质询。董事、高级管理人员应当如实向公司监事会或者不设监事会的有限责任公司的监事提供有关情况和资料,不得妨碍监事会或者监事行使职权。

九、股东诉讼

(一)股东代表诉讼

股东代表诉讼是当董事、监事、高级管理人员或者他人的违反法律、行政法规或者公司章程的行为给公司造成损失,公司拒绝或者怠于向该违法行为人请求损害赔偿时,具备法定资格的股东有权代表其他股东,代替公司提起诉讼,请求违法行为人赔偿公司损失的行为。根据侵权人身份的不同与具体情况的不同,提起股东代表诉讼有以下几种不同的程序:

1.公司董事、监事、高级管理人员的行为给公司造成损失时股东代表公司提起诉讼的程序

按照《公司法》的规定,公司董事、监事、高级管理人员执行公司职务时违反法律、行政法规或者公司章程的规定,给公司造成损失的,应当承担赔偿责任。

为了确保责任者真正承担相应的赔偿责任,《公司法》对股东代表诉讼作了如下规定:

(1)公司董事、高级管理人员执行公司职务时违反法律、行政法规或者公司章程的规定的,股东通过监事会或者监事提起诉讼。公司董事、高级管理人员执行公司职务时违反法律、行政法规或者公司章程的规定,给公司造成损失的,有限责任公司的股东、股份有限公司连续 180 日以上单独或者合计持有公司 1% 以上股份的股东,可以书面请求监事会或者不设监事会的有限责任公司的监事向人民法院提起诉讼。180 日以上连续持股期间,应为股东向人民法院提起诉讼时,已期满的持股时间;规定的合计持有公司 1% 以上股份,是指 2 个以上股东持股份额的合计。

(2)监事执行公司职务时违反法律、行政法规或者公司章程的规定的,股东通过董事会或者董事提起诉讼。监事执行公司职务时违反法律、行政法规或者公司章程的规定,给公司造成损失的,有限责任公司的股东、股份有限公司连续 180 日以上单独或者合计持有公司 1% 以上股份的股东,可以书面请求董事会或者不设董事会的有限责任公司的执行董事向人民法院提起诉讼。

(3)股东直接提起诉讼。监事会、不设监事会的有限责任公司的监事,或者董事会、执行董事,收到有限责任公司的股东、股份有限公司连续 180 日以上单独或者合计持有公司 1% 以上股份的股东的书面请求后,拒绝提起诉讼,或者自收到请求之日起 30 日内未提起诉讼,或者情况紧急、不立即提起诉讼将会使公司利益受到难以弥补的损害的,有限责任公司的股东、股份有限公司连续 180 日以上单独或者合计持有公司 1% 以上股份

的股东,有权为了公司的利益,以自己的名义直接向人民法院提起诉讼。

2.其他人的行为给公司造成损失时股东提起诉讼的程序

公司董事、监事、高级管理人员以外的其他人侵犯公司合法权益,给公司造成损失的,有限责任公司的股东、股份有限公司连续180日以上单独或者合计持有公司1%以上股份的股东,可以通过监事会或者监事、董事会或者董事向人民法院提起诉讼,或者直接向人民法院提起诉讼。提起诉讼的具体程序,依照上述股东对公司董事、监事、高级管理人员给公司造成损失的行为提起诉讼的程序进行。

(二)股东直接诉讼

股东直接诉讼,是指股东对董事、高级管理人员违反规定损害股东利益的行为提起的诉讼。《公司法》规定,公司董事、高级管理人员违反法律、行政法规或者公司章程的规定,损害股东利益的,股东可以依法直接向人民法院提起诉讼。

十、公司财务、会计的基本要求

(一)公司应当依法建立财务、会计制度

公司应当依照法律、行政法规和国务院财政部门的规定建立本公司的财务、会计制度。

(二)公司应当依法编制财务会计报告

公司应当在每一会计年度终了时编制财务会计报告,并依法经会计师事务所审计。公司财务会计报告主要包括资产负债表、利润表、现金流量表、所有者权益(或股东权益)变动表等报表及附注。

(三)公司应当依法披露有关财务、会计资料

有限责任公司应当按照公司章程规定的期限将财务会计报告送交各股东。股份有限公司的财务会计报告应当在召开股东大会年会的20日前置备于本公司,供股东查阅;公开发行股票的股份有限公司必须公告其财务会计报告。

(四)公司应当依法建立账簿开立账户

公司除法定的会计账簿外,不得另立会计账簿。对公司资产,不得以任何个人名义开立账户存储。

(五)公司应当依法聘用会计师事务所对财务会计报告审查验证

公司聘用、解聘承办公司审计业务的会计师事务所,应当依照公司章程的规定,由股东会、股东大会或者董事会决定。公司股东会、股东大会或者董事会就解聘会计师事务所进行表决时,应当允许会计师事务所陈述意见。公司应当向聘用的会计师事务所提供真实和完整的会计凭证、会计账簿、财务会计报告及其他会计资料,不得拒绝、隐匿、谎报。

十一、公司利润分配

(一)公司利润分配顺序

根据我国公司法及税法等相关法律的规定,公司应当按照如下顺序进行利润分配:

(1)弥补以前年度的亏损,但不得超过税法规定的弥补期限。我国税法规定:企业某一纳税年度发生的亏损可以用下一年度的所得弥补;下一年度的所得不足以弥补的,可以逐年延续弥补,但最长不得超过5年。本处亏损是指企业依照《企业所得税法》和实施条例的规定,将每一纳税年度的收入总额减除不征税收入、免税收入和各项扣除后小于零的数额。

(2)缴纳所得税。即公司应依我国《企业所得税法》的规定缴纳企业所得税。

(3)弥补在税前利润弥补亏损之后仍存在的亏损。

(4)提取法定公积金。

(5)提取任意公积金。

(6)向股东分配利润。

公司弥补亏损和提取公积金后所余税后利润,有限责任公司按照股东实缴的出资比例分配,但全体股东约定不按照出资比例分配的除外;股份有限公司按照股东持有的股份分配,但股份有限公司章程规定不按持股比例分配的除外。

公司股东会、股东大会或者董事会违反规定,在公司弥补亏损和提取法定公积金之前向股东分配利润的,股东必须将违反规定分配的利润退还公司。公司持有的本公司股份不得分配利润。

(二)公积金

公积金是公司在资本之外所保留的资金金额,又称为附加资本或准备金。公司为增强自身财力、扩大营业范围和预防意外亏损,从利润中提取一定的资金,以用于扩大资本,或弥补亏损。

1.公积金的种类

公积金分为盈余公积金和资本公积金两类。

(1)盈余公积金。盈余公积金是从公司税后利润中提取的公积金,分为法定公积金和任意公积金两种。

法定公积金按照公司税后利润的10%提取,当公司法定公积金累计额为公司注册资本的50%以上时可以不再提取。公司的法定公积金不足以弥补以前年度亏损的,在依照规定提取法定公积金之前,应当先用当年利润弥补亏损。任意公积金按照公司股东会或者股东大会决议,从公司税后利润中提取。

(2)资本公积金。资本公积金是直接由资本原因等形成的公积金。股份有限公司以超过股票票面金额的发行价格发行股份所得的溢价款,以及国务院财政部门规定列入资本公积金的其他收入,应当列为公司资本公积金。

2.公积金的用途

公司的公积金应当按照规定的用途使用。公司的公积金主要有以下用途:

(1)弥补公司亏损。公司的亏损按照国家税法规定可以用缴纳所得税前的利润弥补;超过用所得税前利润弥补期限仍未补足的亏损,可以用公司税后利润弥补;发生特大亏损,税后利润仍不足弥补的,可以用公司的公积金弥补。但是,资本公积金不得用于弥补公司的亏损。

（2）扩大公司生产经营。公司可以根据生产经营的需要，用公司的公积金来扩大公司的生产经营规模，增强公司实力。

（3）转增公司资本。公司为了实现增加资本的目的，可以将公积金的一部分转为资本。对用任意公积金转增资本的，法律没有限制，但用法定公积金转增资本时，《公司法》规定，法定公积金转为资本时，所留存的该项公积金不得少于转增前公司注册资本的 25%。

十二、公司的变更、增减资本与公司的解散、清算

（一）公司合并

公司合并是指两个以上的公司依照法定程序变为一个公司的行为。其形式有两种：一是吸收合并；二是新设合并。吸收合并是指一个公司吸收其他公司加入本公司，被吸收的公司解散。新设合并是指两个以上公司合并设立一个新的公司，合并各方解散。公司合并应遵循以下程序：

1.签订合并协议

公司合并，应当由合并各方签订合并协议。合并协议应当包括：合并后存续公司或新设公司的名称、住所；合并各方的债权、债务处理办法；合并各方的资产状况及其处理办法等其他事项。

2.编制资产负债表及财产清单

3.作出合并决议

签订合并协议并编制资产负债表及财产清单后，应当就公司合并的有关事项作出合并决议。有限责任公司的股东会在对公司合并作出决议时，必须经代表 2/3 以上表决权的股东通过；股份有限公司的股东大会在对公司合并作出决议时，必须经出席会议的股东所持表决权的 2/3 以上通过；国有独资公司的合并协议，由国有资产监督管理机构决定。重要的国有独资公司的合并，应当由国有资产监督管理机构审核后，报本级人民政府批准。

4.通知债权人

公司应当自作出合并决议之日起 10 日内通知债权人，并于 30 日内在报纸上公告。债权人自接到通知书之日起 30 日内，未接到通知书的自公告之日起 45 日内，可以要求公司清偿债务或者提供相应的担保。

5.依法进行登记

公司合并后，登记事项发生变更的，应当依法向公司登记机关办理变更登记；公司解散的，应当依法办理公司注销登记；设立新公司的，应当依法办理公司设立登记。

公司合并时，合并各方的债权、债务，应当由合并后存续的公司或者新设的公司承继。

（二）公司分立

公司分立是指一个公司依法分为两个以上的公司。《公司法》未明确规定公司分立的形式，一般有两种：一是派生分立，即公司以其部分财产和业务另设一个新的公司，原

公司存续;二是新设分立,即公司以其全部财产设立两个以上的新公司,原公司解散。

公司分立的程序与公司合并的程序基本一样,要签订分立协议,编制资产负债表及财产清单,作出分立决议,通知债权人,办理相应登记等。

公司分立前的债务由分立后的公司承担连带责任。但是,公司在分立前与债权人就债务清偿达成的书面协议另有约定的除外。

(三)公司注册资本的减少和增加

1.公司注册资本的减少

公司需要减少注册资本时,必须编制资产负债表及财产清单。公司减少注册资本时,应当自接到减少注册资本决议之日起 10 日内通知债权人,并于 30 日内在报纸上公告。债权人自接到通知书之日起 30 日内,未接到通知书的自公告之日起 45 日内,有权要求公司清偿债务或者提供相应的担保。公司减少注册资本,应当依法向公司登记机关办理变更登记。

2.公司注册资本的增加

有限责任公司增加注册资本时,股东认缴新增资本的出资,按照《公司法》设立有限责任公司缴纳出资的有关规定执行。股份有限公司为增加注册资本发行新股时,股东认购新股,依照《公司法》设立股份有限公司缴纳股款的有关规定执行。公司增加注册资本,应当依法向公司登记机关办理变更登记。

(四)公司解散

根据《公司法》的规定,公司解散的原因有以下情形:

(1)公司章程规定的营业期限届满或者公司章程规定的其他解散事由出现;

(2)股东会或者股东大会决议解散;

(3)因公司合并或者分立需要解散;

(4)依法被吊销营业执照、责令关闭或者被撤销;

(5)人民法院依法予以解散。

公司有上述第(1)项情形的,可以通过修改公司章程而存续。公司依照规定修改公司章程的,有限责任公司须经持有 2/3 以上表决权的股东通过,股份有限公司须经出席股东大会会议的股东所持表决权的 2/3 以上通过。《公司法》规定,公司经营管理发生严重困难,继续存续会使股东利益受到重大损失,通过其他途径不能解决的,持有公司全部股东表决权 10% 以上的股东,可以请求人民法院解散公司。

(五)公司清算

1.成立清算组

公司解散时,应当依法进行清算。根据《公司法》的规定,公司应当在解散事由出现之日起 15 日内成立清算组。根据最高人民法院的司法解释,有下列情形之一,债权人申请人民法院指定清算组进行清算的,人民法院应予受理:

(1)公司解散逾期不成立清算组进行清算的;

(2)虽然成立清算组但故意拖延清算的;

(3)违法清算可能严重损害债权人或者股东利益的。

具有上述情形,而债权人未提起清算申请,公司股东申请人民法院指定清算组对公司进行清算的,人民法院应予受理。

有限责任公司的清算组由股东组成,股份有限公司的清算组由董事或者股东大会确定的人员组成。人民法院受理公司清算案件,应当及时指定有关人员组成清算组。清算组成员可以从下列人员或者机构中产生:

(1)公司股东、董事、监事、高级管理人员;

(2)依法设立的律师事务所、会计师事务所、破产清算事务所等社会中介机构;

(3)依法设立的律师事务所、会计师事务所、破产清算事务所等社会中介机构中具备相关专业知识并取得执业资格的人员。

2.清算组的职权

根据《公司法》的规定,清算组在清算期间行使下列职权:

(1)清理公司财产,分别编制资产负债表和财产清单;

(2)通知、公告债权人;

(3)处理与清算有关的公司未了结的业务;

(4)清缴所欠税款以及清算过程中产生的税款;

(5)清理债权、债务;

(6)处理公司清偿债务后的剩余财产;

(7)代表公司参与民事诉讼活动。

清算组在公司清算期间代表公司进行一系列民事活动,全权处理公司经济事务和民事诉讼活动。根据《公司法》的规定,清算组成员应当忠于职守,依法履行清算义务。清算组成员不得利用职权收受贿赂或者其他非法收入,不得侵占公司财产。清算组成员因故意或者重大过失给公司或者债权人造成损失的,应当承担赔偿责任。

3.清算工作程序

(1)登记债权

清算组应当自成立之日起 10 日内通知债权人,并于 60 日内在报纸上公告。债权人应当自接到通知书之日起 30 日内,未接到通知书的自公告之日起 45 日内,向清算组申报其债权。债权人在规定的期限内未申报债权,在公司清算程序终结前补充申报的,清算组应予登记。债权人补充申报的债权,可以在公司尚未分配财产中依法清偿。公司清算程序终结,是指清算报告经股东会、股东大会或者人民法院确认完毕。

清算组未按照前款规定履行通知和公告义务,导致债权人未及时申报债权而未获清偿,清算组成员对因此造成的损失承担赔偿责任。

债权人申报债权,应当说明债权的有关事项,并提供证明材料。清算组应当对债权进行登记。在申报债权期间,清算组不得对债权人进行清偿。

(2)清理公司财产,制订清算方案

清算组应当对公司财产进行清理,编制资产负债表和财产清单,制订清算方案。清算方案应当报股东会、股东大会或者人民法院确认。清算组执行未经确认的清算方案给公司或者债权人造成损失,公司、股东或者债权人有权要求清算组人员承担赔偿责任。

公司解散时,股东尚未缴纳的出资均应作为清算财产。股东尚未缴纳的出资,包括到期应缴未缴的出资,以及依照《公司法》第 26 条和第 80 条的规定分期缴纳尚未届满缴纳期限的出资。

清算组在清理公司财产、编制资产负债表和财产清单后,发现公司财产不足清偿债务的,应当依法向人民法院申请宣告破产。人民法院指定的清算组在清理公司财产、编制资产负债表和财产清单时,发现公司财产不足清偿债务的,可以与债权人协商制作有关债务清偿方案。债务清偿方案经全体债权人确认且不损害其他利害关系人利益的,人民法院可依清算组的申请裁定予以认可。

(3)清偿债务

公司财产在分别支付清算费用、职工的工资、社会保险费用和法定补偿金,缴纳所欠税款,清偿公司债务后的剩余财产,有限责任公司按照股东的出资比例分配,股份有限公司按照股东持有的股份比例分配。清算期间,公司存续,但不得开展与清算无关的经营活动。公司财产在未按上述规定清偿前,不得分配给股东。

(4)公告公司终止

公司清算结束后,清算组应当制作清算报告,报股东会、股东大会或者人民法院确认,并报送公司登记机关,申请注销公司登记,公告公司终止。

公司未经清算即办理注销登记,导致公司无法进行清算,债权人有权要求有限责任公司的股东、股份有限公司的董事和控股股东,以及公司的实际控制人对公司债务承担清偿责任。

第四节 企业破产法律实务

◇ **目标提示**

通过本节的学习,熟悉企业破产法的基本内容。

◇ **学习内容**

1.我国企业破产法的立法概况;

2.破产债务人财产,破产申请与受理的程序及效力,破产宣告的情形,破产财产的变价与分配;

3.破产重整制度,和解制度,破产程序的终结。

◇ **重要知识**

破产管理人是指破产程序开始后依法成立的,全面接管破产债务人,以自己的名义独立执行破产债务人财产的保管、清理、估价、变卖和分配等事务的专门机关,它随破产程序的终结而解散。

一、企业破产法立法概况

为规范企业破产程序,公平清理债权债务,保护债权人和债务人的合法权益,维护社会主义市场经济秩序,《中华人民共和国企业破产法》(以下简称《企业破产法》)由第十届全国人民代表大会常务委员会第 23 次会议于 2006 年 8 月 27 日通过,自 2007 年 6 月 1 日起施行。

二、破产与破产管理人

(一)破产的含义

在传统破产法上,破产主要是指破产清算程序,其基本目的是强制地将债务人的财产加以变卖并在债权人中间进行公平分配。在企业破产的场合,破产清算必然地导致企业法律人格的消灭和出资人权益的丧失。在现代破产法上,破产并不必然地导致清算程序的发生。当债务人处于无力偿债的状态时,债务人和债权人可以有各种不同的选择,如通过和解程序、重整程序解决债务问题。因此,破产是指在债务人无力偿债的情况下公平清理债务,包括以变价分配为目标的清算制度,以及以企业再建为目标的重整及和解制度。

(二)破产管理人

1.破产管理人的选任

破产管理人是指破产程序开始后依法成立的,全面接管破产债务人,以自己的名义独立执行破产债务人财产的保管、清理、估价、变卖和分配等事务的专门机关,它随破产程序的终结而解散。

破产管理人由人民法院指定,可以由有关部门、机构的人员组成的清算组或者依法设立的律师事务所、会计师事务所、破产清算事务所等社会中介机构担任。但有下列情形之一的,不得担任管理人:

(1)因故意犯罪受过刑事处罚;

(2)曾被吊销相关专业执业证书;

(3)与本案有利害关系;

(4)人民法院认为不宜担任管理人的其他情形。

2.破产管理人的职责

根据《企业破产法》第 25 条的规定,管理人履行如下职责:

(1)接管债务人的财产、印章和账簿、文书等资料;

(2)调查债务人财产状况,制作财产状况报告;

(3)决定债务人的内部管理事务;

(4)决定债务人的日常开支和其他必要开支;

(5)在第一次债权人会议召开之前,经人民法院许可,决定继续或者停止债务人的营业;

(6)管理和处分债务人的财产;

(7)代表债务人参加诉讼、仲裁或者其他法律程序;

(8)提议召开债权人会议;

(9)人民法院认为管理人应当履行的其他职责。

三、债务人财产、破产费用与共益债务的认定

(一)债务人财产

1.债务人财产的范围

破产申请受理时属于债务人的全部财产,以及破产申请受理后至破产程序终结前债务人取得的财产,为债务人财产。

2.债务人财产的特别规定

(1)人民法院受理破产申请前一年内,涉及债务人财产的下列行为,管理人有权请求人民法院予以撤销:①无偿转让财产;②以明显不合理的价格进行交易的;③对没有财产担保的债务提供财产担保的;④对未到期的债务提前清偿的;⑤放弃债权的。

(2)人民法院受理破产案件前6个月内,债务人不能清偿到期债务,并且资产不足以清偿全部债务或者明显缺乏清偿能力,仍对个别债权人进行清偿。但是,个别清偿使债务人财产受益的除外。

(3)涉及债务人财产的下列行为无效:①为逃避债务而隐匿、转移财产的;②虚构债务或者承认不真实的债务的。

(4)管理人行使追回权保护债务人财产。①对被人民法院撤销和确认无效的行为而取得的债务人财产,管理人有权追回。②人民法院受理破产申请后,债务人的出资人尚未完全履行出资义务的,管理人应当要求该出资人缴纳所认缴的出资,而不受出资期限的限制。③债务人的董事、监事和高级管理人员利用职权从企业获取的非正常收入和侵占的企业财产,管理人应当追回。④债务人的法定代表人和其他直接责任人员对所涉债务人财产的相关行为存在故意或者重大过失,造成债务人财产损失的,管理人可以主张上述责任人员承担相应赔偿责任。

(5)管理人行使取回权保护债务人财产。①人民法院受理破产申请后,管理人可以通过清偿债务或者提供为债权人接受的担保,取回质物、留置物。②在质物或者留置物的价值低于被担保的债权额时,债务清偿或替代担保,以该质物或者留置物当时的市场价值为限。

(6)债务人财产的去除。①权利人行使被占财产取回权。人民法院受理破产申请后,债务人占有的不属于债务人的财产,该财产的权利人可以通过管理人取回。该财产应从债务人财产中去除。②出卖人行使在途物取回权。人民法院受理破产申请时,出卖人已将买卖标的物向作为买受人的债务人发运,债务人尚未收到且未付清全部价款的,出卖人可以取回在运途中的标的物。但是,管理人可以支付全部价款,请求出卖人交付标的物。③债权人行使破产抵销权。破产抵销权是指在破产申请受理前与债务人互负债务的债权人,在破产申请受理后,享有向管理人主张不依破产程序而以其对债务人的债权抵销其对债务人所负债务的权利。债权人应主动行使破产抵销权。管理人不得主动抵销债务人与债权人的互负债务,但抵销使债务人财产受益的除外。

(二)破产费用

破产费用是指在破产程序进行过程中,为破产程序的顺利进行以及为破产财产的管

理、处分等而必须随时支付的费用。根据《企业破产法》第 41 条的规定,破产费用的范围包括:①破产案件的诉讼费用;②管理、变价和分配债务人财产的费用;③管理人执行职务的费用、报酬和聘用工作人员的费用。

债务人的财产不足以支付破产费用的,管理人应当提请人民法院终结破产程序。

(三)共益债务

共益债务是指人民法院受理破产申请后,为全体债权人的共同利益而发生的,由债务人财产随时清偿的债务。根据《企业破产法》第 42 条的规定,共益债务包括以下几项:①因管理人或者债务人请求对方当事人履行双方均未履行完毕的合同所产生的债务;②债务人财产受无因管理所产生的债务;③因债务人不当得利所产生的债务;④为债务人继续营业而应支付的劳动报酬和社会保险费用以及由此产生的其他债务;⑤管理人或者相关人员执行职务致人损害所产生的债务;⑥债务人财产致人损害所产生的债务。

破产费用和共益债务由债务人财产随时清偿。债务人的财产不足以清偿所有破产费用和共益债务的,先行清偿破产费用;债务人的财产不足以清偿所有破产费用或者共益债务的,按比例清偿。

四、破产申请与受理

(一)破产申请

1.申请人的范围

(1)债务人有不能清偿到期债务,并且资产不足以清偿全部债务或者明显缺乏清偿能力的,可以向人民法院提出重整、和解或者破产清算申请。

(2)债务人不能清偿到期债务,债权人可以向人民法院提出对债务人进行重整或者破产清算的申请。

(3)企业法人已解散但未清算或者未清算完毕,资产不足以清偿债务的,依法负有清算责任的人应当向人民法院申请破产清算。

2.破产申请书

申请人向人民法院提出破产申请,应当提交破产申请书和有关证据。

根据《企业破产法》第 8 条的规定,破产申请书应当载明下列事项:

(1)申请人、被申请人的基本情况;

(2)申请目的;

(3)申请的事实和理由;

(4)人民法院认为应当载明的其他事项。

债务人提出申请的,还应当向人民法院提交财产状况说明、债务清册、债权清册、有关财务会计报告、职工安置预案以及职工工资的支付和社会保险费用的缴纳情况。

人民法院受理破产申请前,申请人可以请求撤回申请。

(二)破产申请的受理

人民法院应当自收到破产申请之日起 15 日内裁定是否受理。

人民法院裁定受理破产申请的,应当同时指定管理人。

人民法院应当自裁定受理破产申请之日起 25 日内通知已知债权人,并予以公告。

人民法院裁定不受理破产申请的,应当自裁定作出之日起 5 日内送达申请人并说明理由。申请人对裁定不服的,可以自裁定送达之日起 10 日内向上一级人民法院提起上诉。

(三)破产申请受理的法律效力

1.对债务人的有关人员方面的效力

债务人的有关人员是指企业的法定代表人,经人民法院决定,可以包括企业的财务管理人员和其他经营管理人员。自人民法院受理破产申请的裁定送达债务人之日起至破产程序终结之日,债务人的有关人员承担下列义务:①妥善保管其占有和管理的财产、印章和账簿、文书等资料;②根据人民法院、管理人的要求进行工作,并如实回答询问;③列席债权人会议并如实回答债权人的询问;④未经人民法院许可,不得离开住所地;⑤不得新任其他企业的董事、监事、高级管理人员。

2.对债务人财产方面的效力

(1)债务人对个别债权人的清偿无效。

(2)债务人的债务人或者财产持有人应当向管理人清偿债务或者交付财产。

(3)管理人对破产申请受理前成立而债务人和对方当事人均未履行完毕的合同有权决定解除或继续履行,并通知对方当事人。管理人决定继续履行合同的,对方当事人应当履行;但对方当事人有权要求管理人提供担保。管理人不提供担保的,视为解除合同。管理人自破产申请受理之日起 2 个月内未通知对方当事人,或自收到对方当事人催告之日起 30 日内未答复的,视为解除合同。

3.对债务人民事程序方面的效力

(1)有关债务人财产的保全措施应解除,执行程序应中止。

(2)已经开始而尚未终结的有关债务人的民事诉讼或者仲裁应当中止。在管理人接管债务人的财产后,该诉讼或者仲裁继续进行。

(3)有关债务人的新的民事诉讼,只能向受理破产申请的人民法院提起。

五、债权申报与债权人会议

(一)债权申报

1.债权申报的期限

债权申报期限由人民法院确定,自人民法院发布受理破产申请公告之日起计算,最短不得少于 30 日,最长不得超过 3 个月。

2.债权申报的内容

债权人向管理人申报债权,应当采用书面方式。债权申报的内容包括债权的数额和有无财产担保,并应提交有关证据,申报的债权是连带债权的,应当说明。

3.债权申报的范围

破产案件受理前成立的对债务人享有的债权,均为可申报的债权。无财产担保或有财产担保的债权、附条件或附期限的债权、诉讼或仲裁未决的债权,均在申报之列。未到期的债权,在破产申请受理时视为到期。付利息的债权,自破产申请受理时起停止计息。

4.特殊债权申报的处理

(1)劳动债权不必申报。劳动债权包括债务人所欠职工的工资和医疗、伤残补助、抚恤费用,所欠的应当划入职工个人账户的基本养老保险、基本医疗保险费用,以及法律、行政法规规定应当支付给职工的补偿金。劳动债权不必申报,由管理人调查后列出清单并予以公示。职工对清单记载有异议的,可以要求管理人更正;管理人不予更正的,职工可以向人民法院提起诉讼。

(2)连带债权人的债权申报。连带债权人可以由其中一人代表全体连带债权人申报债权,也可以共同申报债权。

(3)保证人或者其他连带债务人的债权申报。已经代替债务人清偿债务的,以其对债务人的求偿权申报债权;尚未代替债务人清偿债务的,以其对债务人的将来求偿权申报债权,但是,债权人已经向管理人申报全部债权的除外。

(4)连带债务人破产的债权申报。连带债务人之一或者数人破产的,债权人可就全部债权向该债务人或各债务人行使权利,申报债权。债权人未申报债权的,其他连带债务人可就将来可能承担的债务申报债权。

(5)被管理人或债务人解除合同的债权申报。管理人或债务人依破产法规定解除合同的,对方当事人以因合同解除所产生的损害赔偿请求权申报债权。

(6)委托合同受托人的债权申报。委托合同的受托人不知被裁定适用破产程序,继续处理委托事务的,受托人以由此产生的请求权申报债权。

(7)票据付款人的债权申报。票据的付款人不知出票人被裁定适用破产程序,继续付款或承兑的,付款人以由此产生的请求权申报债权。

5.债权的核查与确定

管理人对债权人申报的债权经审查后编制债权表,债权表应当提交第一次债权人会议核查。债务人、债权人对债权表记载的债权无异议的,由人民法院裁定确认;有异议的,可以向受理破产申请的人民法院提起诉讼。

(二)债权人会议

1.债权人会议的组成

依法申报债权的债权人均为债权人会议成员,有权参加债权人会议,享有表决权。债权尚未确定的债权人,除人民法院能够为其行使表决权而临时确定债权额的外,不得行使表决权。对债务人的特定财产享有担保权的债权人,未放弃优先受偿权利的,对于通过和解协议和破产财产分配方案不享有表决权。债权人会议应当有债务人的职工和工会的代表参加,对有关事项发表意见。

债权人会议设主席1人,由人民法院从有表决权的债权人中指定。债权人会议主席主持债权人会议。

2.债权人会议的职权

根据《企业破产法》第61条的规定,债权人会议行使下列职权:①核查债权;②申请人民法院更换管理人,审查管理人的费用和报酬;③监督管理人;④选任和更换债权人委员会成员;⑤决定继续或者停止债务人的营业;⑥通过重整计划;⑦通过和解协议;⑧通过债务人财产的管理方案;⑨通过破产财产的变价方案;⑩通过破产财产的分配方案;⑪人民法院认为应当由债权人会议行使的其他职权。

3.债权人会议的召开

第一次债权人会议由人民法院召集,自债权申报期限届满之日起 15 日内召开。以后的债权人会议,在人民法院认为必要时,或者管理人、债权人委员会、占债权总额 1/4 以上的债权人向债权人会议主席提议时召开。

召开债权人会议,管理人应当提前 15 日通知已知的债权人。

4.债权人会议的决议

债权人会议的决议,由出席会议的有表决权的债权人过半数通过,并且其所代表的债权额占无财产担保债权总额的 1/2 以上。但是,重整计划和和解协议的决议除外。

债权人会议的决议,对于全体债权人均有约束力。

债权人认为债权人会议的决议违反法律规定,损害其利益的,可以自债权人会议作出决议之日起 15 日内,请求人民法院裁定撤销该决议,责令债权人会议依法重新作出决议。另外,《企业破产法》第 65 条、第 66 条规定:债务人财产的管理方案、破产财产的变价方案经债权人会议表决未通过的;破产财产的分配方案经债权人会议二次表决仍未通过的,由人民法院裁定。债权人对人民法院作出的债务人财产的管理方案、破产财产的变价方案的裁定不服的,债权额占无财产担保债权总额 1/2 以上的债权人对人民法院作出的破产财产的分配方案的裁定不服的,可以自裁定宣布之日或者收到通知之日起 15 日内向该人民法院申请复议。复议期间不停止裁定的执行。

(三)债权人委员会

债权人会议可以决定设立债权人委员会。债权人委员会由债权人会议选任的债权人代表和 1 名债务人的职工代表或者工会代表组成。债权人委员会成员不得超过 9 人。债权人委员会成员应当经人民法院书面决定认可。

根据《企业破产法》第 68 条的规定,债权人委员会行使下列职权:①监督债务人财产的管理和处分;②监督破产财产分配;③提议召开债权人会议;④债权人会议委托的其他职权。

债权人委员会执行职务时,有权要求管理人、债务人的有关人员对其职权范围内的事务作出说明或者提供有关文件。

六、破产重整与和解

(一)重整

1.重整的含义

重整是指在债务人无力偿债的情况下,经利害关系人申请,不对债务人财产进行立即清算,而在法院主持下,依法定程序,由债务人和债权人达成协议,制订重整计划,规定在一定期限内债务人按一定方式全部或部分清偿债务,同时债务人可以继续经营其业务的制度。重整作为破产清算前的保护手段,可以进行有效的资产隔离和资产保护,进行必要的资产剥离和置换,在相应的法律程序下由股东和债权人进行协商以挽救公司最后的命运,实现企业复兴。

2.重整申请

(1)债务人或者债权人均可以直接向人民法院申请重整。

(2)债权人申请对债务人进行破产清算的,在人民法院受理破产申请后、宣告债务人破产前,债务人或者出资额占债务人注册资本 1/10 以上的出资人,可以向人民法院申请重整。

人民法院经审查认为重整申请符合规定的,应当裁定债务人重整,并予以公告。

3.重整期间

重整期间为人民法院裁定债务人重整之日起至重整程序终止的期间。

(1)重整期间的经营活动

重整期间的债务人需要继续营业,可以按以下方法进行。第一,经债务人申请,人民法院批准,债务人可以在管理人的监督下自行管理财产和营业事务。此时,已接管债务人财产和营业事务的管理人应当向债务人移交财产和营业事务,管理人的职权也由债务人行使。第二,管理人负责管理财产和营业事务,可以聘任债务人的经营管理人员负责营业事务。

(2)重整期间的特别规定

①在重整期间,对债务人的特定财产享有的担保权暂停行使。但是,担保物有损坏或者价值明显减少的可能,足以危害担保权人权利的,担保权人可以向人民法院请求恢复行使担保权。

②在重整期间,债务人或者管理人为继续营业而借款的,可以为该借款设定担保。

③债务人合法占有的他人财产,该财产的权利人在重整期间要求取回的,应当符合事先约定的条件。

④ 在重整期间,债务人的出资人不得请求投资收益分配。在重整期间,债务人的董事、监事、高级管理人员不得向第三人转让其持有的债务人的股权。但是,经人民法院同意的除外。

4.重整计划草案的制定和批准

(1)重整计划草案的制定

债务人或者管理人应当自人民法院裁定债务人重整之日起 6 个月内,同时向人民法院和债权人会议提交重整计划草案。期限届满,经债务人或者管理人请求,有正当理由的,人民法院可以裁定延期 3 个月。

重整计划草案,债务人自行管理财产和营业事务的,由债务人制作;管理人负责管理财产和营业事务的,由管理人制作。

重整计划草案应当包括下列内容:①债务人的经营方案;②债权分类;③债权调整方

案;④债权受偿方案;⑤重整计划的执行期限;⑥重整计划执行的监督期限;⑦有利于债务人重整的其他方案。

（2）重整计划草案的表决

出席会议的同一表决组的债权人过半数同意重整计划草案,并且其所代表的债权额占该组已确定债权额的 2/3 以上的,即为该组通过重整计划草案。各表决组均通过重整计划草案时,重整计划即为通过。部分表决组未通过重整计划草案时,可以在与债务人或者管理人协商后再表决一次。

（3）重整计划的批准

人民法院经审查认为重整计划或草案符合规定的,应当自收到申请之日起 30 日内裁定批准,并予以公告。

经人民法院裁定批准的重整计划,对债务人和全体债权人均有约束力。

5.重整计划的执行

重整计划由债务人负责执行。人民法院裁定批准重整计划后,已接管财产和营业事务的管理人应当向债务人移交财产和营业事务。在重整计划规定的监督期内,由管理人监督重整计划的执行,债务人应当向管理人报告重整计划执行情况和债务人财务状况。监督期届满时,管理人应当向人民法院提交监督报告。自监督报告提交之日起,管理人的监督职责终止。

重整计划执行完毕时,按照重整计划减免的债务,债务人不再承担清偿责任。

人民法院裁定终止重整计划执行的,债权人在重整计划中作出的债权调整的承诺失去效力。债权人因执行重整计划所受的清偿仍然有效,债权未受清偿的部分作为破产债权参与破产财产分配。

债务人不能执行或者不执行重整计划的,担保人为重整计划执行提供的担保继续有效。

（二）和解

和解是指在人民法院受理破产案件后,在破产程序终结前,债务人与债权人之间就延期偿还和减免债务问题达成协议,中止破产程序的一种方法。和解是一种特殊的法律行为,双方法律行为以双方当事人的意思表示一致为条件,而这种法律行为不仅需要债权人会议与债务人意思表示一致,而且要经过人民法院的裁定认可,方能成立。

1.和解的申请

债务人可以直接向人民法院申请和解,也可以在人民法院受理破产申请后、宣告债务人破产前,向人民法院申请和解。债务人申请和解,应当提出和解协议草案。人民法院经审查认为和解申请符合规定的,应当裁定和解,予以公告,并召集债权人会议讨论和解协议草案。

2.和解协议的通过与生效

债权人会议通过和解协议的决议,由出席会议有表决权的债权人的过半数通过,并且其所代表的债权额,必须占无财产担保债权总额的 2/3 以上。和解协议通过后,须经过人民法院裁定认可才能生效。经人民法院裁定认可的和解协议,对债务人和全体和解债权人均有约束力。

3.和解协议的效力

(1)和解协议对债务人的效力

和解协议生效后,债务人重新取得对其财产的支配权。管理人应当向债务人移交财产和营业事务,并向人民法院提交执行职务的报告。债务人应当按照和解协议规定的条件清偿债务。和解协议执行完毕时,按照和解协议减免的债务,债务人不再承担清偿责任。

(2)和解协议对债权人的效力

经人民法院裁定认可的和解协议,对全体和解债权人(仅指无财产担保债权人)均有约束力。和解债权人未按规定申报债权的,在和解协议执行期间不得行使权利;在和解协议执行完毕后,可以按照和解协议规定的清偿条件行使权利。和解债权人对债务人的保证人和其他连带债务人所享有的权利,不受和解协议的影响。

4.和解协议无效与终止执行

因债务人的欺诈或者其他违法行为而成立的和解协议,人民法院应当裁定无效。和解债权人因执行和解协议所受的清偿,在其他债权人所受清偿同等比例的范围内,不予返还。

债务人不能执行或者不执行和解协议的,人民法院经和解债权人请求,应当裁定终止和解协议的执行。和解协议终止执行的,和解债权人在和解协议中作出的债权调整的承诺失去效力。和解债权人因执行和解协议所受的清偿仍然有效,和解债权未受清偿的部分作为破产债权参与破产财产分配。但债权人只有在其他债权人同自己所受的清偿达到同一比例时,才能继续接受分配。担保人为和解协议的执行提供的担保继续有效。

七、破产清算

(一)破产宣告

破产宣告是指法院依据当事人的申请或者法定职权,对具备破产原因的债务人裁定宣告其破产并进入破产清算程序的司法活动。

人民法院依法宣告债务人破产的,应当自裁定作出之日起 5 日内送达债务人和管理人,自裁定作出之日起 10 日内通知已知债权人,并予以公告。

债务人被宣告破产后,债务人称为破产人,债务人财产称为破产财产,人民法院受理破产申请时对债务人享有的债权称为破产债权。

(二)破产财产的变价

债务人被宣告破产后,管理人应当及时拟订破产财产变价方案,提交债权人会议讨论;不能形成决议的,由人民法院裁定。破产财产变价方案经债权人会议通过或者人民法院裁定后,管理人应当依此适时变价出售破产财产。

变价出售破产财产应当通过拍卖进行;但是,债权人会议另有决议的除外。破产企业可以全部或者部分变价出售。企业变价出售时,可以将其中的无形资产和其他财产单独变价出售。按照国家规定不能拍卖或者限制转让的财产,应当按照国家规定的方式处理。

(三)破产财产的分配

1.破产财产分配的顺序

破产财产在优先清偿破产费用和共益债务后,依照下列顺序清偿:①破产人所欠职工的工资和医疗、伤残补助、抚恤费用,所欠的应当划入职工个人账户的基本养老保险、基本医疗保险费用,以及法律、行政法规规定应当支付给职工的补偿金;②破产人欠缴的个人账户以外的社会保险费用和破产人所欠税款;③普通破产债权。

破产财产不足以清偿同一顺序债权时,则按比例分配。破产企业的董事、监事和高级管理人员的工资按照该企业职工的平均工资计算,高出的部分,可以作为普通破产债权清偿。

2.破产财产分配方案的制定

破产财产分配方案由破产管理人拟定,由债权人会议讨论通过。破产财产分配方案应当载明下列事项:①参加破产财产分配的债权人名称或者姓名、住所;②参加破产财产分配的债权额;③可供分配的破产财产数额;④破产财产分配的顺序、比例及数额;⑤实施破产财产分配的方法。破产财产分配方案经债权人会议通过的,破产管理人应报请法院裁定认可;经债权人会议二次表决仍未通过的,管理人应提交人民法院直接裁定。

3.破产财产分配方案的执行

破产财产分配方案由管理人执行。破产财产的分配应当以货币分配方式进行;但是,债权人会议另有决议的除外。破产财产的分配可一次分配,也可多次分配。

债权人未受领的破产财产分配额,管理人应当提存。债权人自最后分配公告之日起满2个月仍不领取的,视为放弃受领分配的权利,管理人或者人民法院应当将提存的分配额分配给其他债权人。破产财产分配时,对于诉讼或者仲裁未决的债权,管理人应当将其分配额提存。自破产程序终结之日起满2年仍不能受领分配的,人民法院应当将提存的分配额分配给其他债权人。

4.追加分配

因破产人无财产可供分配而终结破产程序之日起2年内,发现有应当追回的破产人财产或破产人有应当供分配的其他财产,债权人可以请求人民法院按照破产财产分配方案进行追加分配。

八、破产程序的终结

破产人无财产可供分配的,管理人应当请求人民法院裁定终结破产程序。

人民法院应当自收到管理人终结破产程序的请求之日起15日内作出是否终结破产程序的裁定。裁定终结的,应当予以公告。

管理人应当自破产程序终结之日起10日内,持人民法院终结破产程序的裁定,向破产人的原登记机关办理注销登记。

本章小结

  本章较为全面地阐述了个人独资企业法、合伙企业法、公司法的概念、特征、设立、变更、解散,以及事务管理。个人独资企业是我国现实经济生活中较为普遍存在的企业类型,具有创设灵活、经营方便等特征,但是需要在划定投资性质、保护交易相对人利益等方面作出较为妥当的法律制度安排。合伙企业属于人合型的企业,其更加注重合伙人之间的团结与信誉,因此与资合类的企业之间在运营机制方面存在着实质性的差异。合伙企业在运用过程中更为灵活,但是需要法律对其进行规制,以保证交易安全。公司是现代企业制度的主体,本章从纵横相结合的视角对公司法进行系统阐述:纵的方面就是按照公司产生、运营、解散这一发展过程,重点说明公司地位的取得及其特有的权力制衡机制;横的方面则主要阐述公司的两种法定类型,即有限责任公司与股份有限公司。我国企业破产法不仅包括以变价分配为目标的清算制度,而且包括以企业再建为目标的重整及和解制度。

技能训练

  内容:模拟设立有限责任公司。

  要求:以班级为单位,将学生分成 5～8 人一组,模拟设立时各位股东的身份进行实训。每组学生应根据公司法的规定,确定公司名称、模拟出资、制定公司章程、建立公司组织机构。

  目的:通过该项技能训练,学生能够掌握有限责任公司的设立条件和设立程序,能依法注册一家有限责任公司,能依法起草公司章程,运用公司章程治理公司。

第三章　企业合同法律实务

能力目标

1. 能处理企业经营中的合同事务；
2. 能草拟和修改简单的经营合同；
3. 具备参与企业合同谈判的能力和技巧；
4. 能帮助企业建立合同审批流程；
5. 能协助处理企业合同纠纷。

知识目标

1. 掌握合同的概念、特征及分类；
2. 掌握合同成立，合同生效，合同履行，合同变更、转让、终止及违约责任等合同法的基本原理。

案例导入

周星驰诉华谊兄弟《西游·降魔篇》票房分成的合同纠纷

2013年，周星驰的《西游·降魔篇》在国内取得了12.48亿的票房，拿下当年票房冠军。但周星驰方跟华谊兄弟公司在票房分成上发生争议。两年后，周星驰旗下崴盈投资将华谊兄弟起诉至北京市第三中级人民法院，诉请要求华谊兄弟还要支付额外的8610万元票房分成。

周星驰方是影片的制作方，华谊兄弟是影片的发行方，双方签订发行合同，采用保底发行模式，即电影发行方支付的保底金，就是制片方的最低收入，发行方获得了相关地区版权，然后，发行方与制片方按票房情况再对净收益进行分成，风险分担。华谊兄弟对外公告：合作协议项下公司应支付的投资额8100万元，以及补充协议项下公司应支付的调整费用700万元，即8100万元应该是固定保底金，700万元应该是依据票房情况上浮收益。现双方对于上浮收益发生了争议，周星驰方崴盈投资认为，周星驰曾与华谊兄弟董事长王中军口头商定，若票房收入超过5亿元，华谊兄弟可给予原告票房分红，双方通过邮件形成相关补充协议；华谊兄弟回应，实际取得票房不是公众理解的这么多，需扣除院线分成，华谊实际收入并不足5亿元，而且相关补充协议也不成立。

北京市三中院经审理后作出一审判决,驳回周星驰方崴盈投资的全部诉讼请求。一审法院认定,驳回的原因是那份关键的《补充协议二》并未签字、盖章,即《补充协议二》并未成立。这究竟是怎样一份的补充协议?为何最终没有签字、盖章?判决书披露了华谊兄弟与周星驰方的 12 封来往邮件。根据判决书披露的邮件内容,大致归纳了以下几个基本点:(1)票房达到 5 亿元之后,周星驰方面能拿到额外的分成,双方已有初步共识。(2)但对于 5 亿元这个数字,究竟指的是该片票房,还是华谊兄弟从票房中获得的收入,在这一点上双方在邮件中争执不下。(3)2013 年 1 月 19 日,周星驰方面向华谊发送电子邮件称:"谢谢你的说明,明白了这只是合同表述的问题,我们大家双方对分红基数及计算的理解是一致的。"邮件中将分红基数修改为"影院发行之票房收入"。(4)2013 年 1 月 21 日,华谊方面发送电子邮件称:"我们对合约基本没有问题。可以随时签字了。"(5)2013 年 2 月 6 日,华谊方面发邮件称,由于农历新年无法正常签署合约,节后王总上班首日便可签署此合约。最终这一合约并未签署,而《西游:降魔篇》上映日期是 2013 年 2 月 10 日。一审法院认为,《补充协议二》并未签字、盖章,不具备法律规定的成立条件。最终,法院判决周星驰的崴盈投资败诉。

案例思考:本案周星驰旗下崴盈投资为何会败诉?请说明原因。此案补充协议的磋商过程中有哪些工作未做好?如果你是该公司的法务人员,在处理该类事务时,有何建议?

第一节　合同法概述

◇ 目标提示
通过本节的学习,掌握合同的基本理论。

◇ 学习内容
1.合同概念与特征;

2.合同分类;

3.合同法基本原则。

◇ 重要知识
合同是指平等主体的自然人、法人、其他组织之间设立、变更、终止民事权利义务关系的协议。

一、合同概念和特征

合同,又称"契约",是民商法律中使用十分广泛且极为重要的概念,其含义在不同的场合有所不同。在我国民法理论上,通常认为,合同在本质上是一种协议或合意。我国《民法典》第 464 条规定:"合同是指民事主体之间设立、变更、终止民事权利义务关系的协议。婚姻、收养、监护等有关身份关系的协议,适用有关该身份关系的法律规定;没有

规定的,可以根据其性质参照适用本编规定。"合同通常有以下四个特征:

(1)合同主体具有平等的法律地位。民事主体之间法律地位平等,不同于行政关系和劳动关系,双方之间不存在隶属和管理的关系,正因为平等,双方才可以充分进行磋商,才能互惠互利。

(2)合同是双方或多方民事法律行为。合同的订立必须有两方或两方以上当事人,他们协商一致达成共识,单方民事法律行为不能成就合同。

(3)合同是一种合意,是当事人意思表示一致的结果。两方以上当事人意思表示一致,就合同内容达成一致意见,双方就是达成一份合同。

(4)合同目的是设立、变更或终止民事权利义务关系。签订合同,在当事人之间会引起民事权利义务关系的变更,或从无到有的设立,或从有到另一种有的变更,或从有至无的终止。

二、合同分类

根据不同的标准,合同有不同的分类。

(一)典型合同和非典型合同

根据法律是否赋予合同特定名称并对其作出详细规定,可将合同分为典型合同和非典型合同。

典型合同又称有名合同,是指在经济生活中频繁出现,法律对其明确命名并对其作出详细规定的合同。我国《民法典》规定了 19 类典型合同,比之前《合同法》规定的 15 类有名合同多出 4 类。这 19 类典型合同分别是:买卖合同,供用电、水、气、热力合同,赠与合同,借款合同,保证合同,租赁合同,融资租赁合同,保理合同,承揽合同,建设工程合同,运输合同,技术合同,保管合同,仓储合同,委托合同,物业服务合同,行纪合同,中介合同,合伙合同。典型合同在经济生活中应用广泛,其规则相对比较成熟,《民法典》对其进行规定可以更好地指导当事人订立合同,补充当事人约定不足,达到节约交易成本的实践效果。

非典型合同又称无名合同,是指因其在社会生活中并不经常出现,法律尚未特别规定,亦未赋予一定名称,而由当事人自由创设的合同。无名合同并非没有自己的名称,而是法律对这类合同未作明确规定。

区分两者的法律意义在于法律的适用。对于典型合同,若当事人无特别约定排除相关规定的适用外,法律关于典型合同的规定直接适用于合同,成为合同的一部分;非典型合同,其成立、生效及履行等除适用民事法律行为及合同的一般规定外,可以类推适用与其相类似的典型合同。

(二)双务合同和单务合同

根据合同当事人双方是否互负对待给付义务,可将合同分为双务合同和单务合同。

双务合同指当事人双方互负对待给付义务的合同,即一方当事人所享有的权利就是对方当事人所负担的义务,双方均享有债权也均负有债务,且享有债权是以同时承担债务作为对价的。我国《民法典》规定的大部分合同如买卖合同、运输合同、承揽合同等均为双务合同，在市场经济中，双务合同是最常见、最普遍及最典型的合同。

单务合同是指当事人双方并不相互负有对待给付义务的合同，即一方只负担义务而不享有权利，另一方只享有权利而不负担义务的合同。通常赠与合同、无偿租赁合同等为单务合同。在附义务赠与中，受赠与人在接受赠与时还要承担一定的义务，但是这也仍然认定为单务合同。

区分两者的主要意义在于合同履行方面。双务合同存在对待给付及履行抗辩权等特殊规则，而单务合同不存在履行抗辩权的说法。

（三）有偿合同和无偿合同

根据合同当事人取得合同权利或利益是否支付代价，可将合同分为有偿合同和无偿合同。

有偿合同是指当事人取得合同权利或利益必须支付相应代价的合同。有偿合同是商品经济中最典型的合同形态，绝大多数的合同都是有偿的，如买卖、租赁、运输等合同。无偿合同是指一方当事人取得合同权利或利益不必支付相应代价的合同。无偿合同不是商品交易的典型形式，赠与合同是典型的无偿合同。

区分两者的主要意义在于当事人履行合同时的注意义务与责任大小。一般情况下，义务人在履行有偿合同时所负的注意义务要多于无偿合同。在有偿合同中，义务人应当对故意和一切过失负责，而在无偿合同中，义务人一般仅对故意及重大过失负责。

（四）诺成合同和实践合同

根据合同成立是否以交付标的物为要件，可将合同分成诺成合同和实践合同。

诺成合同，又称为不要物合同，是指当事人意思表示一致，合同即告成立，无须再交付标的物或办理其他手续。诺成合同是合同的典型形态，大多数合同都是当事人意思表示一致即成立，买卖合同、租赁合同、建设工程合同、运输合同等均属于诺成合同。实践合同，又称为要物合同，是指除当事人意思表示一致外，尚须交付标的物才能成立的合同。保管合同、自然人借贷合同等属于实践合同。实践合同必须有法律特别规定。

区分两者的主要意义在于对于确定合同具有重大意义。诺成合同双方达成合意，合同即告成立；而实践合同除了当事人达成合意，还要交付合同标的物，合同方可成立，在交付标的物之前，当事人可撤回其意思表示。

（五）要式合同和不要式合同

根据法律对合同形式是否有特别要求，可将合同分成要式合同和不要式合同。要式合同，是指法律要求必须具备一定的形式和手续才能成立或生效的合同。合同是否属于要式合同以及需采用哪种特定形式由法律作出规定。不要式合同，是指法律不要求必须具备一定形式和手续的合同，当事人可以采取口头形式、书面形式等。通常大多数合同是不要式合同，合同形式由当事人自由决定，法律不干预，例如买卖合同；只有少数要式合同，合同形式由法律明确规定，否则合同不成立或不生效，如抵押合同、保证合同，法律规定必须采用书面形式。

区分两者的主要意义在于两者的成立要件不同。要式合同必须采用法律规定的形式方成立或有效；不要式合同无须采用特定形式，形式不影响合同的成立或生效。

三、合同法概述

（一）合同法概念

合同法,是指调整民事合同关系的法律规范的总称。我国合同立法分成三个阶段。第一阶段,在《中华人民共和国民法通则》下,并存三个合同法:1982 年 7 月 1 日生效的《经济合同法》、1985 年 7 月 1 日生效的《涉外经济合同法》、1987 年 11 月 1 日生效的《技术合同法》;除此之外,《保险法》《海商法》《担保法》等单行法中也有关于合同的规定。第二阶段,1999 年 10 月 1 日生效的《合同法》,《合同法》与《保险法》《海商法》《著作权法》《担保法》《消费者权益保护法》以及最高人民法院合同法司法解释共同构成了我国的合同法律制度,《合同法》确立了市场交易的规则,对引导和规范市场交易具有重要的意义,它标志着我国合同立法日臻成熟。第三阶段,2021 年 1 月 1 日《民法典》出台,其总则编中的民事法律行为与合同编共同构成了我国现行的合同法律制度,其中合同编分成通则、典型合同及准合同。《民法典》将我国合同立法提升到一个新的历史高度。

（二）合同法基本原则

合同法基本原则是适用于合同法全部领域的根本准则,是制定、适用、解释和研究合同法的依据与出发点。《民法典》将《合同法》总则中的基本原则并入《民法典》总则部分,《民法典》规定六项基本原则,其中与《民法典》合同编密切的有:平等原则、自愿原则、公平原则、诚实信用原则、守法和公序良俗原则。

1.平等原则

《民法典》第 4 条规定:"民事主体在民事活动中的法律地位一律平等。"合同是民事法律行为的一种,合同活动中,当事人地位平等,即在合同法律关系中,当事人之间在合同的订立、履行和承担违约责任等方面都处于平等的法律地位,一方不得将自己的意志强加给另一方。

2.自愿原则

《民法典》第 5 条规定:"民事主体从事民事活动,应当遵循自愿原则,按照自己的意思设立、变更、终止民事法律关系。"自愿原则指当事人在法律许可的范围内有完全决定自己合同行为的自由,包括当事人可以依法决定订不订立合同、与谁订立合同、订立合同的内容和形式、变不变更合同等事项。但合同自由不是绝对的、无限制的,当事人缔结合同必须遵守法律和行政法规,尊重社会公德,并不得损害他人的合法权益。

3.公平原则

《民法典》第 6 条规定:"民事主体从事民事活动,应当遵循公平原则,合理确定各方的权利和义务。"公平原则,指当事人在设立权利义务、承担违约责任等方面,要公正、公允、合情、合理。当事人在平等、自由原则的基础上,公平原则才可能得以实现,前两个原则是后一原则的前提。公平原则主要体现在确定合同内容时要公平对等。

4.诚实信用原则

《民法典》第 7 条规定:"民事主体从事民事活动,应当遵循诚信原则,秉持诚实,恪守承诺。"诚实信用原则是指民事主体从事合同行为时必须诚实、守信、善意,行使权利不损害他人与社会的利益,履行义务须信守承诺和法律规定。诚实信用原则贯穿于合同制度的始末:当事人在订立合同时,要真实地向对方陈述与合同相关的情况,善意地促成合同的成立;在合同履行时,当事人应当全面地履行合同约定的义务,还应履行法律规定的附随义务;当存在合同条款不清、矛盾的情形时,应本着诚实守信的想法去解释合同条款、补正合同条款;在合同履行完毕后,还应履行保密等后合同义务。

5.守法和公序良俗原则

《民法典》第 8 条规定:"民事主体从事民事活动,不得违反法律,不得违背公序良俗。"

守法原则是指在合同法律关系中,合同的主体、合同的订立形式、订立合同的程序、合同的内容、履行合同的方式、对变更或解除合同权利的行使等,都必须符合我国的法律、行政法规。任何当事人的合意如违反了法律和行政法规的强制性规定,该合同必然不受法律保护;只有不违反法律、行政法规的强制性规定,受法律认可的合同才会依法产生法律效力。守法原则事实上是对自愿原则的限制。

公序良俗原则,是指合同活动应当遵守公共秩序和善良风俗。违反社会公德、损害社会公共利益的合同不受法律保护。公序良俗原则的目的在于弥补法律禁止性规定的不足,在合同有损害社会公益、违反社会道德秩序的行为,而法律又无明确的禁止性规定时,人民法院可应用这一原则,直接认定该合同无效。

第二节　合同成立

◇ **目标提示**

通过本节的学习,了解合同订立过程。

◇ **学习内容**

1.要约和承诺的构成要件;

2.合同形式及合同内容。

◇ **重要知识**

要约是希望和他人订立合同的意思表示。

承诺是受要约人同意要约的意思表示。

一、合同的订立过程

合同订立是指当事人之间互为意思表示并达成合意的过程。任何一份合同均须通过双方磋商,互为意思表示,方可就合同的主要条款达成共识,合同订立过程通常采取要约、承诺方式,一般情况下,承诺生效时合同即为成立。合同订立是过程,而合同成立是结果。

(一)要约

1.要约的概念和条件

要约是希望和他人订立合同的意思表示。发出要约的人为要约人,接受要约的人为受要约人。在商业往来中,要约又称为发盘、开盘、发价、报价等。一项意思表示是否构成要约,对意思表示方和接受方发生法律效力,要根据一定的标准来认定。一般认为,构成要约须符合以下条件:

第一,要约须是特定人作出的意思表示。要约发生的目的是与受要约人订立合同,并取得受要约人的承诺,所以要约必须是订立合同的一方当事人,必须是特定的。

第二,要约须是向相对人发出的。相对人一般为特定的人,但在特殊情况下,对不特定的人发出的意思表示也可能构成要约,如商业广告、悬赏广告等。

第三,要约的内容须具体确定。具体确定是指要约中应包含合同的主要内容,且必须明确不能含糊不清,一旦对方承诺,合同即成立。但是要约内容具体确定,并非指必须包含合同的全部条款。例如货物买卖合同,至少要有货物的名称、数量或确定数量的方法、价格或确定价格的方法。要约只要包括这三点,一旦被接受即可成立,其余条款可参照法律规定或交易习惯来解释或履行。

第四,要约必须以订立合同为目的。要约必须明确地表明要以订立合同为目的,受要约人一旦作了承诺,要约人即受该意思表示约束。

2.要约邀请

要约邀请是希望他人向自己发出要约的意思表示。拍卖公告、招标公告、招股说明书、债券募集办法、基金招募说明书、商业广告和宣传、寄送的价目表等均属于要约邀请。要约邀请有时在内容上不够具体确定,有时是缺少受约束的意思表示。要约邀请的发出人,本人不受自己该意思表示约束。通常一项意思表示符合要约的四个条件,即构成要约,不符合其中之一,则往往是要约邀请。

3.要约的生效

要约生效的法律效果主要是对要约人产生拘束力,即要约一旦生效,要约人不得随意撤回、撤销或变更。我国《民法典》对要约生效采取了到达主义,即要约自送达受要约人能够控制的范围时开始生效。要约的送达方式不同,其到达时间的确定也不同。采取直接送达方式发出要约的,记载要约的文件交给受要约人时即为到达;采用普通邮寄送达的,以受要约人收到要约文件或要约送到受要约人信箱的时间为到达时间;采用数据电文形式发出要约的,数据电文进入收件人指定的特定系统的时间或在未指定接收信息系统的情况下数据电文进入收件人的任何系统的首次时间作为要约的到达时间。

4.要约的撤回、撤销

要约撤回指要约人在发出一项要约之后,在该要约到达受要约人之前或同时,要约人又以另一项通知取消或变更原要约。法律上要约允许撤回,但撤回的通知要比要约更早或同时到达受要约人处,才能有效阻止要约生效。

要约撤销指当一项要约到达受要约人之后,即该要约已经生效后,而受要约人尚未发出承诺通知之前,要约人又以另一项通知取消或变更原要约。要约不能随意撤销,但法律上允许要约生效后需具备一定的条件方可撤销。《民法典》规定,撤销要约的通知应当在受要约人发出承诺通知之前到达受要约人。要约不得撤销的两种情形是:要约人确定了承诺期限或以其他形式明示要约不可撤销;受要约人有理由认为要约不可撤销的,并已经为履行合同作了准备工作。

5.要约的失效

要约失效是指一项要约依法失去了约束力,要约人不再受约束。《民法典》规定了以下几种情形下要约失效:要约被拒绝;要约被依法撤销;承诺期限届满,受要约人未作出承诺;受要约人对要约的内容作出实质性变更。

(二)承诺

1.承诺的概念

承诺是受要约人同意要约的意思表示。承诺一旦生效,合同即告成立。受要约人收到要约后,其通常可以选择同意、拒绝或提出新的条件等进行回复。故一项回复的意思表示须满足以下四个条件,才能构成承诺:

第一,承诺由受要约人向要约人作出。非受要约人向要约人作出的任何意思表示,包括接受要约,均不是承诺,而是一种要约。

第二,承诺应当以通知的方式作出,但根据交易习惯或要约表明可以用行为作出承诺的除外。

第三,承诺必须在承诺期限内到达。要约中规定了承诺期限的,承诺应当在该期限内到达要约人,要约未确定承诺期限,则依法律规定。《民法典》对此规定如下:要约以对话方式作出的,应当立即作出承诺,但当事人另有约定的除外;要约以非对话方式作出的,承诺应当在合理期限内到达。受要约人超过承诺期限发出承诺,除要约人及时通知受要约人该承诺有效的以外,为新要约。受要约人在承诺期限内发出承诺,按照通常情形能够及时到达要约人,但因其他原因承诺到达要约人时超过承诺期限的,除要约人及时通知受要约人因承诺超过期限不接受该承诺的以外,该承诺有效。

第四,承诺的内容须与要约的内容一致。承诺是对要约表示同意,当然应当与要约的内容一致,但承诺并非对要约的内容不能进行任何变更。通常受要约人对要约的主要条款进行变更,视为实质性变更,则该意思表示是新要约,而非承诺;受要约人对要约的次要条款进行变更的,视为非实质性变更,则除非要约人及时表示反对或要约表明承诺不得对要约的内容进行任何变更的以外,该承诺有效,合同的内容,以承诺的内容为准。而如何判断哪些为要约的主要条款,《民法典》第488条规定,有关合同标的、数量、质量、价款或报酬、履行期限、履行地点和方式、违约责任和解决争议方法等,均是要约的主要条款,除此之外,则为要约的次要条款。

2.承诺的效力

承诺生效原则,各国法律规定不同,有发出主义和到达主义。我国采取后者,即承诺通知到达要约人时生效。承诺可用行为作出的,则作出承诺行为时生效。如同要约一样,在承诺通知到达要约人前,即生效前,承诺可以撤回,但撤回的通知应当在承诺通知到达要约人之前或者同时到达要约人。

二、合同成立

(一)合同成立的时间

关于合同成立的时间,《民法典》中有下列规定:

(1)承诺生效时合同成立,但是法律另有规定或者当事人另有约定的除外。

(2)承诺不需要通知的,根据交易习惯或者要约的要求作出承诺的行为时生效。

(3)当事人采用合同书形式订立合同的,自双方当事人签字或盖章时合同成立。在签名、盖章或者按指印之前,当事人一方已经履行主要义务,对方接受时,该合同成立。

(4)当事人采用信件、数据电文等形式订立合同的,可以在合同成立之前要求签订确认书,签订确认书时合同成立。当事人一方通过互联网等信息网络发布的商品或者服务信息符合要约条件的,对方选择该商品或者服务并提交订单成功时合同成立,但是当事人另有约定的除外。

(二)合同成立的地点

关于合同成立的地点,《民法典》有下列规定:

(1)承诺生效的地点为合同成立的地点。采用数据电文形式订立合同的,收件人的主营业地为合同成立的地点,没有主营业地的,其经常居住地为合同成立的地点。当事人另有约定的,按照其约定。

(2)当事人采用合同书形式订立合同的,最后签名、盖章或者按指印的地点为合同成立的地点,但是当事人另有约定的除外。

三、合同的内容和形式

(一)合同的内容与条款

合同的内容是指合同法律关系中的权利义务。合同条款是合同内容的载体,分为主要条款和次要条款。通常合同主要条款具备,合同方才成立,完整的合同条款有利于当事人履行。《民法典》从示范的角度规定了合同应具备的条款。《民法典》第 470 条规定:"合同内容由当事人约定,一般包括下列条款:(一)当事人的名称和住所;(二)标的;(三)数量;(四)质量;(五)价款或报酬;(六)履行期限、地点和方式;(七)违约责任;(八)解决争议的方法。当事人可以参照各类合同的示范文本订立合同。"

(二)格式条款

格式条款是当事人为了重复使用而预先拟定,并在订立合同时未与对方协商的条款。例如保险合同、商品房买卖合同等均是以格式条款的方式订立的。格式条款的存在,提高了订立合同的效率,但由于条款是一方当事人事先拟定的,故可能对拟定一方有利,损害另一方的利益,故法律需要对格式条款进行特殊的法律规制。

《民法典》对格式条款的规制主要从三个方面进行:一是规定格式条款的提供一方对于免责条款负有更高的提醒义务。即采用格式条款订立合同的,提供格式条款应当遵循公平原则确定当事人之间的权利和义务,并采取合理的方式提请对方注意免除或者限制其责任的条款,并按对方的要求,对该条款予以说明,否则该条款对非格式一方无效,例如保险合同中的免责条款。二是规定了格式条款无效的情形。《民法典》关于合同无效的规定,同样适用于格式条款,同时《民法典》还对格式条款的免责事由无效作了如下的规定:造成对方人身伤害的;因故意或者重大过失造成对方财产损失的;免除提供格式条款一方当事人主要义务,排除对方当事人主要权利的。三是确立了格式条款的解释规则。对格式条款的理解发生争议的,应当按照通常理解予以解释;对格式条款有两种以上解释的,应当作出不利于格式条款提供方的解释;格式条款和非格式条款不一致的,应采用非格式条款。

(三)合同的形式

合同的形式是当事人合意的表现形式,是合同内容的表现形式。《民法典》第469条第1款规定:"当事人订立合同,可以采用书面形式、口头形式及其他形式。"

1.口头形式

口头形式指当事人通过语言为意思表示而不用订立文字表达内容的合同形式。口头形式的优点在于简便易行,交易效率高,成本低,在日常生活中被广泛采用。其缺点在于不利于交易安全,一旦发生纠纷,则难以证明合同内容。口头形式适用于内容简单、即时履行的合同,而不宜适用复杂、履行期限较长的合同。

2.书面形式

书面形式指当事人通过文字为意思表示订立合同的形式。我国《民法典》对于书面形式采用较为宽泛的概念,即书面形式是指合同书、信件和数据电文(包括电报、电传、传真、电子数据交换和电子邮件)等可以有形表现所载内容的形式。书面形式的优点在于内容确定,发生纠纷时容易举证,最能体现交易安全。对于关系复杂、重要的合同,采取书面形式便于分清责任。书面形式分为一般的书面形式和特殊的书面形式。一般书面形式即载明合同条款的合同文件、信件、电报、电传、数据电文等,由当事人签名盖章的合同形式。特殊书面形式主要有公证形式、签证形式、批准形式、登记形式及合同确认书。

3.其他形式

其他形式包括推定形式和默示形式。推定形式是指当事人没有口头表示也没有文字意思表示,而是通过实施某项行为来进行表示。比如房屋租赁合同到期后,双方未有口头或书面形式续约,但一方继续使用房屋和支付租金,另一方也未反对,此时,我们认为这种形式就是推定合同继续有效。默示形式是指当事人采用沉默不言的方式进行意思表示。比如自动售货机,当事人通过自助行为完成交易,即为默示形式。

四、缔约过失责任

(一)缔约过失责任的概念

缔约过失责任是指在合同订立过程中,一方当事人故意或过失地违反先合同义务,造成对方当事人可信赖利益的损失,依法应当承担的民事赔偿责任。缔约过失责任实际上是违反诚实信用原则,导致对方损失而承担的民事责任。缔约过失责任、违约责任和侵权责任构成了我国完整的民事责任体系。

(二)缔约过失责任的类型

《民法典》第500条、第501条规定了缔约过失责任,包括以下几个方面:

(1)假借订立合同,恶意进行磋商。主要是指当事人一方违背诚实信用原则,以损害对方利益为目的,在根本无意与之签订合同的情况下,与对方谈判造成对方的损失。

(2)故意隐瞒与订立合同有关的重要事实或提供虚假情况。诚实信用原则要求,订立合同时当事人应提供真实的信息,如实向对方陈述有关重要的事实,诚实守信,不得欺诈对方,否则要承担损害赔偿的责任。

(3)泄露或不正当使用在订立合同中知悉的对方的商业秘密,给对方造成损失。在订立合同过程中,当事人负有保守商业秘密的义务,无论合同是否成立,不得泄露或不正当使用。

(4)其他违背诚实信用原则的行为。

第三节　合同效力

◇ **目标提示**

通过本节的学习,掌握合同效力理论,了解合同生效要件。

◇ **学习内容**

1.合同效力概念;

2.合同有效要件;

3.可变更可撤销合同、效力待定合同及无效合同的情形;

4.合同无效的法律后果。

◇ **重要知识**

合同的效力,又称合同的法律效力,指依法成立的合同对当事人具有法律约束力。

一、合同效力概述

合同效力,又称合同的法律效力,指依法成立的合同对当事人具有法律约束力。合同效力,是法律赋予的。合同有效,当事人应按合同约定履行债务,实现债权,合同具有履行效力。如果合同无效,法律认定其不能产生当事人追求的法律效果,当事人无须按合同的约定履行债务,实现债权,即法律对当事人意图设立的债权债务关系不予保护和认可。合同成立以后,当事人期望该合同对双方当事人都有强制性的约束力来实现彼此的目的,但已成立的合同能否产生法律上的约束力是由法律来进行判断的:法律对当事人已成立的合同予以肯定的评价,该合同由法律赋予约束力;予以否定的评价,法律就不赋予该合同约束力。即成立的合同符合法律规定的生效要件,则合同有效;成立的合同不符合法律规定的生效要件,则合同无效、效力待定或可撤销、可变更。

二、合同一般生效要件

合同的生效要件是指已经成立的合同发生法律效力所具备的法律条件。《民法典》并未明确规定合同的生效要件,但因合同是一种民事法律行为,故合同有效须满足《民法典》关于民事法律行为有效的条件。《民法典》第143条规定:"具备下列条件的民事法律行为有效:(一)行为人具有相应的民事行为能力;(二)意思表示真实;(三)不违反法律、行政法规的强制性规定,不违背公序良俗。"具体来说,合同的一般生效要件有以下几方面:

(一)主体要件:缔约人须具有缔约能力,即相应的民事行为能力

合同主体有自然人、法人、非法人组织,归纳起来就两种:自然人与组织。自然人的缔约能力通常表现在民事行为能力、处分能力方面。自然人在缔约时具备相应的民事行为能力,及对涉及的标的物具有相应的处分权限,则视为其有缔约能力。而组织的缔约能力通常体现在其经营范围或设立宗旨内。超范围经营或超宗旨而签订合同,通常认为其无缔约能力;但我国法律对此的规定,并不绝对,一般的超范围经营或超宗旨签订合同,合同并不必然无效,只有该行为违反了国家的强制性规定或涉及国家管制或专营专卖的领域时,合同方才无效。

(二)意思表示要件:意思表示必须真实

意思表示是指行为人将内心意思通过外在行为表示出来。意思表示真实是指当事人的内心意思与外在行为是一致的。《民法典》规定的意思表示不真实的法定事由有:欺诈、胁迫、乘人之危、重大误解或显失公平。如果合同当事人有证据证明其是由于上述的法定事由导致意思表示不真实的,有权要求撤销或变更合同。

(三)内容要件:合同内容必须合法,不违反法律、行政法规的强制性规定,不违背公序良俗

合同的内容必须是合法的,不违反法律、行政法规的强制性规定和公序良俗,是合同守法和公序良俗原则的具体体现。如果合同内容违法或违反社会公序良俗,该合同必然无法得到法律的保护。

(四)形式要件:合同必须具备法律所要求的形式

法律规定的要式合同须符合相应的形式,方为有效。《民法典》第135条、第502条规定,对于法律行政法规要求采用特定形式或批准等手续方才生效的,应当符合相应的形式或办理相关的手续。对于非要式合同,当事人可以采取任何形式,并不影响合同效力。

通常成立的合同符合上述有效要件,则合同有效;若不符合任何一个要件,则合同的效力可能出现无效、可变更可撤销、效力待定等法律后果。

三、合同生效的类型

合同生效是指合同符合法定生效要件,发生了当事人预期的法律后果。成立的合同符合上述有效要件,通常就会生效,但并不绝对。合同生效通常有以下几种类型:

(一)成立生效

依法成立的合同,自合同成立时生效。这是合同生效的主要类型。成立和生效是两个概念,成立的合同符合上述有效要件,通常成立的同时即生效,对当事人产生法律约束力。

(二)批准或登记生效

批准或登记生效是指我国法律、行政法规规定的某些合同的生效要经过办理批准、登记等特别程序方才产生法律效力。例如中外合资经营企业合同须经有关部门批准方才生效。

(三)附条件生效

附条件生效是指合同当事人在合同内容中约定了一定的条件,以该条件的成就与否作为合同效力发生的依据。合同成立后,该合同并未生效,而是待约定的条件成就时,合同方才生效;若约定的条件不成就,则合同不生效。若当事人不正当地阻止条件成就,则视为条件成就;当事人不正当地促进条件成就时,视为条件不成就。

(四)附期限生效

附期限生效是指合同当事人约定一定的期限作为合同效力产生的依据。合同成立后,该合同并未生效,而是待约定的期限到达时,合同方才生效。

四、有效合同

有效合同是指已经成立的合同符合法律规定的要件而产生法律拘束力的合同。合同当事人依靠法律对合同内容的保护来实现订立合同所期望的目的。

合同有效,则合同当事人均应按合同约定履行合同约定的义务,否则应承担违约责任;通过当事人对义务的履行,实现合同当事人签订合同的目的。

五、无效合同

(一)无效合同概述

无效合同是相对于有效合同而言的,指的是合同虽然成立,但因不符合合同的生效要件,因而不为法律所承认和保护,不具有法律效力的合同。但无效合同并不意味着不产生任何的法律后果,它只是不能实现合同当事人预期目的。无效合同并不一定是全部无效,有的只是部分条款无效,而其他部分仍然有效。

(二)合同无效情形

《民法典》规定了民事行为(包含合同)无效的具体情形:①无民事行为能力人实施的民事法律行为无效;②行为人与相对人以虚假的意思表示实施的民事法律行为无效;③违反法律、行政法规的强制性规定的民事法律行为无效;④违背公序良俗的民事法律行为无效;⑤行为人与相对人恶意串通,损害他人合法权益的民事法律行为无效。

六、可撤销合同

(一)可撤销合同概述

可撤销合同,是指成立的合同,因不符合意思表示真实的要件,法律赋予意思表示不真实的一方当事人可依自己的意思按法定程序使合同效力归于消灭的合同。可撤销合同制度的确立,一方面是法律对公平的要求,另一方面体现了意思自治原则。合同被撤销后,合同自始无效。

(二)可撤销的法定事由

可撤销合同的主要原因在于当事人一方意思表示不真实,而导致意思表示不真实的法定事由有:①因重大误解订立的合同;②以欺诈手段订立的合同,包括一方当事人欺诈,也包括一方利用第三人欺诈;③以胁迫手段订立的合同;④乘人之危导致的显失公平订立的合同。

(三)撤销权的行使和消灭

享有撤销权的当事人,行使撤销权是通过向人民法院或仲裁机构申请的方式,请求撤销合同。具备撤销权的当事人应当在法定期限内行使撤销权,否则撤销权消灭。《民法典》第 152 条规定:"有下列情形之一的,撤销权消灭:(一)当事人自知道或者应当知道撤销事由之日起一年内、重大误解的当事人自知道或者应当知道撤销事由之日起九十日内没有行使撤销权;(二)当事人受胁迫,自胁迫行为终止之日起一年内没有行使撤销权;(三)当事人知道撤销事由后明确表示或者以自己的行为表明放弃撤销权。当事人自民事法律行为发生之日起五年内没有行使撤销权的,撤销权消灭。"

七、效力待定合同

(一)效力待定合同概述

效力待定合同是指合同虽然已经成立,但因其不完全符合或具备法律所要求的生效要件,因此其效力能否发生,尚未确定,只有经过有权人表示承认才能生效的合同。通常效力待定合同是因为合同的当事人缺乏缔约能力、处分能力和代订合同的资格所造成的,即欠缺主体要件,合同是否有效由有权人进行追认,若满足这一要件,合同即可生效。在有权人追认前,合同的效力尚未确定;追认后,即为有效合同;拒绝追认,合同即为无效。

(二)效力待定合同的类型

1.限制民事行为能力人订立的合同

限制民事行为能力人订立的合同,经法定代理人追认后,该合同有效,但纯受益的合同或者与限制民事行为能力人年龄、智力、精神健康状况相适应而订立的合同,不必经过法定代理人追认。

相对人可以催告法定代理人在 1 个月内予以追认。法定代理人未作表示的,视为拒绝追认;合同被追认之前,善意相对人有撤销的权利。撤销应当以通知的方式作出,无须通过人民法院或仲裁机构;行使了撤销权之后,合同视为自始未成立。

2.无代理权人以他人的名义订立的合同

无权代理而订立的合同,是指一方当事人在没有他人代理授权的情况下,以他人名义与第三人订立的合同。通常表现为:代理人没有代理权而以他人的名义订立的合同;代理人超越代理权限而订立的合同;代理权消灭后仍以被代理人的名义订立的合同。无权代理而订立的合同,被代理人追认后,合同有效;被代理人拒绝追认,则合同无效。

相对人可以催告被代理人在 30 日内予以追认。被代理人未作表示的,视为拒绝追认。合同被追认之前,善意相对人有撤销的权利。撤销应当以通知的方式作出。如果被代理人已追认,善意相对人的撤销权即归于消灭;如果被代理人已经表示否认,无权代理行为则不对被代理人产生效力,由行为人自行承担责任。

无权代理订立合同通常为效力待定合同,但并非绝对的,如果无权代理构成表见代理,则代理行为有效,合同有效。表见代理是指行为人虽实际上无代理权,但具有代理关系的某些表面要件,这些表面要件足以使相对人有理由相信行为人有代理权的,从而法律规定被代理人须对之负责的无权代理。如行为人持有某公司盖章的介绍信而与他人签订合同,而该介绍信是通过非法手段获取的。简言之,表见代理是无权代理,但它产生有权代理的后果,被代理人须对该合同承担法律责任。

八、合同无效、被撤销或不生效力的法律后果

合同无效、被撤销或不生效力后,合同自成立始对双方当事人无法律约束力,当事人不依约履行合同,无须承担相应的违约责任,合同当事人无法达到订立合同所追求的目的。合同被确认无效或被撤销,则合同双方当事人的权利义务状况应恢复到订立合同前的状态。其法律后果通常表现为以下几种方式:

(1)合同尚未履行或尚未履行完毕的,则不再履行。

(2)合同已履行的,则因该合同履行取得的财产,应当予以返还;不能返还或没有必要返还的,应当折价补偿。

(3)赔偿损失。有过错的一方应当赔偿对方因此受到的损失,双方均有过错的,应当各自承担相应的责任。

第四节 合同履行

◇ 目标提示

通过本节的学习,掌握合同履行理论,了解合同履行规则。

◇ 学习内容

1.合同履行概念;

2.合同履行原则及基本规则;

3.合同履行抗辩权及行使条件;

4.合同保全的方式。

◇ **重要知识**

合同履行,是指合同当事人按照合同约定或者法律的规定,全面适当地完成各自承担的合同义务,使债权人的权利得以实现,使合同权利义务关系归于消灭的行为。

一、合同履行概述

(一)合同履行的概念

合同履行,是指合同当事人按照合同约定或者法律的规定,全面适当地完成各自承担的合同义务,使债权人的权利得以实现,使合同权利义务关系归于消灭的行为。合同履行制度是合同制度的核心,这是当事人签订合同的目的所在。合同履行行为一般表现为特定的积极行为如交付标的物、交付工作成果、提供劳务等。合同一方当事人履行其合同约定或法律规定的义务,另一方当事人的权利就能得以实现。

(二)合同履行的原则

合同履行的原则是当事人在履行合同义务时所应遵循的基本准则,我们在这只简单介绍两个原则:

1.适当履行原则

适当履行原则,是指当事人按照合同约定的标的及其质量、数量,由适当的主体在适当的履行期限、履行地点以适当的履行方式,全面正确地完成合同义务的履行原则。

2.协作履行原则

协作履行原则,是指不仅要求当事人适当履行自己的合同义务,而且应基于诚实信用原则要求对方当事人协助其履行合同债务的履行原则。该原则是诚实信用原则在合同履行制度中的具体体现,当事人应当遵循诚实信用原则,根据合同的性质、目的和交易习惯履行通知、协助、保密等义务。

二、合同履行的基本规则

(一)约定不明确的合同履行规则

合同生效后,当事人就质量、价款或报酬、履行地点等内容没有约定或约定不明确的,此时合同履行会出现困难,如何履行才能合乎法律规定呢?《民法典》对此设定以下的规则,使不明确的合同内容明确化:

1.协商补缺

协商补缺,是指当事人本着诚实信用原则,对于不明确或未约定的内容进行补充约定,使合同条款具体化和明确化。

2.推定补缺

推定补缺,是指当事人协商不成,达不成一致意见,则可依合同的有关条款或交易习惯来进行推定。

3.法定补缺

法定补缺,是指对于当事人协商不成,而依合同条款和交易习惯不能进行推定的,则依照法律规定来进行补缺。对此《民法典》是这样规定的：

（1）质量要求不明确的，按照强制性国家标准履行；没有强制性国家标准的，按照推荐性国家标准履行；没有推荐性国家标准的，按照行业标准履行；没有国家标准、行业标准的，按照通常标准或者符合合同目的的特定标准履行。

（2）价款或报酬不明确的，按照订立合同时履行地的市场价格履行；依法应当执行政府定价或政府指导价的，按照规定履行。

（3）履行地点不明确的，给付货币的，在接受货币一方所在地履行；交付不动产的，在不动产所在地履行；其他标的，在履行义务一方所在地履行。

（4）履行期限不明确的，债务人可以随时履行，债权人也可以随时要求履行，但应当给对方必要的准备时间。

（5）履行方式不明确的，按照有利于实现合同目的的方式履行。

（6）履行费用的负担不明确的，由履行一方负担。

（二）标的物执行政府定价、指导价的合同履行规则

标的物执行政府定价或政府指导价的，在合同约定的交付期限内政府价格调整时，按照交付时的价格计价。

若一方当事人违约，即按照不利于其的价格执行。具体如下：逾期交付标的物的，遇价格上涨时，按照原价格执行；价格下降时，按照新价格执行。逾期提取标的物或逾期付款的，遇价格上涨时，按照新价格执行；价格下降时，按照原价格执行。

（三）因债权人原因致使债务人履行困难时的合同履行规则

债权人分立、合并或变更住所未通知债务人，致使债务人履行困难的，债务人可以中止履行或将标的物提存。

（四）提前履行规则

债务人提前履行，债权人可以拒绝债务人提前履行债务，但提前履行不损害债权人利益的除外。债务人提前履行债务给债权人增加的费用，由债务人负担。

（五）部分履行规则

债务人部分履行，债权人可以拒绝债务人部分履行债务，但部分履行不损害债权人利益的除外。债务人部分履行债务给债权人增加费用，由债务人负担。

（六）涉及第三人的履行规则

合同的相对性原则通常表现为合同只对合同当事人有约束力，对合同之外的第三人不具有法律约束力。但实践中，大量的合同约定中，往往涉及第三人，一般有以下两种类型：

1.第三人代为履行的合同

合同当事人约定由第三人代替合同债务人履行债务，第三人并非合同的当事人，但其代替合同一方当事人履行合同债务，若第三人履行合同债务不符合合同约定或不履行合同债务，则合同债务人应当向债权人承担违约责任，第三人在本合同无须承担任何责任；债务人对债权人享有的抗辩权，第三人均可以行使。

2.为第三人利益的合同

合同当事人约定由债务人向第三人履行债务,第三人接受合同债务人的履行,若合同债务人履行不符合合同约定或不履行合同义务,则债务人应当向合同债权人承担违约责任,第三人无权要求债务人承担责任;债务人对债权人享有的抗辩权,均可以向第三人行使。

三、双务合同履行中的抗辩权

双务合同履行中的抗辩权,是指双方合同的一方当事人在符合法定条件时,对抗另一方当事人的请求权,暂时拒绝履行其合同债务的权利。它是一种行之有效的保障双务合同债务履行的法律制度,对于抗辩权人而言,可以免去自己履行后得不到对方履行的风险,可以迫使对方当事人及时履行债务或为债务提供担保,有利于及时防止不良债权的形成。

(一)同时履行抗辩权

同时履行抗辩权,是指双方合同的当事人在无先后履行顺序时,一方当事人在对方未为对待给付以前,有权拒绝自己的给付的权利。

同时履行抗辩权成立要件为:①由同一双务合同产生互负的债务;②在合同中未约定履行顺序;③对方当事人未履行义务或履行不符约定;④对方的对待给付是可能履行的。

同时履行抗辩权属于延期的抗辩权,不具有消灭对方请求权的法律效力。其法律效力在于,对方当事人未履行之前,自己有权拒绝履行;对方当事人履行后,自己也必须履行合同约定的义务,合同并不因为对方当事人未履行而终止。

(二)先履行抗辩权

先履行抗辩权,是指双务合同中应当先履行的一方当事人未履行或履行不符合约定,后履行一方有权拒绝其履行要求或拒绝其相应的履行要求。

先履行抗辩权成立要件:①由同一双务合同产生互负的债务;②当事人互负债务有先后履行顺序;③先履行合同债务的当事人未履行义务或履行不符约定;④对方的对待给付是可能履行的。

先履行抗辩权的效力,只在于阻止对方当事人请求权的行使,为延期的抗辩权,而非永久抗辩权,当对方当事人完全履行了合同债务,先履行抗辩权即行消灭,当事人应当履行自己的合同债务。

(三)不安抗辩权

不安抗辩权,是指在双务合同中应当先履行债务的当事人在后履行一方当事人出现财产恶化或丧失或可能丧失履行债务之能力等情形时,在对方未履行对待给付或提供担保前,可以拒绝自己债务的履行。

不安抗辩权的成立要件:①由同一双务合同产生互负的债务。②当事人互负债务有先后履行顺序。③后履行一方当事人履行能力明显降低,存在财务恶化的现实危险:经营状况严重恶化;转移财产、抽逃资金,以逃避债务;丧失商业信誉;有丧失或可能丧失履行债务的其他情形。

不安抗辩权的行使:在先履行一方有确切证据证明前述情形之一的,先履行一方可以中止履行,并及时通知对方;在合理期限内,对方未恢复履行能力并且未提供担保的,中止履行的一方可以解除合同;若对方提供了担保,则应当恢复履行。

合同当事人并无确切证据证明前述的情形,擅自中止履行,即为违约行为,应当承担违约责任。

四、合同保全

(一)合同保全的概念

合同的保全,是指法律为防止因债务人的不当行为而给债权人的债权带来危害,允许债权人对债务人或者第三人的行为行使撤销权或代位权以保护其债权。合同保全制度是保障合同债务履行,保护债权人利益的重要措施。通常合同保全制度包括债权人的代位权和撤销权。

(二)债权人的代位权

所谓债权人的代位权,是指当债务人怠于行使其对第三人享有的权利,而危及债权人的债权时,债权人为保全自己的债权,以自己的名义代位行使债务人对第三人权利的权利。其成立须具备以下几个要件:①债权人与债务人之间存在合法的债权债务关系,并且债务人已陷入迟延。②债务人对次债务人享有到期债权,并且债务人对自己到期的债权怠于行使。③债务人怠于行使自己的权利对债权人造成了损害。④被代位的债权须是非专属于债务人自身的债权。专属于债务人本身的债权不得为债权人代位行使,而专属于债务人本身的债权,包括基于抚养关系、赡养关系、继承关系产生的给付请求权和劳动报酬、退休金、养老金、抚恤金、安置费、人寿保险、人身损害赔偿请求权等权利。⑤代位权行使的范围以债权人的债权为限。

债权人行使代位权,应以次债务人(债务人的债务人)为被告提起诉讼,债权人胜诉的,诉讼费用由次债务人负担,从实现的债权中优先支付。

(三)债权人的撤销权

所谓债权人的撤销权,是指因债务人放弃其到期债权、放弃债权担保、无偿转让财产、无偿处分财产权益,或者恶意延长其到期债权的履行期限,影响债权人的债权实现的,或者债务人以明显不合理的低价转让财产、以明显不合理的高价受让他人财产或者为他人的债务提供担保,影响债权人的债权实现,债务人的相对人知道或者应当知道该情形的,债权人可以请求人民法院撤销债务人行为的权利。

上述撤销权的行使分为两种情形:一种是债务人无偿处分财产情形下的债权人撤销权;另一种是债务人不合理转移财产情形下的债权人撤销权。前者,债权人可以直接向人民法院请求撤销该行为;后者,须证明债务人的相对人知道或应当知道该情形的,债权人方可撤销该行为,若受让人不知道,即为善意,则债权人不享有撤销权。

撤销权的行使应当以自己的名义通过诉讼的方式行使。撤销权行使的范围以债权人的债权为限。债权人应当自知道或应当知道撤销事由之日起1年内行使,自债务人的行为发生之日起5年内没有行使撤销权的,该撤销权消灭。债务人必须负担债权人行使撤销权的必要费用。

第五节　合同变更、转让和终止

◇ **目标提示**

通过本节的学习,认识合同履行过程中合同要素变更的情形。

◇ **学习内容**

1.合同变更的条件;

2.合同转让的条件;

3.合同终止的事由,并具体掌握合同解除的条件。

◇ **重要知识**

合同变更,是指在合同依法成立后,但尚未履行或尚未完全履行前,合同主体保持不变而合同的内容发生变化的法律现象。

合同转让,是指合同当事人一方将其合同的权利和义务全部或部分转让给第三人的行为。合同转让分为合同权利的转让、合同义务的转让以及合同权利义务一并转让。

合同的终止,是指合同当事人之间的权利义务关系因一定的法律事实的出现而归于消灭的法律现象。

一、合同变更

(一)合同变更概述

合同变更有狭义和广义之分。狭义的合同变更是指在合同依法成立后,但尚未履行或尚未完全履行前,合同主体保持不变而合同的内容发生变化的法律现象。广义的合同变更除包括合同内容的变更以外,还包括合同主体的变更,即由新的主体取代合同的某一主体,这实质上是合同的转让。本书所指的变更是狭义上的变更,即仅指合同的内容部分变化,未变化的部分继续有效。

(二)合同有效变更的条件

(1)必须有原合同关系的存在。

(2)须有双方当事人协商一致。任何一方擅自变更合同,即为违约行为;当事人对合同变更的内容约定不明确的,视为未变更。

(3)须有内容的变化,即合同当事人对合同内容进行了修改或补充。

(4)须遵循法定的变更形式。通常当事人变更合同采用何种形式,由当事人自行选择,但如果法律、行政法规规定变更合同应当办理批准、登记等手续的,须依照法律规定办理,否则合同变更不产生效力。

（三）合同变更的法律效力

合同变更后，合同内容以变更后的内容为准，合同当事人应当按照变更后的合同内容进行履行，否则将构成违约。

合同变更仅向将来发生效力，即其只对合同未履行的部分有效，已履行的债务不因合同的变更而失去法律依据。

合同变更仅对于合同中已经变更的部分发生效力，未变更的合同内容继续有效。

二、合同转让

合同转让，是指合同当事人一方将其合同的权利和义务全部或部分转让给第三人的行为。合同转让分为合同权利的转让、合同义务的转让以及合同权利义务一并转让。

（一）合同权利的转让

合同权利的转让，又称为债权转让，是指合同的债权人通过协议将债权转移给第三人的行为。债权人可以转让全部债权，也可以转让部分债权。债权转让的要件包括：①存在有效的合同；②债权人与受让人达成转让协议；③债权人转让权利应通知债务人，未经通知，该转让对债务人不发生法律效力。如果法律、行政法规规定债权转让应当办理批准、登记等手续，须依法办理。

合同的债权人只需通知债务人即可发生转让的效力，但并非所有的合同债权均可以转让，通常以下几种债权不得转让：①根据合同性质不得转让，如以特定的债权人为基础而发生的权利；②按照当事人约定不得转让；③依照法律规定不得转让，如因人身权受损害而产生的损害赔偿请求权。

（二）合同义务的转让

合同义务的转让，又称为债务承担，是指合同债务人将其在合同中的义务全部或部分转移给第三人的行为。在债务全部转移的情况下，债务人脱离了原来的合同关系而由第三人取代原债务人，原债务人不再承担原合同中的责任。在债务部分转移的情况下，原债务人并没有脱离债的关系，而第三人加入债的关系，并与债务人共同向同一债权人承担责任。

债务承担的构成要件为：①存在有效的债务；②债务可以转移；③债务人转移债务应取得债权人的同意。如果法律、行政法规规定债权转让应当办理批准、登记等手续，须依法办理。

（三）合同权利义务一并转让

当事人一方经对方同意，可以将自己在合同中的权利和义务一并转让给第三人。一般是由合同的一方当事人与第三人签订转让协议，约定由第三人享有合同转让人的一切权利并承担转让人在合同中的所有义务。由于合同权利义务的一并转让，既有权利的转让，又有义务的转移，所以该转让须对方当事人同意，否则转让协议无效。

三、合同终止

合同终止，又称为合同消灭，是指合同当事人之间的权利义务关系因一定的法律事实的出现而归于消灭的法律现象。我国《合同法》规定了合同终止的六种情形。

(一)债务已经按约定履行

合同的债务按照约定履行,即合同因履行而终止,当事人订立合同的目的得以实现。这是合同终止最正常的方式。

(二)合同解除

合同解除是指在合同有效成立之后,没有履行或没有依约履行之前,当事人双方通过协议或者一方行使约定或法定解除权,使当事人设定的权利义务关系终止的行为。合同解除有两种:约定解除和法定解除。

约定解除即双方当事人通过协商一致的方式终止原有的合同权利义务关系,它包括事先约定合同解除条件和事后协商解除合同。前者是指当事人在订立合同时就在合同中约定可以解除合同的条件,一旦解除合同的条件成就时,解除权人可以解除合同;后者是指合同履行过程中,双方当事人经协商一致,同意解除合同。

法定解除,又称为法定单方解除,是指合同当事人一方基于法律规定的情形,可以依法单方面解除合同。对此,《民法典》规定了以下五种法定情形:①因不可抗力致使不能实现合同目的;②在履行期限届满之前,当事人一方明确表示或以自己的行为表明不履行主要债务;③当事人一方迟延履行主要债务,经催告后在合理期限内仍未履行;④当事人一方迟延履行债务或者有其他违约行为致使不能实现合同目的;⑤法律规定的其他情形。除了这五种情形之外,《民法典》第533条增加了情势变更下也可以请求法院解除合同。

合同当事人一方依法主张解除合同的,应当通知对方,合同自通知到达对方时解除。对方如有异议,可以请求人民法院或仲裁机构确认解除合同的效力。合同解除后,尚未履行的,终止履行;已经履行的,根据履行情况和合同性质,当事人可以要求恢复原状、采取其他补救措施,并有权要求赔偿损失。

(三)抵销

抵销是指当事人互负债务时,一方通知对方以其债权充当债务的清偿或者双方协商以债权充当债务的清偿,以使双方的债务在对等数额内消灭的行为。抵销有两种形式:法定抵销和约定抵销。

法定抵销是指当事人互负到期债务,且该债务标的物种类、品质相同时,任何一方作出的以其债权充当债务的清偿,相互间相当数额的债务归于消灭的意思表示。法定抵销的要件为:①当事人互负到期债权、到期债务;②债务的标的物种类、品质相同;③当事人所负债务属于可以抵销的债务;④当事人主张抵销的,应当通知对方,通知自到达对方时生效。

约定抵销是指当事人互负到期债务,该债务的标的物种类、品质不相同的,经双方协商一致将各自的债务抵销。当事人互负债务,标的物种类、品质不同时,当事人必须协商一致方可抵销。

(四)提存

提存是指由于债权人的原因致使债务人无法向债权人清偿其所负债务时,债务人将合同标的物交给提存机关,从而使债权债务归于消灭。我国目前的提存机关是公证机关。

提存的原因有以下四个方面:①债权人无正当理由拒绝受领标的物;②债权人下落不明;③债权人死亡未确定继承人、遗产管理人或者丧失民事行为能力未确定监护人;④法律规定的其他情形。但并非所有符合这四种情形之一的标的物都可以提存,如果标的物不适于提存或提存费用过高的,债务人可以拍卖或者变卖标的物,提存所得的价款。债务人可以从所得价款中扣除拍卖或变卖费、提存费等费用。

债务人提存标的物后,应及时通知债权人或债权人的继承人、遗产管理人、监护人、财产代管人,债权人下落不明的除外。债务人履行及时通知的义务是为了促使债权人及时行使权利。

(五)免除

免除是指债权人免除债务人的债务,是债权人以消灭债务人债务为目的放弃债权的意思表示。债权人可以免除债务人的全部债务,也可以免除债务人的部分债务。免除全部债务的,合同权利义务全部终止;免除部分债务的,合同权利义务部分终止。

(六)混同

混同是指债权人与债务人同归于一人,从而导致合同的权利义务的终止。通常导致混同的有两种事由:①当事人合并,如债权人与债务人两公司合并成一家公司;②债权债务的转让,如债权人转让债权给债务人。

除上述 6 种外,还有法律规定或当事人约定终止的其他情形。

第六节　违约责任

◇ **目标提示**

通过本节的学习,掌握违约责任的概念、归责原因及违约责任承担方式。

◇ **学习内容**

1.违约责任概念及归责原则;

2.违约行为的类型;

3.违约责任的具体承担方式;

4.违约责任的免责事由。

◇ **重要知识**

违约责任是指合同当事人不履行合同义务或履行合同义务不符合约定,依照法律规定或合同的约定所应承担的法律责任。

一、违约责任概述

(一)违约责任概念

违约责任,又称为违反合同的民事责任,通常是指合同当事人不履行合同义务或履行合同义务不符合约定,依照法律规定或合同的约定所应承担的法律责任。违约责任制度在合同法中处于十分重要的地位,其对于合同权利义务的实现提供了现实的保障,这种保障对于违约方而言,是一种制裁;对于非违约方而言,则是一种救济或保护。

违约责任具有如下特征:

(1)违约责任是一种民事责任;

(2)违约责任是当事人不履行合同义务所产生的法律后果;

(3)违约责任具有相对性,只能在合同当事人中产生;

(4)违约责任可以由合同当事人自行约定;

(5)违约责任具有法定性和强制性。

(二)违约责任的归责原则

违约责任的归责原则,是指合同当事人不履行合同义务后,根据何种事由去确定其应负的违约责任。一般来说有两种归责原则:过错原则和严格原则。

过错原则,是指合同当事人一方违反合同义务、不履行合同义务或履行合同义务不符合合同约定时,应以过错作为确定责任的依据。过错包括故意和过失。过错原则要求:过错是违约责任的构成要件,即当事人不履行合同是基于其自己的过错才承担责任;当事人过错程度决定其应当承担的责任范围。相对而言,在过错原则下,违约方承担违约责任须以其过错为要件,被违约方无法证明其有过错或违约方证明其无过错,则违约方无须承担违约责任。

严格原则,是指违反合同的当事人无论主观上是否有过错,只要其不履行合同义务或履行合同义务不符合约定,没有法定或约定的免责事由,都要承担违约责任的归责原则。严格责任原则只要求违约方有违约行为即可,无论其主观过错与否,均应当承担违约责任。相对而言,该原则对于违约方相对不利。为权衡双方当事人的利益,法律规定了不可抗力等法定的免责事由,当事人在合同中也可约定相应的免责事由,违约方只需证明其违约是该事由造成的,可无须承担违约责任。

《民法典》第 577 条规定:"当事人一方不履行合同义务或者履行合同义务不符合约定的,应当承担继续履行、采取补救措施或者赔偿损失等违约责任。"由此确定了严格责任原则。但是《民法典》同时又在某些特定的情况下规定了过错责任,比如第 660 条第 2 款规定赠与合同中赠与人因故意或重大过失致使交付的赠与财产毁损、灭失的,赠与人应当承担赔偿责任;第 841 条规定托运人托运货物时的过错导致多式联运经营人损失的,应当承担赔偿责任;第 929 条第 1 款规定有偿委托合同因受托人的过错给委托人造成损失的,委托人可以要求赔偿损失。故《民法典》的违约责任归责原则是一种以严格责任为主,以过错责任为辅的归责原则。

二、违约行为

违约行为是指合同当事人违反合同义务的行为。根据不同的标准,违约行为有不同的分类,我国《合同法》将违约行为分为预期违约和实际违约。

(一)预期违约

预期违约是指合同还未届履行期,合同一方当事人明确表示或以自己的行为表示将不履行合同义务的违约行为。预期违约行为,通俗地说是打算违约,但还未实际真正违约。为了保护被违约方的利益,法律赋予守约方有权及时采取措施,要求违约方承担违约责任,以避免更大的损失。

(二)实际违约

实际违约是指履行期限届满,当事人一方不履行合同义务或履行合同义务不符合约定的行为。它有两种形式:

1.不履行合同义务

不履行合同义务,是指合同生效后,当事人根本不履行任何合同义务的行为。不履行合同义务又包括以下两种情形:

(1)履行不能,指债务人由于某种情形,在客观上已经没有履行能力,导致事实上已经不可能再履行债务。

(2)拒绝履行,指当事人一方能够履行的情形下,拒不履行合同义务的行为。

2.履行合同义务不符合约定

履行合同义务不符合约定,是指当事人虽然对合同义务作了履行,但其履行义务的行为不符合合同中约定的内容或者履行合同义务不符合法律的规定。其又包括以下几种情形:

(1)迟延履行,指合同履行期限届满后债务人方才履行合同义务的行为。

(2)质量有瑕疵的履行,指合同当事人履行债务不符合合同约定的质量要求。

(3)其他不完全履行,包括合同的部分履行、履行地点不当、履行方式不当等。

三、违约责任形式

(一)继续履行

继续履行,是指合同当事人一方有违约行为时,违约方根据债权人的要求,按照合同的约定继续履行合同义务。该种方式不仅具有能够实现债权人的合同目的,维护交易安全的优点,而且在损失难以确定的情况下还可以免除债权人对违约损失的举证责任。因此,这是被违约方要求法律救济的一种较为有效的方法。

但这一责任形式并不是在任何情况下均可适用的,根据《民法典》的规定,违约方承担继续履行的责任形式,应当满足以下三个条件:①必须有当事人一方的违约行为;②必须有被违约方在合理期限内提出要求违约方继续履行合同义务的要求;③违约方能够继续履行;④债务的标的适于强制履行的。

继续履行可以与违约金、损害赔偿等违约责任形式并用,但不能与解除合同的方式并用。

(二)赔偿损失

赔偿损失,是指当事人一方的违约行为给对方造成损失时,依照法律的规定或合同的约定应当承担的赔偿对方损失的一种违约责任。赔偿损失是一种最重要最常见的违约补救方法,其可以单独适用,也可与实际履行、采取补救措施并用。

赔偿损失,最重要的是确定赔偿额。依照《民法典》的规定,当事人一方有违约行为,造成对方损失的,损失赔偿额应当相当于因违约所造成的损失,包括合同履行后可以获得的利益,即损失＝实际损失＋期待利益。但该损失又受到可预见规则的限制,即前述损失不得超过违反合同一方订立合同时预见或者应当预见的因违反合同可能造成的损失。

守约方要求违约方赔偿损失,应当举证证明其损失的发生。在实践中,当事人有较大的损失,但又难以证明损失的存在或损失与违约行为之间的因果关系时,其要求赔偿损失的请求往往得不到支持。

(三)支付违约金

违约金是合同当事人预定的,一方有违约行为时,应给付另一方当事人一定数额的货币。违约金的数额是当事人在合同中事先约定的,有两种方法确定:一种是合同中确定违约金的具体数额;另一种是合同中确定违约金的计算方法。

违约金在我国是以补偿性为主要功能的,即违约金的支付,是为了弥补被违约方的损失。但事先约定的违约金与实际造成的损失不可能相同,违约金可能高于或低于实际损失,故《民法典》规定,约定的违约金低于所造成的损失的,当事人可以请求法院予以增加;约定的违约金过分高于所造成的损失的,当事人可以请求人民法院或仲裁机构予以适当减少。

(四)采取补救措施

补救措施指当事人一方违约后,为防止损失的发生或扩大,另一方当事人要求违约方按照法定或约定采取退货、减少价款等措施以弥补或减少另一方损失的责任形式。《民法典》规定,质量不符合约定的,应当按照当事人的约定承担违约责任。对违约责任没有约定或约定不明确的,如不能达成补充协议,受损害方根据标的性质以及损失的大小,可以合理选择要求对方承担修理、更换、重做、退货、减少价款或报酬等违约责任。

四、违约责任免除

违约责任免除是指当事人不履行合同或履行合同不符合约定,具有法律规定的免责条件或合同约定的免责事由时,可以免除其违约责任。

(一)法定免责事由

我国法律规定的免责事由主要有不可抗力、货物本身的自然性质、货物的自然损耗和债权人的过错等。不可抗力是普遍适用的免责事由,其他则仅适用于个别情况。

不可抗力,是指不能预见、不能避免并且不能克服的客观情况。这些客观情况包括:地震、水灾、海啸等自然灾害,战争、动乱、罢工等社会事件。合同当事人可以在合同中列举不可抗力的情形,以免引起争议。

不可抗力的法律效力:不可抗力致使合同无法履行的,免除当事人的全部责任;不可抗力致使当事人部分无法履行合同义务的,免除当事人的部分责任;不可抗力致使当事人延迟履行的,免除当事人延迟履行的责任。

当事人一方因不可抗力而不履行合同或履行合同不符合约定时,应当及时通知对方,并应当在合理期限内提供证据证明,否则不能免责。

(二)约定免责事由

当事人可以在合同中约定某些限制或免除其责任的事由。该事由是合同的组成部分,通常经过当事人充分协商的免责事由,法律是承认其效力的,但对于严重违反诚实信用和公平原则、违反社会公共利益的免责条款,法律则是禁止的。如《民法典》规定了以下两种免责条款无效:造成对方人身损害的;因故意或重大过失造成对方财产损失的。

第七节 典型合同介绍

◇ **目标提示**

通过本节的学习,了解企业经营中常见合同的法律规定,并能运用这些常见合同。

◇ **学习内容**

买卖合同、租赁合同、运输合同、借款合同、承揽合同、委托合同的概念、特征和效力。

◇ **重要知识**

买卖合同是出卖人转移标的物的所有权于买受人,买受人支付价款的合同。依约定应交付标的物并转移标的物所有权的乙方称为出卖人,应支付价款的一方称为买受人。

租赁合同是出租人将租赁物交付承租人使用、收益,承租人支付租金的合同。

运输合同是指承运人将旅客或者货物从起运地点运输到约定地点,旅客、托运人或收货人支付票款或者运输费用的合同。

借款合同是指借款人向贷款人借款,到期返还借款并支付利息的合同。

承揽合同是承揽人按照定作人的要求完成工作,交付工作成果,定作人给付报酬的合同。

委托合同是指一方委托他方处理事务,他方允诺处理事务的合同。

一、买卖合同

(一)买卖合同的概念和特征

根据我国《民法典》的规定,买卖合同是出卖人转移标的物的所有权于买受人,买受人支付价款的合同。依约定应交付标的物并转移标的物所有权的一方称为出卖人,应支付价款的一方称为买受人。买卖合同具有以下法律特征：

（1）买卖合同是一方当事人转移标的物的所有权，另一方当事人支付价款的合同。买卖合同的出卖人负有交付标的物并转移其所有权于买受人的义务，买受人负有向出卖人支付价款的义务，两项义务互为对价，同属买卖合同当事人所负担的主合同义务。这两项主合同义务使买卖合同区别于其他转移财产所有权的合同。

（2）买卖合同是双务合同。在买卖合同中，买受人和出卖人都享有一定的权利，承担一定的义务。而且，其权利和义务存在对应关系，即买受人的权利就是出卖人的义务，买受人的义务就是出卖人的权利。因此，买卖合同是典型的双务合同。

（3）买卖合同是有偿合同。在买卖合同中，出卖人所负担的交付标的物并转移其所有权于买受人的义务，与买受人所负担的支付价款义务互为对价的，买卖合同是有偿合同。

（4）买卖合同是诺成合同。买卖合同的双方当事人就买卖事宜意思表示一致，合同即告成立，而不以标的物的实际交付或一定行为的进行作为合同的成立条件。因此，买卖合同属于诺成合同，而不是实践合同。

（二）买卖合同的内容

《民法典》第 596 条规定，买卖合同的内容一般包括标的物的名称、数量、质量、价款、履行期限、履行地点和方式、包装方式、检验标准和方法、结算方式、合同使用的文字及其效力等条款。

（三）买卖合同的效力

1.出卖人的义务

（1）交付标的物

在买卖合同中，出卖人应将买卖合同的标的物交付给买受人。交付标的物可分为现实交付、简易交付、占有改定、指示交付。现实交付是指出卖人将标的物置于买受人的实际控制之下，即标的物直接占有的转移；简易交付是指买卖合同订立前，买受人已实际占有标的物的，标的物的交付由于合同生效而完成的交付方式；占有改定是指由双方当事人签订协议，使买受人取得标的物的间接占有，以代替标的物直接占有的移转标的物的交付方式；指示交付是指让与返还请求权以代替现实交付。

①出卖人应当按照约定的期限交付标的物。根据《民法典》第 601 条的规定，出卖人应当按照约定的期限交付标的物。约定交付期间的，出卖人可以在该交付期间内的任何时间交付。

根据《民法典》第 605 条的规定，因买受人的原因致使标的物不能按照约定的期限交付的，买受人应当自违反约定之日起承担标的物毁损、灭失的风险。

②出卖人应当按照约定的地点交付标的物。根据《民法典》第 603 条的规定，出卖人应当按照约定的地点交付标的物。当事人未约定交付地点或者约定不明确，可以协议补充。不能达成补充协议的，按照合同有关条款或者交易习惯确定。仍不能确定的，适用下列规定：标的物需要运输的，出卖人应当将标的物交付给第一承运人以运交给买受人；标的物不需要运输的，出卖人和买受人订立合同时知道标的物在某一地点的，出卖人应

当在该地点交付标的物;不知道标的物在某一地点的,应当在出卖人订立合同时的营业地交付标的物。

③出卖人应当按照约定的包装方式交付标的物。根据《民法典》第619条的规定,出卖人应当按照约定的包装方式交付标的物。对包装方式没有约定或者约定不明确的,可以协议补充;不能达成补充协议的,按照合同有关条款或者交易习惯确定;仍不能确定的,应当按照通用的方式包装;没有通用方式的,应当采取足以保护标的物且有利于节约资源、保护生态环境的包装方式。

（2）转移标的物的所有权

取得标的物的所有权是买受人的交易目的,因此,将标的物的所有权转移给买受人,是出卖人的另一项主要义务。转移标的物的所有权,是在交付标的物的基础上,实现标的物所有权的转移,使买受人获得标的物的所有权。《民法典》第603条规定,标的物的所有权自标的物交付时起转移,但法律另有规定或当事人另有约定的除外。可见,标的物所有权的转移方法,可以因具体情况而有所不同:就动产而言,除法律有特别规定的以外,所有权依交付而转移。就船舶、航空器和机动车等特殊类型的动产而言,所有权也自交付之时起转移,但未依法办理登记手续的,所有权的转移不具有对抗善意第三人的效力。

不动产所有权的转移须依法办理登记手续。未办理登记的,尽管买卖合同已经生效,但标的物的所有权不发生转移。

（3）瑕疵担保义务

为了使买受人利益得以实现,出卖人应全面履行合同义务,即在履行交付标的物的义务和使买受人获得标的物所有权的义务的同时,还负有权利瑕疵担保义务和物的瑕疵担保义务,即出卖人对其所交付的标的物,应担保其权利完整无缺并且有依通常交易观念或当事人的意思,认为应当具有之价值、效用或品质。如果出卖人违反或未履行此项担保义务,则应承担相应的法律后果。瑕疵担保义务包括物的瑕疵担保义务和权利瑕疵担保义务。

①物的瑕疵担保义务。所谓物的瑕疵,是指出卖人所交付的标的物在品质上不符合合同约定或法律规定的标准,致使该标的物的用途和价值降低或消失。

从《民法典》第615条关于"出卖人应当按照约定的质量要求交付标的物。出卖人提供有关标的物质量说明的,交付的标的物应当符合该说明的质量要求"的规定看,出卖人应按照合同约定的质量标准交付,才算适当地履行了义务。因此,确定标的物的质量标准,是判断出卖人是否全面履行该项义务的前提。在买卖合同中,当事人对标的物的质量标准没有约定或约定不明确的,可以协议补充;不能达成补充协议的,按照合同有关条款或者交易习惯确定;仍不能确定的,出卖人交付的标的物,应当具有同种物的通常标准或者为了实现合同目的该物应当具有的特定标准。

②权利瑕疵担保义务。根据《民法典》第612条的规定,出卖人就交付的标的物,除非法律另有规定,负有保证第三人不得向买受人主张任何权利的义务。这一义务称为出卖人的权利瑕疵担保义务。违反权利瑕疵担保义务,出卖人应对买受人承担违约责任。

《民法典》第 613 条规定，在买卖合同订立时，买受人知道或者应当知道第三人对买卖的标的物享有权利的，出卖人不负担该项义务。另外，买受人能够依据保护交易安全的规定，善意取得标的物所有权的，出卖人也无须承担违反权利瑕疵担保义务的违约责任。

《民法典》第 614 条规定，买受人有确切证据证明第三人可能就标的物主张权利的，可以在出卖人未提供适当担保时，行使合同履行抗辩权，中止支付相应的价款。

（4）负担从合同义务

根据《民法典》第 599 条的规定，买卖合同的出卖人除负担以上主合同义务之外，还应负担按照约定或交易习惯向买受人交付提取标的物单证以外的有关单证和资料等从合同义务。

2.买受人的义务

（1）支付价款

支付价款是买受人的主要义务。买受人支付价款应按照合同约定的数额、地点、时间为之。

《民法典》第 626 条规定，买受人应当按照约定的数额支付价款。对价款没有约定或者约定不明确的，适用本法第 510 条、第 511 条第 2 项和第 5 项的规定。

《民法典》第 627 条规定，买受人应当按照约定的地点支付价款。对支付地点没有约定或者约定不明确，依照本法第 510 条的规定仍不能确定的，买受人应当在出卖人的营业地支付，但约定支付价款以交付标的物或者交付提取标的物单证为条件的，在交付标的物或者交付提取标的物单证的所在地支付。

《民法典》第 628 条规定，买受人应当按照约定的时间支付价款。对支付时间没有约定或者约定不明确的，买受人应当在收到标的物或者提取标的物单证的同时支付。

（2）受领标的物

买受人应当按照合同约定或者交易习惯，及时受领标的物。未及时受领的，构成迟延受领，买受人应承担相应的违约责任。对于出卖人不按合同约定条件交付的标的物，如多交付、提前交付、交付标的物有瑕疵等，买受人有权拒绝。

（3）检验义务

买受人收到标的物时，有及时检验义务。当事人约定检验期间的，买受人应当在约定期间内检验。没有约定检验期间的，买受人应当在收到标的物之后的合理期间内及时检验。

当事人约定检验期间的，买受人应当在检验期间内将标的物的数量或者质量不符合约定的情形通知出卖人。买受人怠于通知的，视为标的物的数量或者质量符合约定。

当事人没有约定检验期间的，买受人应当在发现或者应当发现标的物的数量或者质量不符合约定的合理期间内通知出卖人。买受人在合理期间内未通知或者自标的物收到之日起 2 年内未通知出卖人的，视为标的物的数量或者质量符合约定；但对标的物有质量保证期的，适用质量保证期，不适用该 2 年的规定。

出卖人知道或者应当知道提供的标的物不符合约定的，买受人得随时通知出卖人承担物的数量或质量不符合约定,并得向出卖人主张违约责任的承担。

(4)保管义务

买受人对于出卖人不按合同约定条件交付的标的物,如多交付、提前交付、交付的标的物有瑕疵等,有权拒绝接收。在特殊情况下,买受人虽作出拒绝接受交付的意思表示,但有暂时保管并应急处置标的物的义务。

买受人的保管义务是有条件的:①必须是异地交付,货物到达交付地点时,买受人发现标的物的品质有瑕疵而作出拒绝接收的意思表示;②出卖人在标的物接受交付的地点没有代理人,即标的物在法律上已处于无人管理的状态;③一般物品由买受人暂时保管,但出卖人接到买受人的拒绝接受通知时应立即以自己的费用将标的物提回或作其他处置,并支付买受人的保管费用;④对于不易保管的易变质物品如水果、蔬菜等,买受人可以紧急变卖,但变卖所得在扣除变卖费用后须退回出卖人。

(四)买卖合同中标的物的风险负担

标的物毁损、灭失的风险负担,是指买卖合同订立后,标的物因不可归责于双方当事人的事由而发生毁损、灭失的,其损失由谁承担的问题。对于标的物毁损、灭失风险的负担,当事人有约定的,依其约定;当事人没有特别约定的,贯彻交付主义;但当事人有过错的,则采用过错主义。

(1)根据《民法典》第604条的规定,标的物毁损、灭失的风险,在标的物交付之前由出卖人承担,交付之后由买受人承担,但是法律另有规定或者当事人另有约定的除外。

(2)根据《民法典》第605条的规定,因买受人的原因致使标的物不能按照约定的期限交付的,买受人应当自违反约定之日起承担标的物毁损、灭失的风险。所谓因买受人的原因,主要包括两种情形:一为买受人违约,如买受人由于可归责于自身的原因陷于不履行或不完全履行,出卖人由于合同履行抗辩权的行使,在合同约定的履行期中止义务履行的;二为买受人对出卖人准备交付的标的物实施侵权行为,致使出卖人无法按照约定的期限交付标的物,双方又未补充约定变更合同履行期限的。

(3)根据《民法典》第606条的规定,出卖人出卖交由承运人运输的在途标的物,除当事人另有约定的以外,毁损、灭失的风险自合同成立时起由买受人承担。动产的买卖如此,不动产的买卖亦然,均不采用所有权人主义。

(4)根据《民法典》第607条的规定,当事人没有约定交付地点或者约定不明确,标的物需要运输的,出卖人将标的物交付给第一承运人后,标的物毁损、灭失的风险由买受人承担。

(5)根据《民法典》第608条的规定,出卖人按照约定或者法律的规定将标的物置于交付地点,买受人违反约定没有收取的,标的物毁损、灭失的风险自违反约定之日起由买受人承担。

(6)根据《民法典》第609条的规定,出卖人按照约定未交付有关标的物的单证和资料的,不影响标的物毁损、灭失风险的转移。这表明在约定保留所有权场合,即使出卖人未向买受人交付提取标的物的单证和资料,标的物毁损、灭失的风险仍自标的物交付时起转移。

（7）根据《民法典》第 611 条的规定，标的物毁损、灭失的风险由买受人承担的，不影响因出卖人履行债务不符合约定，买受人要求其承担违约责任的权利。之所以如此，主要是考虑到违约责任的承担与风险负担同属合同法上对损失进行分配的途径：前者用以解决对于因可归责于一方或双方的事由所带来的损失的分配；后者用来解决对于因不可归责于双方当事人的事由所带来的损失的分配。

（五）特殊买卖合同

《民法典》在买卖合同一章中明确规定了一些特殊的买卖合同类型，大致有以下几种：

1.连续买卖

连续买卖又称分批履行买卖，是指双方当事人在一定期间内，根据合同约定进行两次或两次以上的交易或履行行为方能结束双方的买卖关系的行为。连续买卖比一次买卖要复杂得多。

2.分期付款买卖

分期付款买卖是指买受人按照一定期限分批向出卖人支付价款的买卖行为。《民法典》第 634 条规定："分期付款的买受人未支付到期价款的数额达到全部价款的五分之一，经催告后在合理期限内仍未支付到期价款的，出卖人可以请求买受人支付全部价款或者解除合同。出卖人解除合同的，可以向买受人请求支付该标的物的使用费。"

3.凭样品买卖

凭样品买卖是指出卖人和买受人约定以样品作为标的物质量标准，出卖人交付的标的物应当与样品及其说明的质量相同。凭样品买卖的买受人不知道样品有隐蔽瑕疵的，即使交付的标的物与样品相同，出卖人交付的标的物的质量仍然应当符合同种物的通常标准。

4.试用买卖

试用买卖是指出卖人和买受人约定由买受人对标的物进行试用，并由买受人决定购买标的物的一种特殊买卖。《民法典》第 638 条规定："试用买卖的买受人在试用期内可以购买标的物，也可以拒绝购买。试用期限届满，买受人对是否购买标的物未作表示的，视为购买。试用买卖的买受人在试用期内已经支付部分价款或者对标的物实施出卖、出租、设立担保物权等行为的，视为同意购买。"

5.招标投标买卖

这种方式在政府采购或大公司对外采购时广泛运用，以保证买受方以最低的价款购买到所需的标的物。招标投标各方的权利义务及程序由《招标投标法》另行规定。

6.拍卖

拍卖是指以公开竞价的形式，将标的物转让给最高应价者的买卖方式。政府对外公开出售土地使用权，执法机关处理罚没物、查封扣押物，法院处理被执行人财产等通常采用拍卖方式。拍卖各方的权利义务及程序由《拍卖法》另行规定。

7.互易交易

互易交易是指双方当事人约定以货币以外的财物移转所有权的交易。其适用买卖合同的规定。

二、租赁合同

(一)租赁合同的概念和特征

根据《民法典》第 703 条的规定,租赁合同是出租人将租赁物交付承租人使用、收益,承租人支付租金的合同。在租赁合同中,交付租赁物供对方使用、收益的一方称为出租人,使用租赁物并支付租金的一方称为承租人。租赁合同具有如下法律特征:

(1)租赁合同是转移财产使用权的合同。租赁合同以承租人使用、收益租赁物为直接目的,承租人所取得的仅是对租赁物的使用权、收益权,而非租赁物的所有权。这是买卖合同与租赁合同的根本区别。

(2)租赁合同为双务、有偿合同。在租赁合同中,出租人所负担的交付租赁物供承租人使用、收益的义务与承租人所负担的支付租金的义务互为对价,因此,租赁合同为双务、有偿合同。

(3)租赁合同为诺成合同。在租赁合同中,出租人与承租人双方意思表示达成一致,合同即成立,所以租赁合同为诺成合同。

(4)租赁合同具有非永续性。许多国家和地区在立法上都规定了租赁合同的最长存续期限。我国《合同法》第 214 条规定,租赁期限不得超过 20 年,超过 20 年的,超过部分无效。租赁期届满,当事人可以续订租赁合同,但约定的租赁期限自续订之日起不得超过 20 年。

(5)租赁合同为继续性合同。租赁合同双方当事人的义务并非一次给付即可完成,合同内容是在一段时期内继续实现的,因而属于继续性合同。

(6)租赁合同在方式上具有特殊性。不定期租赁合同为不要式合同,无须采取书面形式;租赁期限不满 6 个月的定期租赁合同也为不要式合同,但租赁期限在 6 个月以上的定期租赁合同为要式合同,应当采用书面形式。未采用书面形式,双方当事人对租赁期限存在争议的,推定租赁合同为不定期租赁合同。

(二)租赁合同的效力

1.出租人的义务

(1)交付租赁物并在租赁期间保持租赁物符合约定用途。所谓交付租赁物,是指转移租赁物的占有于承租人,一般包括现实交付、指示交付和简易交付。出租人不仅应使交付的租赁物处于约定的使用、收益状态,而且于租赁关系存续期间也应保持租赁物的这种适合于约定使用、收益的状态。

(2)维修租赁物的义务。根据《民法典》第 712 条、第 713 条的规定,出租人负有保持租赁物适于使用、收益状态的义务,在租赁物存有瑕疵或被损毁的情况下,出租人承担维修义务,但当事人另有约定的除外。

（3）出租人的瑕疵担保责任，主要包括以下两个方面：

①权利瑕疵担保。权利瑕疵担保，是指出租人应担保第三人就租赁物不得对承租人主张足以妨害其使用、收益的权利。根据《民法典》第723条的规定，因第三人主张权利，致使承租人不能对租赁物使用、收益的，承租人可以要求减少租金或者不支付租金。

发生出租人承担违反权利瑕疵担保义务所产生的违约责任的构成要件为：一是须有第三人就租赁物向承租人主张权利的事实发生。二是第三人就租赁物向承租人所主张的权利，妨害了承租人对租赁物的使用、收益。第三人就租赁物所主张的权利，得为所有权、用益物权或担保物权，所主张的权利应发生在租赁合同生效之前，如果该项权利发生于租赁合同生效后，则因承租人的租赁权具有对抗第三人的效力，承租人仍得对租赁物为使用、收益，自无违反权利的瑕疵担保义务问题。然而，第三人所主张的担保物权如抵押权，设定于租赁合同生效之前，但第三人仅为权利的主张，并未进一步主张权利的实现，此时不发生权利瑕疵担保义务的违反，因为抵押权的设定着眼于抵押物的交换价值，尚不妨害承租人对租赁物的使用、收益。三是承租人于合同订立时不知有权利瑕疵。如果承租人在合同订立时明知有权利瑕疵，仍自愿承担第三人主张权利的风险，此时出租人无须承担违约责任。

②物的瑕疵担保。物的瑕疵担保，是指应担保所交付的租赁物能为承租人依约使用、收益，若不能为依约使用、收益，出租人得容忍承租人解除合同或减少租金或不支付租金。根据《民法典》第731条的规定，租赁物危及承租人安全或者健康的，即使承租人订立合同时明知该租赁物质量不合格，承租人仍然可以随时解除合同。

2.承租人的义务

（1）依约定方法或租赁物的性质使用租赁物的义务。根据《民法典》第709条的规定，承租人在占有租赁物后，应当依照约定的方法使用租赁物。对使用租赁物的方法没有约定或者约定不明确的，双方当事人可以协议补充；不能达成补充协议的，按照合同有关条款或者交易习惯确定；仍不能确定的，应当按照租赁物的性质使用。

同时，《民法典》第711条规定，承租人未按照约定的方法或者租赁物的性质使用租赁物，致使租赁物受到损失的，出租人可以解除合同并要求赔偿损失。

（2）妥善保管租赁物的义务。依《民法典》第714条的规定，承租人作为租赁物的占有人，应当妥善保管租赁物。承租人未尽妥善保管义务，造成租赁物毁损、灭失的，应当承担损害赔偿责任。

（3）不作为义务，主要包括：

①不得随意对租赁物进行改善或在租赁物上增设他物。《民法典》第715条规定，承租人未经出租人同意，对租赁物进行改善或者增设他物的，出租人可以要求承租人恢复原状或者赔偿损失。

②不得随意转租。转租，是指承租人不退出租赁合同关系，而将租赁物出租给次承租人使用、收益。《民法典》第716条规定，承租人未经出租人同意转租的，出租人可以解除合同。

（4）支付租金的义务。根据《民法典》第721条的规定，承租人应当依照约定的期限支付租金；对支付期限没有约定或者约定不明确的，可以协议补充。不能达成补充协议的，按照合同有关条款或者交易习惯确定。仍不能确定的，租赁期间不满一年的，应当在租赁期间届满时支付。租赁期间在一年以上的，应当在每届满一年时支付，剩余期间不满一年的，应当在租赁期间届满时支付。承租人无正当理由未支付或者迟延支付租金的，出租人可以要求承租人在合理期限内支付。此期间为宽限期，承租人逾期不支付的，依据《民法典》第722条的规定，出租人有权解除合同。

（5）返还租赁物的义务。租赁关系终止后，租赁物仍然存在的，承租人应当返还租赁物。返还的租赁物应当符合按照约定或者租赁物性质使用后的状态。

3.租赁合同的特别效力

（1）承租人获取租赁物收益的权利。根据《民法典》第720条的规定，在租赁期间因占有、使用租赁物获得的收益，归承租人所有，但当事人另有约定的除外。

（2）租赁权的物权化。《民法典》第725条规定，租赁物在租赁期间发生所有权变动的，不影响租赁合同的效力。这便是租赁权物权化的体现。依据该条规定，租赁物在租赁期间发生所有权变动的，承租人的租赁权可以对抗租赁物的新所有权人，承租人与出租人原来在租赁合同中所作的其他约定，租赁物的新所有权人也应一并遵循。

（3）房屋承租人的优先购买权。根据《民法典》第726条的规定，出租人出卖租赁房屋的，应当在出卖之前的合理期限内通知承租人，承租人享有以同等条件优先购买的权利。

（三）租赁合同终止

1.期限届满终止

在租赁合同订有期限时，期限届满而当事人又没有续订租赁合同的，则因期限届满，租赁合同终止。

2.解除

租赁合同期限虽未届满，但出现法定或约定情事，而由当事人双方或一方解除合同的，租赁合同也因此而终止。在租赁合同中，法定解除的情形主要包括：

（1）承租人未按照约定的方法或者租赁物的性质使用租赁物，致使租赁物受到损失的，出租人有权解除合同。

（2）承租人未经出租人同意转租的，出租人可以解除合同。

（3）承租人无正当理由未支付或者迟延支付租金的，出租人可以要求承租人在合理期限内支付。承租人逾期不支付的，出租人可以解除合同。

（4）因不可归责于承租人的事由，致使租赁物部分或者全部毁损、灭失的，致使不能实现合同目的的，承租人可以解除合同。

（5）当事人对租赁期限没有约定或者约定不明确，依照《民法典》第61条的规定仍不能确定的，视为不定期租赁。当事人可以随时解除合同，但出租人解除合同应当在合理期限之前通知承租人。

（6）租赁物危及承租人的安全或者健康的，即使承租人订立合同时明知该租赁物质量不合格，承租人仍然可以随时解除合同。

三、运输合同

(一)运输合同概述

1.运输合同的概念和特征

运输合同，是指承运人将旅客或者货物从起运地点运输到约定地点，旅客、托运人或收货人支付票款或者运输费用的合同。运输合同具有如下法律特征：

(1)运输合同是双务有偿合同。运输合同成立后，双方当事人均负有义务。承运人应当在约定期间或者合理期间内，按照约定的或者通常的路线，将旅客、货物安全运输到约定地点，旅客、托运人或者收货人应当支付票款或者运输费用。

(2)运输合同是诺成合同。双方当事人意思表示一致，运输合同即告成立，不以交付标的物为要件。

(3)运输合同多为格式合同。运输合同多为由承运人提供的、为了重复使用而预先拟定的格式条款，旅客或托运人在订立合同时只有同意或不同意的权利，而无讨价还价的余地。客票、货运单、提单等均为依照专门法规统一印制，运费一般也是执行统一的标准。

(4)运输合同一般具有缔约强制性。在运输合同中，承运人一般属于公用企业，其提供的服务具有一定的行业垄断性，旅客、托运人除接受承运人提供的服务外，一般别无选择。

(5)运输合同以运送行为为标的。在运输合同中，承运人以将旅客、货物运送到约定地点为目的。因此，运输合同的标的并不是旅客，也不是货物本身，而是承运人的运送行为。

2.运输合同的分类

以运输工具为标准，运输合同可分为铁路运输合同、公路运输合同、航空运输合同、水路运输合同、海上运输合同、管道运输合同等。

以运输对象为标准，运输合同可分为客运合同和货运合同。

以运输方式为标准，运输合同可分为单式运输合同和多式联运合同。单式运输合同是以一种运送工具进行运送的运输合同；多式联运合同是以两种以上运送工具进行运送的运输合同。

(二)客运合同

客运合同是指承运人将旅客及其行李从起运地点运送到约定地点，旅客支付票款的合同。

1.客运合同的成立

《民法典》第814条规定："客运合同自承运人向旅客交付客票时成立，但当事人另有约定或者另有交易习惯的除外。"客运合同的成立时间可以分为两种情况：一是客运合同自承运人向旅客交付客票时成立；二是当事人另有约定或另有习惯时，客运合同不以交付客票为成立时间。例如，在出租车运输中，客票的交付时间是在到达目的地后，按照出租车运输交易习惯，该客运合同在旅客登上出租车时成立。

2.客运合同的效力

(1)旅客的主要义务

①按规定支付客票价款及行李运费。票款是承运人承运的对价,支付票款是旅客的主要义务。根据《民法典》第815条的规定,旅客应当持有效客票乘运;旅客无票乘运、超程乘运、越级乘运或者持失效客票乘运的,应当补交票款,承运人可以按照规定加收票款。旅客不交付票款的,承运人可以拒绝运输。

②按规定携带行李。根据《民法典》第817条的规定,旅客在运输中应当按照约定的限量携带行李,超过限量携带行李的,应当办理托运手续。

③不得携带危险物品及其他违禁品。根据《民法典》第818条的规定,旅客不得随身携带或者在行李中夹带易燃、易爆、有毒、有腐蚀性、有放射性以及有可能危及运输工具上人身和财产安全的危险物品或者其他违禁物品。旅客违反规定的,承运人可以将违禁物品卸下、销毁或者送交有关部门。旅客坚持携带或者夹带违禁物品的,承运人应当拒绝运输。

④按客票记载的时间乘坐的义务。根据《民法典》第816条的规定,旅客按客票记载的时间乘坐,旅客因自己的原因不能按照客票记载的时间乘坐的,应当在约定的时间内办理退票或者变更手续。逾期办理的,承运人可以不退票款,并不再承担运输义务。

(2)承运人的主要义务

①按照约定完成旅客的运送。在客运合同中,承运人应当在约定的时间、路线、地点完成旅客的运送任务。根据《民法典》第820条的规定,承运人应当按照客票载明的时间和班次运输旅客。承运人迟延运输的,应当根据旅客的要求安排改乘其他班次或者退票。根据《民法典》第813条的规定,承运人未按照约定路线或者通常路线运输增加票款或者运输费用的,旅客、托运人或者收货人可以拒绝支付增加部分的票款或者运输费用。根据《民法典》第821条的规定,承运人擅自降低服务标准的,应当根据旅客的要求退票或者减收票款;提高服务标准的,不应当加收票款。

②告知义务。根据《民法典》第819条的规定,承运人应当向旅客及时告知有关不能正常运输的重要事由和安全运输应当注意的事项。

③救助义务。根据《民法典》第822条的规定,承运人在运输过程中,应当尽力救助患有急病、分娩、遇险的旅客。

④保证旅客的人身安全。承运人在运输过程中,负有保证旅客人身安全的义务。根据《民法典》第823条的规定,承运人应当对运输过程中旅客的伤亡承担损害赔偿责任,但伤亡是旅客自身健康原因造成的或者承运人证明伤亡是旅客故意、重大过失造成的除外。承运人的上述赔偿责任也同样适用于按照规定免票、持优待票或者经承运人许可搭乘的无票旅客。

⑤妥善保管旅客的行李。承运人对于旅客随身携带的行李和交付托运的行李,负有妥善保管的义务。根据《民法典》第824条的规定,在运输过程中旅客自带物品毁损、灭失,承运人有过错的,应当承担损害赔偿责任。

（三）货运合同

货运合同是指承运人将托运人交付运输的货物运送到约定地点，托运人支付运费的合同。其中，承运人是以运输货物为营业而收取运费的当事人。托运人为以自己名义与承运人签订运输合同，委托其运输的当事人。

1.货运合同的订立

货运合同一般以托运人提出运输货物的请求为要约，承运人同意运输为承诺，双方就主要条件达成一致，合同即告成立。根据《民法典》第825条的规定，托运人办理货物运输，应当向承运人准确表明收货人的名称或者姓名或者凭指示的收货人，货物的名称、性质、重量、数量，收货地点等有关货物运输的必要情况。如接受托运即在托运单上盖章或签字（海上货物运输还要注明船名），合同就此成立。

2.货运合同的效力

（1）托运人的义务

①支付运输费用。托运人应当按照合同约定的数额、时间、地点、方式等支付运输费用。根据《民法典》第836条的规定，托运人或者收货人不支付运费、保管费以及其他运输费用的，承运人对相应的运输货物享有留置权，但当事人另有约定的除外。《民法典》第835条规定，货物在运输过程中因不可抗力灭失，未收取运费的，承运人不得要求支付运费；已收取运费的，托运人可以要求返还。

②办理审批检验手续。根据《民法典》第826条的规定，货物运输需要办理审批、检验等手续的，托运人应当将办理完有关手续的文件提交承运人。

③按约定的方式包装货物。根据《民法典》第827条的规定，托运人应当按照约定的方式包装货物；对包装方式没有约定或者约定不明确，依照本法第619条的规定仍不能确定的，应当按照通用的方式包装；没有通用方式的，应当采取足以保护标的物的包装方式。托运人没有按照要求对货物进行包装的，承运人可以拒绝运输。

④危险物品的包装和警示义务。根据《民法典》第828条的规定，托运人托运易燃、易爆、有毒、有腐蚀性、有放射性等危险物品的，应当按照国家有关危险物品运输的规定对危险物品妥善包装，作出危险物标志和标签，并将有关危险物品的名称、性质和防范措施的书面材料提交承运人。托运人违反前款规定的，承运人可以拒绝运输，也可以采取相应措施以避免损失的发生，因此产生的费用由托运人承担。

⑤中止、变更、解除合同的赔偿责任。根据《民法典》第829条的规定，在承运人将货物交付收货人之前，托运人可以要求承运人中止运输、返还货物、变更到达地或者将货物交给其他收货人，但应当赔偿承运人因此受到的损失。

（2）承运人的义务

①按约定完成货物的运送。承运人须按照下列要求完成货物的运送：第一，承运人应当在约定期间或者合理期间内将货物安全运输到约定地点。承运人迟延运送的，应承担违约责任。第二，承运人应当按照约定的或者通常的运输路线运输货物。承运人未按照约定路线或者通常路线运输增加运输费用的，托运人或收货人可以拒绝支付增加部分的运输费用。第三，承运人应将货物运送到约定地点。承运人将货物运送至错误的到货

地点的,应当无偿地将货物运至约定的地点。

②及时通知收货人提货。根据《民法典》第830条的规定,货物运输到达后,承运人知道收货人的,应当及时通知收货人。

③保证货物的安全。承运人在运输过程中,应当妥善保管货物,保证货物的安全。

根据《民法典》第832条的规定,承运人对运输过程中货物的毁损、灭失承担损害赔偿责任,但承运人证明货物的毁损、灭失是因不可抗力、货物本身的自然性质或者合理损耗以及托运人、收货人的过错造成的,不承担损害赔偿责任。

根据《民法典》第833条的规定,货物的毁损、灭失的赔偿额,当事人有约定的,按照其约定;没有约定或者约定不明确,依照本法第510条的规定仍不能确定的,按照交付或者应当交付时货物到达地的市场价格计算。法律、行政法规对赔偿额的计算方法和赔偿限额另有规定的,依照其规定。

根据《民法典》第834条的规定,两个以上承运人以同一运输方式联运的,与托运人订立合同的承运人应当对全程运输承担责任。损失发生在某一运输区段的,与托运人订立合同的承运人和该区段的承运人承担连带责任。

(3)收货人的义务

①支付运费及其他运输费用。货运合同约定由收货人支付运费的,收货人应当支付运费。对于在运输过程中所产生的合理运输费用,收货人也有支付的义务。

②及时提货。根据《民法典》第830条的规定,收货人应当及时提货。收货人逾期提货的,应当向承运人支付保管费等费用。

③检验货物。根据《民法典》第831条的规定,收货人在提货时,应当按照约定的期限对货物进行检验。对检验货物的期间没有约定或者约定不明确的,当事人可以协商解决。当事人协商不能达成协议的,按照合同有关条款或交易习惯确定;仍不能确定检验期限的,收货人应当在合理期限内检验货物。收货人在约定的期限或者合理期限内对货物的数量、毁损等未提出异议的,视为承运人已经按照运输单证的记载交付的初步证据。

(四)多式联运合同

多式联运是与单一运输及其单式联运相对的一种运输方式。多式联运合同是指多式联运经营人与托运人订立的,约定以两种或两种以上的不同运输方式,采用同一运输凭证将货物运输至约定地点的合同。

1.多式联运合同的订立

《民法典》第838条规定:"多式联运经营人负责履行或者组织履行多式联运合同,对全程运输享有承运人的权利,承担承运人的义务。"从这一规定来看,多式联运经营人在多式联运合同中处于两种不同的地位:一是负责履行,二是组织履行。

在多式联运经营人负责履行的情况下,多式联运经营人直接从事运输活动,其具有双重身份:缔约承运人和实际承运人。在这种多式联运合同中,各个实际承运人虽为合同的一方当事人,但只有第一承运人代表其他承运人与托运人签订运输合同,其他承运人并不参与订立合同。

在多式联运经营人组织履行的情况下,多式联运经营人并不参加运输活动,而只是缔约承运人。在这种多式联运合同中,多式联运经营人与托运人是承揽运输合同关系,而多式联运经营人与实际承运人是运输合同关系。可见,在多式联运经营人不参加运输活动的多式联运合同中,多式联运就是承揽运输。

2.多式联运合同的特殊效力

(1)多式联运经营人应当签发多式联运单据。多式联运单据是指证明多式联运合同以及证明多式联运经营人接管货物并负责按照合同条款交付货物的单据。根据《民法典》第840条的规定,多式联运经营人收到托运人交付的货物时,应当签发多式联运单据。按照托运人的要求,多式联运单据可以是可转让单据,也可以是不可转让单据。

(2)多式联运经营人无论是负责履行还是组织履行多式联运合同,都对全程运输享有承运人的权利,承担承运人的义务。

(3)根据《民法典》第839条的规定,多式联运经营人可以与参加多式联运的各区段承运人就多式联运合同的各区段运输约定相互之间的责任,但该约定不影响多式联运经营人对全程运输承担的义务。

(4)根据《民法典》第841条的规定,因托运人托运货物时的过错造成多式联运经营人损失的,即使托运人已经转让多式联运单据,托运人仍然应当承担损害赔偿责任。

(5)根据《民法典》第842条的规定,货物的毁损、灭失发生于多式联运的某一运输区段的,多式联运经营人的赔偿责任和责任限额,适用调整该区段运输方式的有关法律规定;货物毁损、灭失发生的运输区段不能确定的,依照本章(指《民法典》第十九章"运输合同"——编者注)规定承担赔偿责任。

四、借款合同

(一)借款合同概述

1.借款合同的概念和特点

借款合同,是指借款人向贷款人借款,到期返还借款并支付利息的合同。其中向对方借款的一方称为借款人,出借钱款的一方称为贷款人。借款合同具有以下特点:

(1)借款合同的标的物为金钱。此处的金钱,又叫货币,应指现行通用的货币;假如是不通用的货币,只可作为古币而买卖,不得作为借款合同的标的物。

(2)借款合同为转移标的物所有权的合同。在借款合同关系中,贷款人要将货币交付给借用人占有,借款人取得钱款的占有,同时意味着取得了所有权,享有使用、收益、处分诸项权能。

(3)借款合同为返还同种类同数量金钱的合同。借款人处分了所借金钱,到期难以再返还原金钱,只好返还同种类同数量的金钱;在有偿借款合同场合尚须支付利息。

(4)借款合同一般为有偿合同。借款合同约定有利息的,为有偿合同;若未约定利息的,为无偿合同。

(5)借款合同为双务合同。贷款人将约定的借款交付给借款人,属于借款合同项下的给付;借款人到期偿还所借之款,甚至附加利息,亦为借款合同项下的给付义务。所以,借款合同属于双务合同。

(6)借款合同应当采用书面形式。但是自然人之间的借款另有约定的除外。

2.借款合同的种类

根据《民法典》及相关法律、法规的规定,借款合同主要分为银行借款合同和民间借款合同。

银行借款合同,又称为贷款合同或信贷合同,是银行等金融机构作为贷款人,将金钱出借给借款人使用,在合同期满后借款人返还借款并支付利息的合同。

民间借款合同,《民法典》称之为自然人之间的借款合同,是当事人尤其是贷款人为自然人的借款合同。

(二)借款合同的效力

1.贷款人的义务

(1)依约提供借款的义务。《民法典》第 671 条规定,贷款人未按照约定的日期、数额提供借款,造成借款人损失的,应当赔偿损失。《民法典》第 670 条规定,借款的利息不得预先在本金中扣除。利息预先在本金中扣除的,应当按照实际借款数额返还借款并计算利息。

(2)保密义务。贷款人对于基于借款合同所掌握的借款人的各项商业秘密,应尽到保密义务。

2.借款人的义务

(1)借款人按期收取借款的义务。根据《民法典》第 671 条第 2 款的规定,借款人应当按照合同约定的日期、数额收取借款,借款人未按照约定的日期、数额收取借款的,应当按照约定的日期、数额支付利息。

(2)接受贷款人检查、监督的义务。根据《民法典》第 672 条的规定,贷款人按照约定可以检查、监督借款的使用情况。借款人应当按照约定向贷款人定期提供有关财务会计报表等资料。

(3)借款人按照约定的用途使用借款的义务。根据《民法典》第 673 条的规定,借款人应当按照合同约定的用途使用借款。借款人未按照约定的借款用途使用借款的,贷款人可以停止发放借款、提前收回借款或者解除合同。

(4)借款人按期返还借款及利息的义务,包括:

①借款人应当按期返还借款。《民法典》第 675 条规定,借款人应当按照约定的期限返还借款。对借款期限没有约定或者约定不明确,依据本法第 510 条的规定仍不能确定的,借款人可以随时返还;贷款人可以催告借款人在合理期限内返还。《民法典》第 676 条规定,借款人未按照约定的期限返还借款的,应当按照约定或者国家有关规定支付逾期利息。《民法典》第 677 条规定,借款人提前偿还借款的,除当事人另有约定的以外,应当按照实际借款的期间计算利息。

②借款人应当按期支付借款利息。《民法典》第 674 条规定,借款人应当按照约定的期限支付利息。对支付利息的期限没有约定或者约定不明确,依据本法第 510 条的规定仍不能确定,借款期间不满一年的,应当在返还借款时一并支付;借款期间一年以上的,应当在每届满一年时支付,剩余期间不满一年的,应当在返还借款时一并支付。《民法

典》第 680 条规定,禁止高利放贷,借款的利率不得违反国家有关规定。借款合同对支付利息没有约定的,视为没有利息。借款合同对支付利息约定不明确,当事人不能达成补充协议的,按照当地或者当事人的交易方式、交易习惯、市场利率等因素确定利息;自然人之间借款的,视为没有利息。

(三)借款合同的终止

1.借款合同因期限届满时双方履行合同而终止

借款合同期限届满,双方当事人未约定对合同展期的,则合同终止,借款人应依约定将借款及利息返还给贷款人,借款合同因此而消灭。

2.借款合同因解除而终止

借款人未按照约定的借款用途使用借款的,贷款人可以解除合同。借款合同因贷款人的解除而终止。此外,合同终止的其他原因也适用于借款合同。

五、承揽合同

(一)承揽合同概述

1.承揽合同的概念和特点

根据《民法典》第 770 条的规定,承揽合同是承揽人按照定作人的要求完成工作,交付工作成果,定作人给付报酬的合同。其中,完成工作并交付工作成果的一方当事人为承揽人,接受工作成果并给付报酬的一方当事人为定作人。承揽合同具有以下特点:

(1)承揽合同以完成一定工作为目的。在承揽合同中,承揽人应当按照与定作人约定的标准和要求完成工作,定作人的主要目的是取得承揽人完成的工作成果。

(2)定作物的特定性。承揽合同多属个别商定的合同,定作物往往具有一定的特定性。无论定作物的最终成果以何种形式体现,它都必须符合定作人提出的特别要求,否则交付的工作成果就不合格。

(3)承揽合同为双务合同。承揽人负有完成工作并将工作成果交付定作人的义务,定作人负有向承揽人支付报酬的义务,且这两项义务立于对价关系,因此承揽合同是双务合同。

(4)承揽合同为诺成、不要式的合同。承揽合同因双方当事人意思表示一致即可成立,故为诺成合同。承揽合同无须采用特定的形式,因此为不要式合同。

2.承揽合同的分类

(1)加工合同。加工合同是承揽合同中很常见的一种,是指定作人向承揽人提供原材料,承揽人以自己的技能、设备和工作,为定作人进行加工,将其加工成符合定作人要求的成品并交付给定作人,定作人接受该成品并向承揽人支付报酬的合同。加工合同中原材料必须由定作人提供,而不能由承揽人自备。

(2)定作合同。定作合同是指依合同约定,由承揽人自己准备原料,并以自己的技术、设备和工作对该原料进行加工,按定作人的要求制成特定产品,将该产品交付给定作人,定作人接受该产品并向承揽人支付报酬的合同。定作合同与加工合同的区别在于原材料提供人的不同。

（3）修理合同。修理合同是指定作人将损坏的物品交给承揽人,由承揽人负责将损坏的物品以自己的技术、工作修理好后归还给定作人,定作人接受该工作成果并向承揽人支付报酬的合同。

（4）复制合同。复制合同是指承揽人依定作人的要求,将定作人提供的样品重新依样制作成若干份,定作人接受该复制品并向承揽人支付报酬的合同。承揽人依照定作人的不同要求可以采取不同的方式进行复制,如对文稿的复印、对画稿的临摹、对雕像的模仿塑造等。

（5）测试合同。测试合同是指承揽人依定作人的要求,以自己的技术、仪器设备以及自己的工作,对定作人指定的项目进行测试,并将测试结果交付给定作人,定作人接受其成果并向承揽人支付报酬的合同。

（6）检验合同。检验合同是指承揽人按照定作人的要求,对定作人提出需要检验的内容,以自己的设备、仪器、技术等进行检验,并向定作人提出关于该检验内容相关问题的结论,定作人接受这一结论并向承揽人支付报酬的合同。

（二）承揽合同的效力

1.承揽人的义务

（1）妥善保管定作人提供材料的义务

承揽合同的典型形态,即一般承揽,是由定作人提供材料。此类承揽合同又叫加工合同。围绕着定作人提供的材料,承揽人负有如下义务:

①妥善保管的义务。承揽人应当妥善保管定作人提供的材料以及完成的工作成果,因保管不善造成毁损、灭失的,应当承担损害赔偿责任。

②不得擅自更换材料的义务。根据《民法典》第775条的规定,承揽人不得擅自更换定作人提供的材料,不得更换不需要修理的零部件。

（2）通知义务

①根据《民法典》第775条的规定,对于定作人提供的材料,经检验发现不符合约定的,承揽人应当及时通知定作人更换、补齐或采取其他补救措施。

②根据《民法典》第776条的规定,对于定作人提供的图纸或技术要求,承揽人发现不合理的,应当及时通知定作人。

（3）承揽人自己提供材料的义务

有些承揽合同约定承揽人自己提供材料,此类承揽合同称作定作合同。定作合同中承揽人提供的材料亦应符合合同的约定。

（4）依法和依约完成承揽工作的义务

①承揽人应在合理期限内完成承揽工作。对开展和完成工作的期限有约定的,承揽人应当在约定的期限内完成工作。当事人对期限没有约定的,可由当事人双方协议补充;达不成补充协议的,按照交易习惯确定;没有交易习惯可以遵循的,定作人可请求承揽人即时开展工作,当然,要给承揽人必要的准备时间,所要求交付工作成果的时间也要合理。

②承揽人应以自己的设备、技术和劳力完成承揽工作。根据《民法典》第772条的规

定,承揽人应当以自己的设备、技术和劳力,完成主要工作,但当事人另有约定的除外。承揽人将其承揽的主要工作交由第三人完成的,应当就该第三人完成的工作成果向定作人负责;未经定作人同意的,定作人也可以解除合同。

根据《民法典》第773条的规定,承揽人可以将其承揽的辅助工作交由第三人完成。承揽人将其承揽的辅助工作交由第三人完成的,应当就该第三人完成的工作成果向定作人负责。

(5)接受定作人检验、监督的义务

根据《民法典》第779条的规定,承揽人在工作期间,应当接受定作人必要的监督检验。

(6)承揽人交付工作成果及必要的技术资料、质量证明的义务

根据《民法典》第780条的规定,承揽人完成工作的,应当向定作人交付工作成果,并提交必要的技术资料和有关质量证明。

(7)保密义务

根据《民法典》第785条的规定,承揽人应当按照定作人的要求保守秘密,未经定作人许可,不得留存复制品或者技术资料。

(8)物的瑕疵担保责任

根据《民法典》第781条的规定,承揽人交付的工作成果不符合质量要求的,定作人可以要求承揽人承担修理、重做、减少报酬、赔偿损失等违约责任。

(9)共同承揽人的连带责任

根据《民法典》第786条的规定,共同承揽人对定作人承担连带责任,但当事人另有约定的除外。此处所谓的"共同承揽人",应解释为对同一承揽事务负共同完成工作义务的多数人,即多数承揽人共同承揽同一工作且彼此之间无次承揽关系的情形,不包括次承揽关系中的承揽人和次承揽人,而仅指对定作人均负直接完成承揽工作义务的多数承揽人。此处所谓的"当事人另有约定的除外",其中的"当事人",应限于承揽人和定作人,而不包括承揽人为多数时其内部协议约定责任划分份额时各承揽人互为当事人的情形。共同承揽人关于责任划分的协议仅为其内部约定,不得对抗定作人,除非定作人参与制定并同意各承揽人的约定对自己有约束力。

(10)承揽人的留置权

根据《民法典》第783条的规定,定作人未向承揽人支付报酬或者材料费等价款的,承揽人对完成的工作成果享有留置权,但当事人另有约定的除外。

2.定作人的义务

(1)定作人向承揽人支付报酬的义务

根据《民法典》第782条的规定,定作人应当按照约定的期限支付报酬。对支付报酬的期限没有约定或者约定不明确,依据本法第510条的规定仍不能确定的,定作人应当在承揽人交付工作成果时支付;工作成果部分交付的,定作人应当相应支付。

(2)定作人的协助义务

根据《民法典》第778条的规定,承揽工作需要定作人协助的,定作人有协助的义务。

具体表现在如下方面：①依合同性质应由定作人提供材料的，定作人应当及时提供；②定作人自己提供设计图纸、技术要求或技术资料的，或定作人提供样品的，定作人均应及时、合理提供；③依承揽人的通知，定作人应履行的某些协助义务，如及时更换、补齐有瑕疵的材料或技术资料、图表设计等。

定作人不履行协助义务致使承揽工作不能完成的，承揽人可以催告定作人在合理期限内履行义务，并可以顺延履行期限；定作人逾期不履行的，承揽人可以解除合同。

（3）受领工作成果的义务

定作人在受领工作成果的同时，有义务对工作成果进行验收。但是验收本身并不能作为承揽人免除承担责任的理由。如工作成果依其性质在短期内难以发现瑕疵，或是工作成果存在隐蔽瑕疵的，定作人仍可于验收后的相当期限内请求承揽人承担责任。受领不能被认为是对于责任追究的放弃。

定作人如无正当理由受领迟延的，承揽人可请求其受领并支付相应的报酬和费用，包括违约金、保管费等。定作人并应承担因其受领迟延而发生的工作成果毁损、灭失的风险。

（三）承揽合同的终止

1.定作人的任意解除权

根据《民法典》第787条的规定，定作人可以随时解除承揽合同，造成承揽人损失的，应当赔偿损失。定作人任意解除权的行使，应当在承揽人完成工作成果之前。

2.承揽合同因当事人一方严重违约而解除

这种情况主要包括：

（1）承揽人未经定作人同意将承揽合同的主要工作转由第三人完成的。

（2）定作人未尽到协助义务，经承揽人通知仍不履行的。此外，符合《民法典》第563条有关合同法定解除权产生条件的规定时，当事人均可行使合同解除权，有损害存在的并可同时请求损害赔偿。

六、委托合同

（一）委托合同的概念和特点

委托合同，是指一方委托他方处理事务，他方允诺处理事务的合同。委托他方处理事务的，为委托人；允诺为他方处理事务的，为受托人。委托合同具有如下特点：

1.委托合同以委托人与受托人相互信任为基础

委托人之所以选定某人作为受托人为其处理事务，是以他对受托人的办事能力和信誉的了解、相信受托人能够处理好委托的事宜为基本出发点的。而受托人之所以接受委托，也是因为其愿意为委托人服务，有能够完成受托事务的自信，并基于对委托人的了解和信任。没有相互的信任和了解，委托合同难以成立。

2.委托合同的标的是处理委托事务

委托合同是提供劳务类合同，其标的是劳务，这种劳务体现为受托人为委托人处理委托事务。委托事务必须是委托人有权实施的，且不违反法律或者社会公共利益、社会公德的行为。

3.委托合同一般是受托人以委托人的名义和费用处理委托事务

受托人处理事务,除法律另有规定外,不是以自己的名义和费用,而是以委托人的名义和费用进行的。因此,委托合同的受托人处理受托事务的后果,直接归委托人承受。

4.委托合同可以是有偿的,也可以是无偿的

委托合同可以是有偿合同,也可以是无偿合同。委托合同是否有偿,由当事人双方约定。

5.委托合同为诺成合同

委托合同自双方达成一致的协议时即成立,不以物的交付或当事人实际履行行为作为合同成立的要件。因此,委托合同为诺成合同。

6.委托合同为不要式合同

委托合同采用何种形式,由当事人双方自行约定,因此,委托合同为不要式合同。

7.委托合同为双务合同

委托合同无论是否有偿,均为双务合同。在无偿的委托合同中,委托人虽没有支付报酬的义务,但其仍负有其他义务,如支付费用、接受委托事务的结果、赔偿损失等,这些义务与受托人的义务是相对应的。因此,委托合同为双务合同。

(二)委托合同的种类

1.特别委托和概括委托

根据受托人的权限范围,委托合同可以分为特别委托和概括委托。根据《民法典》第920条的规定,委托人可以特别委托受托人处理一项或者数项事务,也可以概括委托受托人处理一切事务。特别委托是指委托人特别委托受托人处理一项或数项事务的委托,概括委托是指委托人委托受托人处理一切事务的委托。

2.单独委托和共同委托

根据受托人的人数,委托合同可以分为单独委托和共同委托。单独委托是指受托人为一人的委托;共同委托是指受托人为两人以上的委托。根据《民法典》第932条的规定,两个以上的受托人共同处理委托事务的,对委托人承担连带责任。

3.直接委托和转委托

根据受托人产生的不同,委托合同可以分为直接委托和转委托。直接委托是指由委托人直接选任受托人的委托;转委托是指受托人为委托人再选任受托人的委托。受托人为委托人进行转委托,除紧急情况下受托人为维护委托人的利益而需要转委托的以外,应当征得委托人的同意。

(三)委托合同的效力

1.受托人的义务

(1)依照委托人的指示处理委托事务

根据《民法典》第922条的规定,受托人应当按照委托人的指示处理委托事务。需要变更委托人指示的,应当经委托人同意;因情况紧急,难以和委托人取得联系的,受托人应当妥善处理委托事务,但事后应当将该情况及时报告委托人。

根据《民法典》第929条的规定,有偿的委托合同,因受托人的过错给委托人造成损失的,委托人可以要求赔偿损失;无偿的委托合同,因受托人的故意或者重大过失给委托人造成损失的,委托人可以要求赔偿损失;受托人超越权限给委托人造成损失的,应当赔偿损失。

(2)受托人应当亲自办理受托事务

根据《民法典》第923条的规定,受托人应当亲自处理委托事务。经委托人同意,受托人可以转委托。转委托经同意的,委托人可以就委托事务直接指示转委托的第三人,受托人仅就第三人的选任及其对第三人的指示承担责任。转委托未经同意的,受托人应当对转委托的第三人的行为承担责任,但在紧急情况下受托人为维护委托人的利益需要转委托的除外。

(3)及时向委托人报告事务办理的情况

根据《民法典》第924条的规定,受托人应当按照委托人的要求,报告委托事务的处理情况。委托合同终止时,受托人应当报告委托事务的结果。

(4)将办理事务所得利益及时交给委托人

根据《民法典》第927条的规定,受托人处理委托事务取得的财产,应当转交给委托人。例如,受托人在办理委托事务中收取的金钱、物品及其孳息等财物,应交付委托人;受托人以委托人名义订立的合同,应及时交付委托人。

2.委托人的义务

(1)承受受托人在委托权限内处理委托事务的后果

受托人是以委托人的名义和费用为委托人处理委托事务的,因此,受托人在委托权限内处理事务的后果,均由委托人承受。

(2)支付处理委托事务的费用

根据《民法典》第921条的规定,委托人应当预付处理委托事务的费用。受托人为处理委托事务垫付的必要费用,委托人应当偿还该费用及其利息。

(3)有偿委托合同的委托人应向受托人支付报酬

根据《民法典》第928条的规定,受托人完成委托事务的,委托人应当向其支付报酬。因不可归责于受托人的事由,委托合同解除或者委托事务不能完成的,委托人应当向受托人支付相应的报酬。

(4)委托人的赔偿义务

根据《民法典》第930条的规定,受托人处理委托事务时,因不可归责于自己的事由受到损失的,可以向委托人要求赔偿损失。

根据《民法典》第931条的规定,委托人经受托人同意,可以在受托人之外委托第三人处理委托事务。因此给受托人造成损失的,受托人可以向委托人要求赔偿损失。

3.受托人以自己名义与第三人订立合同的效力

(1)受托人公开代理关系订立合同的效力

根据《民法典》第925条的规定,受托人以自己的名义,在委托人的授权范围内与第三人订立的合同,第三人在订立合同时知道受托人与委托人之间的代理关系的,该合同直接约束委托人和第三人,但有确切证据证明该合同只约束受托人和第三人的除外。

(2)受托人不公开代理关系订立合同的效力

根据《民法典》第 926 条的规定,受托人以自己的名义与第三人订立合同时,第三人不知道受托人与委托人之间的代理关系的,受托人因第三人的原因对委托人不履行义务,受托人应当向委托人披露第三人,委托人因此可以行使受托人对第三人的权利,但第三人与受托人订立合同时如果知道该委托人就不会订立合同的除外。受托人因委托人的原因对第三人不履行义务,受托人应当向第三人披露委托人,第三人因此可以选择受托人或者委托人作为相对人主张其权利,但第三人不得变更选定的相对人。委托人行使受托人对第三人的权利的,第三人可以向委托人主张其对受托人的抗辩。第三人选定委托人作为其相对人的,委托人可以向第三人主张其对受托人的抗辩以及受托人对第三人的抗辩。

(四)委托合同的终止

1.当事人一方解除合同

根据《民法典》第 933 条的规定,委托人或者受托人可以随时解除委托合同。因解除合同给对方造成损失的,除不可归责于该当事人的事由以外,应当赔偿损失。

2.当事人一方死亡、丧失民事行为能力或破产

根据《民法典》第 934 条的规定,委托人或者受托人死亡、丧失民事行为能力或者破产的,委托合同终止,但当事人另有约定或者根据委托事务的性质不宜终止的除外。

根据《民法典》第 935 条的规定,因委托人死亡、丧失民事行为能力或者破产,致使委托合同终止将损害委托人利益的,在委托人的继承人、法定代理人或者清算组织承受委托事务之前,受托人应当继续处理委托事务。

根据《民法典》第 936 条的规定,因受托人死亡、丧失民事行为能力或者破产,致使委托合同终止的,受托人的继承人、法定代理人或者清算组织应当及时通知委托人。因委托合同终止将损害委托人利益的,在委托人作出善后处理之前,受托人的继承人、法定代理人或者清算组织应当采取必要措施。

本章小结

合同是当事人设立、变更和终止民事权利义务的合意,是当事人意思一致的结果。合同法是市场经济的基本交易规则。本章以《民法典》中“合同编”为依据,系统、全面地介绍、阐述了合同法的基本理论,还重点介绍企业经营中常见的六类合同。通过系统的合同理论的学习,学生能够理解作为企业法务人员应当掌握的合同技能,学会草拟和修改企业经营合同,学会通过合同工具来解决企业经营过程中的合同事宜。

🔍 技能训练

1.草拟买卖合同

内容:A公司因生产国外订单需要向B公司采购面料,A公司对面料的质量标准按双方确认的样品且符合ISO 105标准;交货时间:2015年7月21日;付款时间为货到3个月内付款;交货地点和方式为:B公司送货至A公司仓库,运费由B公司承担。

要求:作为A公司的法务人员,草拟一份买卖合同。

目的:通过合同条款草拟,熟悉合同格式和具体条款,并学会从有利企业的角度出发,草拟合同条款。通过此训练,培养学生草拟合同的能力。

2.修改合同范本

内容:通过互联网各自下载自认为最完善的买卖合同、租赁合同的范本。

要求:对自己所下载的买卖合同、租赁合同进行修改,提出自己的书面修改意见。

目的:通过范本合同的修改,学生学会换位思考问题,从合同签订方的角度,学会修改合同。

第四章　企业担保法律实务

能力目标

1. 能够运用担保法律知识防范企业法律风险；
2. 能够应用担保法律知识为企业经营风险设定妥当的担保形式；
3. 能够运用担保法律知识处理企业担保法律纠纷。

知识目标

1. 理解各种担保形式的基本原理及其适用范围；
2. 掌握各种担保形式的设定及其实现。

案例导入

某年,福建某服装公司因业务发展需要向 A 商业银行贷款人民币 2500 万元,贷款期限为 12 个月,贷款利率为固定利率,以贷款放款日前一个工作日中国人民银行公布的人民币贷款基准利率计算,采用按月结息到期还本的方式归还贷款本息,双方签订了《借款合同》。为保障银行贷款的安全,服装公司还将其全部厂房抵押给银行,厂房评估价为3000 万元,双方签订了《抵押合同》并办理抵押登记。同时银行经办人员还要求服装公司的法定代表人陈某及其配偶张某为上述贷款提供个人担保,各方又签订了《最高额保证合同》。银行依约放款后,服装公司因经营不善无法偿还银行贷款本息,银行为此向法院提起诉讼,要求服装公司归还贷款本息,并就厂房拍卖、变卖所得要求优先受偿,陈某与张某对上述债务承担连带清偿责任。本案经法院审理后,作出判决,支持了银行的全部诉讼请求。银行申请强制执行后,厂房拍卖所得共计 1500 万元,陈某个人银行账户余额为 100 万元被划扣,张某名下的别墅拍卖所得 1500 万元,银行的全部债权最终得以全部实现。

案例思考:本案中,银行在放贷时充分利用了多种担保方式,最终保证银行的贷款得以保全。若你作为企业的法务人员,在企业进行经营活动签订各种合同时,是否可以考虑在合同之外采取某些担保方式呢?

第一节　担保概述

◇ **目标提示**

通过本节的学习,认识担保在经济活动中的作用。

◇ **学习内容**

1.担保概念及法律特征;

2.我国担保的类型。

◇ **重要知识**

担保是指依照法律规定或者按照当事人的约定,为促使债务人履行债务,保障债权人债权的实现而设定的法律措施。

一、担保概述

(一)担保的概念

担保是指依照法律规定或者按照当事人约定,为促使债务人履行债务,保障债权人债权的实现而设定的法律措施。担保可分为一般担保和特殊担保两种。一般担保是指债务人以其自身的财产作为履行债务、承担责任的担保。为实现个别债权在与其他债权的比较中获得优先的权利,必须保证对债权人的责任财产有独特的优先于其他债权人的权利,其基本方法便是在一般担保的基础上设定特殊的担保。《民法典》所规定的担保形式就属于特殊担保的范畴,具体包括保证、抵押、质押、留置和定金五种。

(二)担保的特征

担保具有以下特征:

(1)从属性。担保的从属性是指债的担保依附于债权债务关系而发生和存在。债权债务关系不成立、无效或者被撤销时,担保因失去依附而归于消灭;债权债务关系因清偿等原因而消灭的,担保也随之消灭;在附条件或期限的债权债务中,债的关系未发生效力时,担保也不发生效力。

(2)补充性。担保的补充性是指担保只有在其所担保的债务不履行或者不能履行时,债权人才可以行使担保权利。

(3)相对独立性。担保的相对独立性是指担保关系与其所担保的主债有别。首先,债的担保的成立,须有当事人的合意,或者依照法律的规定发生,与被担保主债分属于两个不同的法律关系;其次,担保的范围也不必与所担保主债的范围完全一致;最后,债的担保有其自己的成立要件和消灭原因。

二、担保类型

(一)人的担保、物的担保、金钱担保

根据担保标的的不同,可以将其分为人的担保、物的担保和金钱担保。人的担保是指第三人以自己的财产或信用为他人债务提供的担保。保证属于较典型的人的担保,作为保证人的第三人与债权人约定,当债务人不履行债务时,由自己代为履行。物的担保是以债务人或其他人的特定财产作为抵偿债权的标的,在债务人不履行其债务时,债权人可以将该财产折价,从中优先获得清偿。其主要方式包括抵押、质押和留置。金钱担保是指在债务以外有支付一定数额的保证债权的实现,其主要方式是定金。

(二)约定担保与法定担保

根据担保设定的依据来划分,可以将债的担保划分为约定担保与法定担保。约定担保是指当事人为保障债权的实现而自愿设定的担保,如保证、抵押、质押、定金等。法定担保是指法律为特别保护某种债权而直接规定的担保,如留置。

三、担保法律关系

(一)主体

担保法律关系的主体包括接受担保的一方和提供担保的一方。

在担保借款合同中,接受担保的一方是贷款人。

在担保借款合同中,提供担保的一方,在保证担保中,只能是第三人,在抵押和质押担保中,既可以是借款人,也可以是第三人。

(二)客体

担保法律关系的客体,是指担保合同双方当事人权利义务所指向的对象。在保证担保中,客体是行为;在抵押担保中,客体是抵押财产,包括动产和不动产,以及不动产上的权利,如土地使用权;在质押担保中,客体既可以是法律允许流通的动产,也可以是无形的财产权利,如依法可以转让的债权、股票、股份,商标专用权、专利权、著作权中的财产权。

(三)内容

担保法律关系的内容,是指担保合同双方当事人之间的权利义务关系。因担保方式不同,权利义务的内容也不尽相同。我国《民法典》对此作了明确的规定。

第二节　保　证

◇ 目标提示

通过本节的学习,认识保证的法律制度,懂得利用保证方式。

◇ 学习内容

1.保证概念、分类；

2.保证人、保证合同及保证责任等保证法律制度内容。

◇ 重要知识

保证是指保证人和债权人约定，当债务人不履行债务时，保证人按照约定履行债务或者承担责任的担保方式。

一、保证概述

(一)保证的概念

保证是指保证人和债权人约定，当债务人不履行债务时，保证人按照约定履行债务或者承担责任的担保方式。

(二)保证的分类

1.一般保证与连带责任保证

从保证人与债务人如何共同对债权人承担责任的角度，可以将保证分为一般保证与连带责任保证。

(1)一般保证。当事人在保证合同中约定，债务人不能履行债务时，由保证人承担保证责任的，为一般保证。一般保证的保证人对债权人享有先诉抗辩权，即保证人在主合同纠纷未经审判或裁决，并就债务人财产依法强制执行仍不能清偿债务前，对债权人可拒绝承担保证责任。但《民法典》规定有下列情况之一的，保证人不得主张先诉抗辩权：①债务人下落不明，且无财产可供执行；②人民法院已经受理债务人破产案件；③债权人有证据证明债务人的财产不足以履行全部债务或者丧失履行债务能力；④保证人书面表示放弃本款规定的权利。

(2)连带责任保证。当事人在保证合同中约定保证人与债务人对债务承担连带责任的，为连带责任保证。对于连带责任保证，保证人不享有先诉抗辩权，只要债务人在主合同中规定的债务履行期限届满时没有履行债务，债权人可以直接要求保证人在其保证范围内承担保证责任。这是连带责任保证与一般保证最为重大的区别。可见，保证人在连带责任保证中承担的责任更重一些。

《民法典》第 686 条规定，当事人在保证合同中对保证方式有约定的从约定，没有约定或者约定不明确的，按照一般保证承担保证责任。

2.单独保证和共同保证

从保证人数量的角度，可以将保证分为单独保证和共同保证。只有一个保证人的保证为单独保证，有两个以上保证人的保证为共同保证。共同保证人之间可以按份也可以连带承担责任。其中，各保证人与债权人约定保证份额的，为按份共同保证；各保证人与债权人没有约定保证份额的，为连带共同保证。

3.将来债务的保证与既存债务的保证

从保证与被担保债务之间的关系考察，可以将保证分为既存债务的保证与将来债务的保证。既存债务的保证为保证的常态；但是为了更好地发挥保证的担保功能，《民法典》也承认了最高额保证,即为将来存在的债务设定保证,此为保证的例外形态。

二、保证人

保证人,是指在保证法律关系中保证的人,通常是具有代为清偿债务能力的法人、其他组织或者公民。

但《民法典》对此也作出了例外性规定:①国家机关不得为保证人,但经国务院批准为使用外国政府或者国际经济组织贷款进行转贷的除外;②以公益为目的的非营利法人、非法人组织不得为保证人。

三、保证合同

(一)保证合同的形式

保证人与债权人应当以书面形式订立保证合同。在形式上,既可以在被担保的合同之外单独订立保证合同,也可以由保证人在被担保合同中的担保条款上签字确认。

(二)保证合同的内容

保证合同应当包括以下内容:

(1)被保证的主债权种类、数额。

(2)债务人履行债务的期限。

(3)保证的方式。包括一般保证和连带责任保证。当事人在保证合同中对保证方式有约定的从约定,没有约定或者约定不明确的,按照一般保证承担保证责任。

(4)保证担保的范围。《民法典》规定,保证担保的范围包括主债权及利息、违约金、损害赔偿金和实现债权的费用。保证合同另有约定的,按照约定。

(5)保证担保的期间。保证期间是指当事人约定或法律规定的保证人承担保证责任的时间期限。保证期间可以由当事人在保证合同中自由约定,当事人没有约定或者约定不明的,则依法定。

一般保证的保证人与债权人未约定保证期间的,保证期间为主债务履行期届满之日起 6 个月。在合同约定的保证期间和法定的保证期间内,债权人未对债务人提起诉讼或者申请仲裁的,保证人免除保证责任;债权人已提起诉讼或者申请仲裁的,保证期间适用诉讼时效中断的规定。

连带责任保证的保证人与债权人未约定保证期间的,债权人有权自主债务履行期届满之日起 6 个月内要求保证人承担保证责任。在合同约定的保证期间和前款规定的保证期间,债权人未要求保证人承担保证责任的,保证人免除保证责任。

(6)双方认为需要约定的其他事项。

四、保证责任

(一)保证范围

《民法典》第 691 条规定:"保证担保的范围包括主债权及利息、违约金、损害赔偿金和实现债权的费用。当事人另有约定的,按照其约定。"保证合同对保证担保的责任范围有约定的,按照约定执行;如果没有约定或约定不明确的,保证人应当按照《民法典》规定对全部债权承担责任。

(二)债权债务转让和主合同变更时保证人的责任

保证期间,债权人依法将主债权转让给第三人的,应通知保证人,保证债权同时转让,保证人在原保证担保的范围内对受让人承担保证责任。但是保证人与债权人事先约定仅对特定的债权人承担保证责任或者禁止债权转让的,保证人不再承担保证责任。

保证期间,债权人许可债务人转让债务的,应当取得保证人书面同意,未经保证人书面同意的,保证人不再承担保证责任;对于债权人许可债务人转让部分债务未经保证人书面同意的,保证人对未经其同意转让部分的债务,不再承担保证责任。但是,保证人仍应当对未转让部分的债务承担保证责任。

保证期间,债权人与债务人对主合同数量、价款、币种、利率等内容作了变动,未经保证人同意的,如果减轻债务人的债务的,保证人仍应当对变更后的合同承担保证责任;如果加重债务人的债务的,保证人对加重的部分不承担保证责任。债权人与债务人对主合同履行期限作了变动,未经保证人书面同意的,保证期间为原合同约定的或者法律规定的期间。债权人与债务人协议变动主合同内容,但并未实际履行的,保证人仍应当承担保证责任。

上述情况,如果保证合同中另有约定的,保证人按照约定承担责任。

(三)保证期间

保证期间,是指当事人约定的或法律规定的保证人承担保证责任的时间期限。保证人与债权人约定保证期间的,按照约定执行;保证人与债权人未约定保证期间的,保证期间为主债务履行期限届满之日起 6 个月;主合同对主债务履行期限没有约定或者约定不明的,保证期间自债权人要求债务人履行义务的宽限期届满之日起计算。

(四)《民法典》中关于保证责任的其他规定

(1)同一债务有两个以上保证人的,保证人应当按照保证合同约定的保证份额,承担保证责任;没有约定保证份额的,债权人可以请求任何一个保证人在其保证范围内承担保证责任。

(2)保证人承担保证责任后,除当事人另有约定外,有权在其承担保证责任的范围内向债务人追偿,享有债权人对债务人的权利,但是不得损害债权人的利益。

(3)保证人可以主张债务人对债权人的抗辩。债务人放弃抗辩的,保证人仍有权向债权人主张抗辩。

(4)债务人对债权人享有抵销权或者撤销权的,保证人可以在相应范围内拒绝承担保证责任。

第三节　抵　押

❖ **目标提示**

通过本节的学习,认识抵押法律制度,懂得利用抵押方式进行担保。

❖ **学习内容**

1.抵押概念;

2.抵押物的限制、抵押合同及抵押登记等抵押法律制度内容。

❖ **重要知识**

抵押,是指债务人或者第三人不转移对财产的占有,而将该财产作为债权的担保,当债务人不履行债务时,债权人有权依法以该财产折价或者以拍卖、变卖该财产的价款优先受偿的法律制度。

一、抵押概述

抵押,是指债务人或者第三人不转移对财产的占有,而将该财产作为债权的担保,当债务人不履行债务时,债权人有权依法以该财产折价或者以拍卖、变卖该财产的价款优先受偿的法律制度。在抵押中,提供担保的财产为抵押物;提供抵押物的债务人或第三人为抵押人;债权人为抵押权人。

二、抵押物

抵押人只能以法律规定可以抵押的财产提供担保,根据《民法典》的规定,下列财产可以抵押:

(1)建筑物和其他土地附着物;

(2)建设用地使用权;

(3)海域使用权;

(4)生产设备、原材料、半成品、产品;

(5)正在建造的建筑物、船舶、航空器;

(6)交通运输工具;

(7)法律、行政法规未禁止抵押的其他财产。

抵押人可以将上述所列财产一并抵押。

但是,下列财产不得抵押:

(1)土地所有权;

(2)宅基地、自留地、自留山等集体所有土地的使用权,但是法律规定可以抵押的除外;

(3)学校、幼儿园、医疗机构等为公益目的成立的非营利法人的教育设施、医疗卫生

设施和其他公益设施;

(4)所有权、使用权不明或者有争议的财产;

(5)依法被查封、扣押、监管的财产;

(6)法律、行政法规规定不得抵押的其他财产。

三、抵押合同与抵押登记

(一)抵押合同

抵押合同是抵押人与抵押权人就抵押事宜签订的合同,抵押人与抵押权人应当以书面形式订立抵押合同。抵押合同应当包含以下内容:

(1)被担保的主债权种类、数额;

(2)债务人履行债务的期限;

(3)抵押物的名称、数量、质量、状况、所在地、所有权权属或者使用权权属;

(4)抵押担保的范围;

(5)当事人认为需要约定的其他事项。

(6)抵押合同不具备上述内容的,可以补正。抵押合同对被担保的主债权种类、抵押财产没有约定或者约定不明,根据主合同和抵押合同不能补正或者无法推定的,抵押不成立。

订立抵押合同时,抵押权人和抵押人在合同中不得约定在债务履行期届满抵押权人未受清偿时,抵押物的所有权转移为债权人所有。

(二)抵押物登记

当事人以下列财产抵押的,应当办理抵押物登记,抵押权自登记之日起生效。

(1)建筑物和其他土地附着物;

(2)建设用地使用权;

(3)海域使用权;

(4)正在建造的建筑物、船舶、航空器。

当事人以其他财产设定抵押的,可以自愿办理抵押物登记。

以动产抵押的,抵押权自抵押合同生效时设立;未经登记,不得对抗善意第三人。

四、抵押的效力

(一)抵押人的权利

1.抵押财产的使用、收益权

抵押不转移占有,在抵押存续期间抵押财产产生的孳息由抵押人收取。但是债务履行期届满,债务人不履行到期债务或者发生当事人约定的实现抵押权的情形,致使抵押财产被人民法院依法扣押的,自扣押之日起抵押权人有权收取该抵押财产的天然孳息或者法定孳息。

2.抵押人的处分权

抵押人在设定抵押后,除了对抵押财产进行有益的保存、改良外,不得对抵押财产进

行事实上的处分,其处分权主要表现在法律上的处分:

(1)重复抵押的权利。抵押人可就同一抵押财产重复设置抵押,而不是局限于余额抵押。同一抵押财产向两个以上债权人抵押的,拍卖、变卖抵押财产所得价款依照以下顺序清偿:①抵押权已登记的,按照登记的先后顺序清偿;顺序相同的,按照债权比例清偿。②抵押权已登记的先于未登记的受偿。③抵押权未登记的,按照债权比例清偿。

(2)抵押财产的转让。抵押期间,抵押人转让抵押财产应遵循抵押权人同意原则,抵押人经抵押权人同意转让抵押财产的,应当将转让所得的价款向抵押权人提前清偿债务或提存。转让的价款超过债权数额的部分归抵押人所有,不足部分由债务人清偿。

(3)抵押财产的出租。此处抵押财产的出租应专指抵押权设立后抵押财产出租的情形,该租赁关系不得对抗已登记的抵押权。订立抵押合同前抵押财产已出租的,原租赁关系不受该抵押权的影响。

(二)抵押权人的权利

1.抵押财产的保全

抵押人的行为足以使抵押财产价值减少的,抵押权人有权要求抵押人停止其行为。抵押财产价值减少的,抵押权人有权要求恢复抵押财产的价值,或者提供与减少的价值相应的担保。抵押人不恢复抵押财产的价值也不提供担保的,抵押权人有权要求债务人提前清偿债务。

2.抵押权的处分

(1)抵押权的转让。抵押权应随主债权一并转让,不得与债权分离而单独转让或者作为其他债权的担保。债权转让的,担保该债权的抵押权一并转让,但法律另有规定或者当事人另有约定的除外。

(2)抵押权的抛弃和抵押权顺位的变更。抵押权人可以放弃抵押权或者抵押权的顺位。抵押权人与抵押人可以协议变更抵押权顺位以及被担保的债权数额等内容,但抵押权的变更,未经其他抵押权人书面同意,不得对其他抵押权人产生不利影响。

3.优先受偿权

优先受偿权是抵押权作为担保物权的实质内容,是指当债务人不履行到期债务或者发生当事人约定的实现抵押权的事由时,抵押权人有权从抵押财产的变价中优先受偿。

五、抵押权的实现

(一)抵押权实现的条件

抵押权的实现要满足下列条件:

(1)抵押权有效存在;

(2)债务人不履行到期债务或者发生当事人约定的实现抵押权的情形;

(3)未超过法定期间。

(二)抵押权实现的途径

债务履行期限届满,抵押权人未受清偿的,可以与抵押人协议以抵押物折价或者拍卖、变卖该抵押物所得的价款受偿;协议不成的,抵押权人可以向人民法院提起诉讼。抵押物折价或者拍卖、变卖后,其价款超过债权数额的部分归抵押人所有,不足部分由债务人清偿。

(三)抵押权的实现

同一财产向两个以上债权人抵押的,拍卖、变卖抵押物所得的价款按照以下规定清偿:

(1)抵押权自登记之日起生效的,拍卖、变卖抵押物所得的价款按照抵押物登记的先后顺序清偿;顺序相同的,按照债权比例清偿。

(2)抵押权自签订之日起生效的,该抵押物已经登记的,按照上述原则清偿;未登记的,按照合同生效时间的先后顺序清偿;顺序相同的,按照债权比例清偿。同日登记的(含在不同的法定登记部门登记的),视为顺序相同。抵押物已登记的先于未登记的受偿。

(3)对于动产抵押,同一动产向两个以上债权人抵押的,当事人未办理抵押物登记,实现抵押权时,各抵押权人按照债权比例受偿。

(4)同一财产既设立抵押权又设立质权的,拍卖、变卖该财产所得的价款按照登记、交付的时间先后确定清偿顺序。

(5)建设用地使用权抵押后,该土地上新增的建筑物不属于抵押财产。该建设用地使用权实现抵押权时,应当将该土地上新增的建筑物与建设用地使用权一并处分。但是,新增建筑物所得的价款,抵押权人无权优先受偿。

第四节　质　押

◇ **目标提示**

通过本节的学习,认识质押法律制度,懂得利用质押方式进行担保。

◇ **学习内容**

1.质押概念;

2.动产质押和权利质押等质押法律制度内容。

◇ **重要知识**

质押是指债务人或第三人将其特定财产移交给债权人占有、作为债权的担保,在债务人不履行债务时,债权人有权依法以该财产折价或拍卖、变卖该财产的价金优先受偿的法律制度。

一、质押概述

(一)质押的概念

质押是指债务人或第三人将其特定财产移交给债权人占有、作为债权的担保,在债务人不履行债务时,债权人有权依法以该财产折价或拍卖、变卖该财产的价金优先受偿的法律制度。

被质押的财产称为质物,提供财产的人称为出质人,享有质权的人称为质权人。质押担保应当签订书面合同,质押合同自质物或质权移交于质权人占有时生效。质押合同的内容与抵押合同的内容基本相同。

(二)质押的特征

(1)具有一切担保物权具有的共同特征——从属性、不可分性和物上代位性。

(2)质权的标的是动产和可转让的权利,不动产不能设定质权。质权因此分为动产质权和权利质权。

金钱经特定化后也可以出质:债务人或者第三人将其金钱以特户、封金、保证金等形式特定化后,移交债权人占有作为债权的担保,债务人不履行债务时,债权人可以以该金钱优先受偿。

(3)质权是移转质物的占有的担保物权,质权以占有标的物为成立要件。

二、动产质押

(一)动产质押的概念

动产质押是指债务人或者第三人将其动产移交债权人占有,将该动产作为债权的担保。债务人不履行债务时,债权人有权以该动产折价或者以拍卖、变卖该动产的价款优先受偿。债务人或者第三人为出质人,债权人为质权人,移交的动产为质物。

(二)动产质押的特点

动产质押是质押的一般形式。动产质押的核心内容是债权人的质权。动产质押有以下特点:

(1)动产质押的质物必须是动产,不动产不得出质;

(2)出质人可以是第三人,也可以是债务人本人;

(3)质物必须转移于债权人占有,质权才设立;

(4)质权人对质物有优先受偿的权利。

(三)动产质押的设定

设定动产质押,出质人和质权人应当以书面形式订立质押合同。

1.质押合同的内容

质押合同的内容应当包括如下条款:被担保的主债权种类、数额;债务人履行债务的期限;质物的名称、数量、质量、状况;质押担保的范围;质物移交的时间;当事人认为需要认定的其他事项。质押合同不完全具备上述内容时,当事人可以事后补正,不能宣告合同无效。

2.动产质权的设立

质权自质物移交给质权人占有时设立。因此,只有出质人将出质的动产移交以债权人占有,债权人才能取得质权。在质押期间,质权人也必须控制质押物的占有。对于动产质押中标的物移转占有,要注意以下几点:

(1)质押合同中约定的出质财产与实际移交的财产不一致的,以实际交付占有的财产为准。

（2）动产质押的效力及于质物的从物，但从物未随同质物移交的，质权的效力不及于从物。

（3）除合同另有约定，质权人有权收取质物所生的孳息。

（4）质权人在质权存续期间，未经出质人同意，擅自使用、处分、出租质物，因此给出质人造成损失的，应承担赔偿责任。

（5）质权人在质权存续期间，为担保自己的债务，经出质人同意，以其所占有的质物为第三人设定质权的，应当在原质权所担保的债权范围之内，超过的部分不具有优先受偿的效力。转质权的效力优于原质权。

（6）债务人或者第三人未按质押合同约定的时间移交质物的，质权不成立，由此给质权人造成损失的，出质人应当根据其过错承担赔偿责任。

三、权利质押

(一)权利质押的概念

权利质押是指债务人或第三人以可让与的权利作为质押，保证质权人实现债权的一种担保方式。下列权利可以质押：

（1）汇票、支票、本票；

（2）债券、存款单；

（3）仓单、提单；

（4）可以转让的基金份额、股权；

（5）可以转让的注册商标专用权、专利权、著作权等知识产权中的财产权；

（6）现有的以及将有的应收账款；

（7）法律、行政法规规定可以出质的其他财产权利。

(二)质权设定应遵循的原则

1.有价证券质权应遵循的原则

以汇票、支票、本票、债券、存款单、仓单、提单出质的，当事人应当订立书面合同。质权自权利凭证交付质权人时设立；没有权利凭证的，质权自有关部门办理出质登记时设立。有价证券兑现日期或者提货日期先于主债权到期的，质权人可以兑现或者提货，并与出质人协议将兑现的价款或者提取的货物提前清偿债务或者提存；兑现日期或者提货日期后于主债权到期的，质权人可以将有价证券变价或者等日期届至再兑现款项或者提取货物以为受偿。

2.股权、基金份额质权应遵循的原则

以基金份额、股权出质的，当事人应当订立书面合同。以基金份额、证券登记结算机构登记的股权出质的，质权自证券登记结算机构办理出质登记时设立。基金份额、股权出质后，不得转让，但经出质人与质权人协商同意的除外。出质人转让基金份额、股权所得的价款，应当向质权人提前清偿债务或者提存。

3.知识产权质权应遵循的原则

以注册商标专用权、专利权、著作权等知识产权中的财产权出质的,当事人应当订立书面合同。质权自有关主管部门办理出质登记时设立。知识产权中的财产权出质后,出质人不得转让或者许可他人使用,但经出质人与质权人协商同意的除外。出质人转让或者许可他人使用出质的知识产权中的财产权所得的价款,应当向质权人提前清偿债务或者提存。

4.应收账款质权应遵循的原则

以应收账款出质的,当事人应当订立书面合同。质权自信贷征信机构办理出质登记时设立。应收账款出质后,不得转让,但经出质人与质权人协商同意的除外。出质人转让应收账款所得的价款应当向质权人提前清偿债务或者提存。

第五节　留　置

◇ **目标提示**

通过本节学习,认识留置法律制度,懂得利用留置方式实现债权。

◇ **学习内容**

1.留置概念、成立条件;
2.留置权的实现等法律制度内容。

◇ **重要知识**

留置,是指债权人按照合同约定占有债务人的动产,债务人不按照合同约定的期限履行债务,债权人有权留置该财产,以该财产折价或者以拍卖、变卖该财产的价款优先受偿的法律制度。

一、留置概念

留置,是指债权人按照合同约定占有债务人的动产,债务人不按照合同约定的期限履行债务,债权人有权留置该财产,以该财产折价或者以拍卖、变卖该财产的价款优先受偿的法律制度。

留置权,是指债务人不履行到期债务时,债权人得留置其已经合法占有的债务人的动产,并在一定条件下就该动产优先受偿的权利。在留置法律关系中,债权人所享有的权利为留置权,债权人因对留置权的享有而成为留置权人。留置权之存在不局限于保管、运输、承揽等合同关系,而在合同、无因管理、不当得利等法律关系中均有适用之余地。留置权具有如下特点:

(1)属于法定担保。留置权乃因法律规定而产生,并非如抵押权、质权需通过合同而得以设立。但法律规定或者当事人约定不得留置的动产,不得留置。

(2)留置权为动产物权。不得以不动产、财产权利或者人身权为客体设立留置权。

(3)留置权为占有担保物权。留置权以权利人占有留置物为前提,倘若权利人因某种原因已丧失对留置物之占有,则留置权消灭。

二、留置权成立的要件

留置权作为一种法定的担保物权,无须当事人约定,但必须符合法定的构成要件方可成立。根据《民法典》的规定,留置权应具备的成立要件主要有以下几点:

(1)债权人与债务人之间有法定的可以产生留置权的合同关系,如保管合同、运输合同、加工承揽合同等法律规定可以留置的合同。但是,当事人在合同中约定排除留置权,债务履行期届满,债权人行使留置权的,人民法院不予支持。当事人也可以在合同中约定不得留置的物。

(2)债权的清偿期已到而债务人未履行债务。

(3)债权人基于合同约定而合法占有债务人的动产。非法强占债务人的财产的,不能构成留置权。

(4)债权与财产的占有存在牵连关系,即只有在债权人的债权和债务人的债务都是因债权人取得占有的同一合同发生时,才可以行使留置权。但是企业之间留置的除外。

三、留置权的实现

留置担保的范围包括主债权及利息、违约金、损害赔偿金、留置物保管费用和实现留置权的费用。

债权人与债务人应当在合同中约定,债权人留置财产后,债务人应当在不少于 2 个月的期限内履行债务。债权人与债务人在合同中未约定的,债权人留置债务人财产后,应当确定 2 个月以上的期限,通知债务人在该期限内履行债务。债务人逾期仍不履行的,债权人可以与债务人协议以留置物折价清偿债务,也可以依法拍卖、变卖留置物清偿债务。

第六节 定 金

◇ **目标提示**

通过本节的学习,认识定金法律制度,懂得利用定金方式保证合同履行。

◇ **学习内容**

定金概念及定金罚则。

◇ **重要知识**

定金是当事人在合同订立时或者债务履行之前,为担保合同的履行,由一方向另一方支付的一定数额的货币。

一、定金概述

(一)定金的概念

定金是当事人在合同订立时或者债务履行之前,为担保合同的履行,由一方向另一方支付的一定数额的货币。

(二)定金的特征

(1)定金具有从属性。定金随着合同的存在而存在,随着合同的消灭而消灭。

(2)定金的成立具有实践性。定金是由合同当事人约定的,但只有当事人关于定金的约定,而无定金的实际交付,定金担保并不能成立。只有合同当事人将定金实际交付给对方,定金才能成立。

(3)定金具有预先支付性。定金只有在合同成立后,未履行前交付,才能起到担保的作用,因此定金具有预先支付性。

(4)定金具有双重担保性。即定金同时担保合同双方当事人的债权:交付定金的一方不履行债务的,丧失定金;而收受定金的一方不履行债务的,则应双倍返还定金。

二、定金合同

定金应当以书面形式约定,当事人在定金合同中应当约定交付定金的期限。定金合同从实际交付定金之日起生效。定金合同除了应当具备一般合同的生效要件外,还须具备以下条件:

(1)定金合同应当采取书面形式。

(2)主合同的有效是定金合同生效的前提。主合同无效或被撤销,定金合同就不能生效。

(3)定金合同的生效以定金的实际交付为要件。而且,实际交付的定金数额多于或者少于约定数额的,视为变更定金合同;收受定金的一方提出异议并拒绝接受定金的,定金合同不生效。

(4)定金的数额应当在法律规定的范围内。定金的数额由当事人约定,但是不得超过合同标的额的 20%,超过的部分不产生定金的效力。

三、定金罚则

债务人履行债务的,定金应当抵作价款或者收回。给付定金的一方不履行债务或者履行债务不符合约定,致使不能实现合同目的的,无权请求返还定金;收受定金的一方不履行债务或者履行债务不符合约定,致使不能实现合同目的的,应当双倍返还定金。

当事人既约定违约金,又约定定金的,一方违约时,对方可以选择适用违约金或者定金条款。

定金不足以弥补一方违约造成的损失的,对方可以请求赔偿超过定金数额的损失。

本章小结

　　本章介绍了担保法律制度的概况,结合我国《民法典》中"物权编"、"合同编"及相关司法解释,详细讲解了保证、抵押、质押、留置和定金这五种担保方式的具体制度规定。通过本章的学习,学生能够掌握处理企业担保法律事务的能力,帮助企业加强担保法律风险的控制能力。

技能训练

　　内容:搜集和分析典型担保案例。

　　要求:每位学生就每种具体的担保方式搜集一个案例,并对搜集到的案例进行分析,说出自己的感想。

　　目的:通过搜集现实生活中的担保案例,学生能够充分理解担保对于企业经营的重要性,并培养其利用担保方式解决问题的能力。

第五章　企业工业产权法律实务

能力目标

能运用相关知识分析和解决生活中侵犯商标权、专利权的法律问题。

知识目标

1.掌握商标权的内容、商标注册的原则；专利权的内容与归属、专利的申请原则与取得条件；商标权与专利权的保护。

2.熟悉注册商标和发明创造的概念与类型、专利权取得后的责任。

3.了解注册商标和专利的无效、撤销和终止，商标注册和专利取得的程序。

案例导入

2014年11月1日，A公司的退休职工李某在退休后6个月内完成了一项发明创造，A公司向李某提出该发明专利的权利属于A公司，李某表示同意。2015年2月1日，A公司向国务院专利行政部门提出发明专利的书面申请。专利行政部门经初步审查后于2016年8月1日公布。2017年11月1日，专利行政部门根据A公司的请求，对该发明专利进行实质审查后，于2018年2月1日作出授予A公司发明专利的决定，并于同日予以登记和公告。

2018年5月20日，A公司对B公司、C公司、D公司分别提起专利侵权诉讼，人民法院在审理过程中查明以下情况：

(1)B公司于2017年4月1日开始，未经A公司许可多次使用A公司的该项发明，获利120万元。2017年12月15日A公司得知后要求B公司支付使用费时遭到拒绝。

(2)2018年4月1日，A公司得知C公司在未经许可的情况下，于2018年2月1日在与某公司的买卖合同中使用A公司的专利号，非法获利200万元。

(3)D公司在2015年2月1日前已经使用相同的方法，并在原有范围内继续使用该方法。

案例思考：

(1)A公司是否属于该发明的专利权人？为什么？

(2)A公司该发明专利权的保护期限为多长？从何时计算？

(3)B、C、D 公司的行为是否属于专利侵权？如构成侵权，A 公司可以获得多少赔偿？

第一节　商标法律实务

◇ **目标提示**

通过本节的学习，掌握商标权的取得和保护。

◇ **学习内容**

1.商标法立法概况；

2.商标权的取得和保护。

◇ **重要知识**

注册商标是指商标所有人向国家商标局提出商标注册申请并获得核准的标志。

一、商标法立法概况

商标法是为了加强商标管理，保护商标专用权，促使生产者、经营者保证商品和服务质量，维护商标信誉，以保障消费者和生产者、经营者的利益，促进社会主义市场经济的发展而制定的。

《中华人民共和国商标法》于 1982 年 8 月 23 日经第五届全国人民代表大会常务委员会第 24 次会议通过，自 1983 年 3 月 1 日起施行。根据 1993 年 2 月 22 日第七届全国人民代表大会常务委员会第 30 次会议《关于修改〈中华人民共和国商标法〉的决定》进行第一次修正。根据 2001 年 10 月 27 日第九届全国人民代表大会常务委员会第 24 次会议《关于修改〈中华人民共和国商标法〉的决定》进行第二次修正。根据 2013 年 8 月 30 日第十二届全国人民代表大会常务委员会第 4 次会议《关于修改〈中华人民共和国商标法〉的决定》进行第三次修正。第三次修正后的《中华人民共和国商标法》自 2014 年 5 月 1 日起施行。现行的《中华人民共和国商标法》（以下简称《商标法》）是根据 2019 年 4 月 23 日第十三届全国人民代表大会常务委员会第 10 次会议《关于修改〈中华人民共和国建筑法〉等八部法律的决定》修改的，自 2019 年 11 月 1 日起施行。

二、商标、注册商标

(一)商标

1.商标的概念

商标，俗称"牌子"，是指商品的生产者、经营者或者服务的提供者为了标明自己、区别他人在自己的商品或服务上使用的标志，即由文字、图形、字母、数字、三维标志、颜色组合和声音，以及上述要素的组合所构成的标志。通过商标的定义可以得出以下结论：一是商标的所有者或使用者只能是商品的生产者、经营者或者服务提供者；二是商标是商品或服务上使用的标记；三是商标是标明商品或服务来源区别于同类商品或服务的标志;四是商标的构成要素可以是文字、图形、字母、数字、三维标志、颜色组合或声音,也可以是这些要素的组合。

商标通常用于商品或其包装上、服务场所或其服务说明书上,其功能表现为识别功能、品质保障功能、广告宣传竞争功能等。

2.禁止作为商标使用的标志

根据《商标法》第 10 条的规定,不得作为商标注册的情形有以下几点:

(1)同中华人民共和国的国家名称、国旗、国徽、国歌、军旗、军徽、军歌、勋章等相同或者近似的,以及同中央国家机关的名称、标志、所在地特定地点的名称或者标志性建筑物的名称、图形相同的;

(2)同外国的国家名称、国旗、国徽、军旗等相同或者近似的,但经该国政府同意的除外;

(3)同政府间国际组织的名称、旗帜、徽记等相同或者近似的,但经该组织同意或者不易误导公众的除外;

(4)与表明实施控制、予以保证的官方标志、检验印记相同或者近似的,但经授权的除外;

(5)同"红十字会""红新月会"的名称、标志相同或者近似的;

(6)带有民族歧视性的;

(7)带有欺骗性,容易使公众对商品的质量等特点或者产地产生误认的;

(8)有害于社会主义道德风尚或者有其他不良影响的。

县级以上行政区划的地名或者公众知晓的外国地名,不得作为商标。但是,地名具有其他含义或者作为集体商标、证明商标组成部分的除外;已经注册的使用地名的商标继续有效。

(二)注册商标

1.注册商标的概念

注册商标是指商标所有人向国家商标局提出商标注册申请并获得核准的标志。

《商标法》第 4 条规定:自然人、法人或其他组织在生产经营活动中,对其商品或服务需要取得商标专用权的,应当向商标局申请商标注册。不以使用为目的的恶意商标注册申请,应当予以驳回。商标所有人要取得商标所有权必须申请商标注册,并且不得恶意注册商标;国家规定必须使用注册商标的商品,必须申请商标注册,未经核准注册的,不得在市场上销售。

2.注册商标的类型

根据《商标法》的规定,按照商标的使用对象、使用目的、构成形式、知名度高低等不同标准,可以把注册商标区分为以下几种类型:

(1)按照商标的使用对象不同,可将其划分为商品商标和服务商标

《商标法》第 4 条规定:自然人、法人或其他组织在生产经营活动中,对其商品或服务需要取得商标专用权的,应当向商标局申请商标注册。因此,商品商标和服务商标的最大区别在于使用对象的不同,商品商标是表明商品来源的标志,而服务商标则是服务提

供者标明其服务并与他人相区别的标志。

（2）按照商标的使用目的不同，可将其划分为集体商标和证明商标

集体商标是指以团体、协会或者其他组织名义注册，供该组织成员在商事活动中使用，以表明使用者在该组织中的成员资格的标志。证明商标是指由对某种商品或者服务具有监督能力的组织所控制，而由该组织以外的单位或者个人使用于其商品或者服务，用以证明该商品或者服务的原产地、原料、制造方法、质量或者其他特定品质的标志。

由于这两种商标的使用目的是由法律确定的，因此我们较容易识别。集体商标只限该集体成员使用，非该集体成员不得使用；而证明商标是注册人自己不能使用，只能由符合一定条件的他人使用。

（3）按照商标的构成形式不同，可将其划分为平面商标和立体商标

平面商标，即由文字、图形或者其组合构成，在视觉上均呈现于一个水平面上的商标，实际注册中也仅受理视觉商标中的平面商标。立体商标是以三维标志申请注册的商标。根据《商标法》的规定，任何能够将自然人、法人或者其他组织的商品与他人的商品区别开的标志，包括文字、图形、字母、数字、三维标志、颜色和声音组合，以及上述要素的组合，均可以作为商标申请注册。据此，我国受理注册的商标为视觉商标中的平面商标、立体商标。

（4）按照商标的知名度高低，可将其划分为普通商标和驰名商标

普通商标和驰名商标不同。①含义不同。驰名商标是在中国为相关公众广为知晓并享有较高声誉的商标，而普通商标则不需要在中国为相关公众广为知晓，也不需要享有较高声誉。②认定或者获取方式不同。普通商标一般由商标局认定，而驰名商标有时需要商标评审委员会的认定或法院的判定。③保护强度不同。普通商标不受特别的法律保护，而驰名商标一旦认定，就享有了特别的法律保护。普通商标只能在获准注册的商品或服务类别上受到法律的保护，享有商标专用权，而驰名商标因其独创性和显著性而获得不同程度的跨类保护；驰名商标可以对抗其他人的恶意注册，其他公司不得以该驰名商标作为域名注册；其他公司不得以该驰名商标作为公司名称注册。对驰名商标的司法保护可以分为两个层次：一是在注册阶段的保护，二是在注册后发生商标侵权阶段的保护。《中华人民共和国商标法》对驰名商标作了规定，并对驰名商标的认定标准作了基本规定，即认定驰名商标应当考虑下列因素："（1）相关公众对该商标的知晓程度；（2）该商标使用的持续时间；（3）该商标的任何宣传工作的持续时间、程度和地理范围；（4）该商标作为驰名商标受保护的记录；（5）该商标驰名的其他因素。"这些关于认定驰名商标的基本标准，将驰名商标与普通商标区别开来。

3.不得注册商标的情形

（1）下列标志不得作为商标注册：

①仅有本商品的通用名称、图形、型号的；

②仅仅直接表示商品的质量、主要原料、功能、用途、重量、数量及其他特点的；

③缺乏显著特征的。

例外情形：上述标志经过使用取得显著性特征，便于识别的，可以作为商标申请

注册。

（2）以三维标志申请注册商标的，仅由商品自身的性质产生的形状、为获得技术效果而需有的商品形状或者使商品具有实质性价值的形状，不得注册。

三、商标注册的原则与程序

(一)商标注册的原则

商标注册成功之后形成企业的无形资产，受到法律的保护。根据《商标法》的规定，申请人在向商标局提交注册商标申请时，必须遵守以下基本原则才能经由商标局核准注册。

1.在先申请原则

在先申请原则是指两个或两个以上的商标注册申请人在同一种商品或类似商品上，申请注册的是相同或相似的商标，那么申请在先的商标申请人可以获得商标专用权，而后申请的商标就会被驳回。如果是同一天申请的商标，初步审定并公告的是使用在先的商标；如果是同日使用或者是从未使用的，由商标申请人抽签决定。

但是，如果是通过不正当手段抢先注册他人已经使用并且有一定名气的商标，不适用申请在先原则，该商标不予核准注册。

2.自愿注册原则

商标可以注册之后使用，也可以未注册使用，是否注册主要取决于申请人自己的意愿。在自愿注册原则下，商标注册人对注册商标享有商标专用权，受到法律保护；未注册的商标，可以在生产服务中使用，但是使用人不享有商标专用权，不受法律保护，也无权禁止他人使用相同或相似的商标，驰名商标除外。

3.强制注册原则

根据《商标法》第 6 条的规定，法律、行政法规规定必须使用注册商标的商品，必须申请商标注册，未经核准注册的，不得在市场销售。在我国，实行强制注册商标的商品主要指两类：一是人用药品，二是烟草制品。

4.显著性原则

商标是用来区分同一商品或服务的经营者，方便消费者识别产品的，因此商标的显著性特征尤为重要。通用名称或缺乏显著性的标志不得作为商标注册。

5.禁止抢注原则

《商标法》规定，不得以不正当手段抢先注册他人已经在使用并且有一定名气的商标，也不得损害他人现有的在先权利。商标被恶意抢注，商品的生产者势必会遭受相应的经济损失，市场经济秩序也会因此被扰乱，因此禁止抢注商标。

6.优先权原则

商标注册申请人自其商标在外国第一次提出商标注册申请之日起 6 个月内，又在中国就相同商品以同一商标提出商标注册申请的，依照该外国同中国签订的协议或者共同参加的国际条约，或者按照相互承认优先权的原则，可以享有优先权。要求优先权的，应当在提出商标注册申请的时候提出书面声明，并且在 3 个月内提交第一次提出的商标注册申请文件的副本;未提出书面声明或者逾期未提交商标注册申请文件副本的,视为未要求优先权。

另外,商标在中国政府主办的或者承认的国际展览会展出的商品上首次使用的,自该商品展出之日起 6 个月内,该商标的注册申请人可以享有优先权。要求该优先权的,应当在提出商标注册申请的时候提出书面声明,并且在 3 个月内提交展出其商品的展览会名称、在展出商品上使用该商标的证据、展出日期等证明文件;未提出书面声明或者逾期未提交证明文件的,视为未要求优先权。

(二)商标注册的程序

1.商标注册的申请

商标注册申请人应当按规定的商品分类表填报使用商标的商品类别和商品名称,提出注册申请。

商标注册申请人可以通过一份申请就多个类别的商品申请注册同一商标。

商标注册申请等有关文件,可以以书面方式或者数据电文方式提出。

2.商标注册的审查与核准

对申请注册的商标,商标局应当自收到商标注册申请文件之日起 9 个月内审查完毕,符合商标法有关规定的,予以初步审定公告。

对初步审定公告的商标提出异议的,商标局应当听取异议人和被异议人陈述事实和理由,经调查核实后,自公告期满之日起 12 个月内作出是否准予注册的决定,并书面通知异议人和被异议人。有特殊情况需要延长的,经国务院工商行政管理部门批准,可以延长 6 个月。

商标局作出准予注册决定的,发给商标注册证,并予公告。

3.商标注册的复审

对驳回申请、不予公告的商标,商标局应当书面通知商标注册申请人。商标注册申请人不服的,可以自收到通知之日起 15 日内向商标评审委员会申请复审。商标评审委员会应当自收到申请之日起 9 个月内作出决定,并书面通知申请人。有特殊情况需要延长的,经国务院工商行政管理部门批准,可以延长 3 个月。当事人对商标评审委员会的决定不服的,可以自收到通知之日起 30 日内向人民法院起诉。

商标局作出不予注册决定,被异议人不服的,可以自收到通知之日起 15 日内向商标评审委员会申请复审。商标评审委员会应当自收到申请之日起 12 个月内作出复审决定,并书面通知异议人和被异议人。有特殊情况需要延长的,经国务院工商行政管理部门批准,可以延长 6 个月。被异议人对商标评审委员会的决定不服的,可以自收到通知之日起 30 日内向人民法院起诉。人民法院应当通知异议人作为第三人参加诉讼。

商标评审委员会在进行复审的过程中,所涉及的在先权利的确定必须以人民法院正在审理或者行政机关正在处理的另一案件的结果为依据的,可以中止审查。中止原因消除后,应当恢复审查程序。

法定期限届满,当事人对商标局作出的驳回申请决定、不予注册决定不申请复审或者对商标评审委员会作出的复审决定不向人民法院起诉的,驳回申请决定、不予注册决定或者复审决定生效。

经审查异议不成立而准予注册的商标,商标注册申请人取得商标专用权的时间自初步审定公告 3 个月期满之日起计算。自该商标公告期满之日起至准予注册决定作出前,对他人在同一种或者类似商品上使用与该商标相同或者近似的标志的行为不具有追溯力;但是,因该使用人的恶意给商标注册人造成的损失,应当给予赔偿。

四、注册商标的无效与撤销

(一)注册商标的无效

已经注册的商标,违反《商标法》关于禁止作为商标使用或商标注册的标志规定,或者是以欺骗手段或其他不正当手段取得注册的,由商标局宣告该注册商标无效,其他单位或个人可以请求商标评审委员会宣告该注册商标无效。

已经注册的商标,因违反《商标法》有关规定损害相关人利益的,自商标注册之日起 5 年内,在先权利人或者利害关系人可以请求商标评审委员会宣告该注册商标无效。对恶意注册的,驰名商标所有人不受 5 年的时间限制。

(二)注册商标的撤销

注册商标可分为依申请和依职权撤销,主要情形有以下几种:

1.依申请撤销注册商标的情况

(1)已经注册的商标,如有下列情形的,由商标局撤销该注册商标,其他单位和个人可以请求商标评审委员会裁定撤销该注册商标:

①采用了不得作为商标使用和注册的标志的;

②以欺骗手段或者其他不正当手段取得注册的。

(2)已经注册的商标,有下列情形的,自商标注册之日起 5 年内,商标所有人或者利害关系人可以请求商标评审委员会裁定撤销该注册商标。对恶意注册的,驰名商标所有人不受 5 年的时间限制:

①复制、模仿或者翻译他人未在中国注册的驰名商标,容易导致混淆的;

②复制、模仿或者翻译他人已经在中国注册的驰名商标,误导公众,致使该驰名商标注册人的利益可能受到损害的;

③未经授权,代理人或者代表人以自己的名义将被代理人或者被代表人的商标进行注册,被代理人或者被代表人提出异议的;

④商标中有商品的地理标志,而该商品并非来源于该标志所标示的地区,误导公众的,但是,善意取得注册的除外;

⑤申请商标注册损害他人现有的在先权利,或者以不正当手段抢先注册他人已经使用并有一定影响的商标。

(3)连续三年停止使用注册商标的,任何人可以向商标局申请撤销该注册商标,并说明有关情况。

2.依职权撤销注册商标的情况

(1)使用注册商标有下列行为之一的,由工商行政管理部门责令商标注册人限期改

正;拒不改正的,报请商标局撤销其注册商标:

①自行改变注册商标的;

②自行改变注册商标的注册人名义、地址或者其他注册事项的;

③自行转让注册商标的。

(2)使用注册商标,其商品粗制滥造、以次充好、欺骗消费者的,可以视具体情况由商标局撤销其注册商标。

当事人对商标局宣告该注册商标无效或撤销注册商标的决定不服的,可以自收到通知之日起 15 日内向商标评审委员会申请复审;对商标评审委员会的决定不服的,可以自收到通知之日起 30 日内向人民法院起诉。

五、商标权的保护

(一)商标权的内容

商标权是商标所有人对由法律确认并保护的商标所享有的权利。自然人、法人或者其他组织在生产经营活动中,对其商品或者服务需要取得商标专用权的,应当向商标局申请商标注册。

从商标权的范围来看,主要是指商标所有人对其注册商标所享有的专用权,也包括与此相联系的商标续展权、商标转让权、商标许可权。其中商标专用权是商标权的核心。

1.独占使用权

商标权人享有在注册商标核定使用的范围内,完全独占使用其商标的权利。他人未经许可,不得在相同或类似商品上使用该注册商标或相近似的商标。否则,即构成侵权。

2.许可使用权

商标权人有权通过签订商标使用许可合同,许可他人使用其注册商标。许可人应当监督被许可人使用其注册商标的商品的质量,被许可人应当保证使用该注册商标的商品质量。经许可使用他人注册商标的,必须在使用该注册商标的商品上标明被许可人名称和商品产地。

3.商标转让权

商标权人有权将其注册商标的所有权转让给他人。转让注册商标,当事人应当签订书面合同,并报商标局核准公告。受让人应当保证使用该商标的商品的质量。转让注册商标的,商标注册人对其在同一种商品上注册的近似商标,或在类似商品上注册的相同或近似商标,应一并转让。

4.商标续展权

注册商标的有效期为 10 年,自核准注册之日起计算。商标权期满前 12 个月内,商标权人可以申请续展注册;期满未续展的,有 6 个月的宽展期;宽展期内未申请续展的,注销其注册商标。商标权人可以连续申请续展,每次续展注册的有效期为 10 年。

(二)侵犯商标权的行为

根据《商标法》及相关法律规定,侵犯商标权的表现形式有以下几种:

(1)未经商标注册人的许可,在同一种商品上使用与其注册商标相同的商标的;

（2）未经商标注册人的许可，在同一种商品上使用与其注册商标近似的商标，或者在类似商品上使用与其注册商标相同或者近似的商标，容易导致混淆的；

（3）销售侵犯注册商标专用权的商品的；

（4）伪造、擅自制造他人注册商标标识或者销售伪造、擅自制造的注册商标标识的；

（5）未经商标注册人同意，更换其注册商标并将该更换商标的商品又投入市场的；

（6）故意为侵犯他人商标专用权行为提供便利条件，帮助他人实施侵犯商标专用权行为的；

（7）给他人的注册商标专用权造成其他损害的，如在同一种或者类似商品上，将与他人注册商标相同或者相近似的标志作为商品名称或者装潢使用，误导公众的。

（三）侵犯商标权的法律责任

根据《商标法》的规定，侵犯商标权的法律责任包括民事责任、行政责任和刑事责任。

承担民事责任的方式主要有停止侵害、消除影响、赔偿损失。侵犯商标专用权的赔偿数额，按照权利人因被侵权所受到的实际损失确定；实际损失难以确定的，可以按照侵权人因侵权所获得的利益确定；权利人的损失或者侵权人获得的利益难以确定的，参照该商标许可使用费的倍数合理确定。对恶意侵犯商标专用权，情节严重的，可以以上述方法确定数额的1～5倍确定赔偿数额。赔偿数额应当包括权利人为制止侵权行为所支付的合理开支。权利人因被侵权所受到的实际损失、侵权人因侵权所获得的利益、注册商标许可使用费难以确定的，由人民法院根据侵权行为的情节判决给予500万元以下的赔偿。

工商行政管理部门处理时，认定侵权行为成立的，责令立即停止侵权行为，没收、销毁侵权商品和主要用于制造侵权商品、伪造注册商标标识的工具，违法经营额5万元以上的，可以处违法经营额5倍以下的罚款，没有违法经营额或者违法经营额不足5万元的，可以处25万元以下的罚款。对5年内实施两次以上商标侵权行为或者有其他严重情节的，应当从重处罚。销售不知道是侵犯注册商标专用权的商品，能证明该商品是自己合法取得并说明提供者的，由工商行政管理部门责令停止销售。

对侵犯注册商标专用权的行为，涉嫌犯罪的，应当及时移送司法机关，追究其相应的刑事责任。

第二节　专利法律实务

◇ 目标提示

通过本节的学习，掌握专利权的取得和保护。

◇ 学习内容

1.专利法立法概况；

2.专利权的内容与归属；

3.专利权的取得和保护。

◇ **重要知识**

职务发明创造,是指执行本单位的任务或者主要是利用本单位的物质技术条件所完成的发明创造。

一、专利法立法概况

专利法是为了保护专利权人的合法权益,鼓励发明创造,推动发明创造的应用,提高创新能力,促进科学技术进步和经济社会发展而制定的。《中华人民共和国专利法》由1984年3月12日第六届全国人民代表大会常务委员会第4次会议通过,自1985年4月1日起施行。根据1992年9月4日第七届全国人民代表大会常务委员会第27次会议《关于修改〈中华人民共和国专利法〉的决定》进行第一次修正。根据2000年8月25日第九届全国人民代表大会常务委员会第17次会议《关于修改〈中华人民共和国专利法〉的决定》进行第二次修正。根据2008年12月27日第十一届全国人民代表大会常务委员会第6次会议《关于修改〈中华人民共和国专利法〉的决定》完成第三次修正,第三次修正的《中华人民共和国专利法》自2009年10月1日起施行。2020年10月17日经由第十三届全国人民代表大会常务委员会第22次会议《关于修改〈中华人民共和国专利法〉的决定》进行第四次修正,修改后的《中华人民共和国专利法》(以下简称《专权法》)自2021年6月1日起施行。

二、发明创造与发明人或设计人的含义

(一)发明创造

专利法上的发明创造是指能被授予专利权的发明创造,即专利法的保护对象,又称为专利权的客体,包括以下三种:

1.发明

发明是指对产品、方法或者其改进所提出的新的技术方案。发明分为产品发明和方法发明。产品发明是用物品来表现其技术方案的,而方法发明则是为解决某特定技术问题而采用的手段和步骤的发明。

2.实用新型

实用新型是指对产品的形状、构造或者其结合所提出的适于实用的新的技术方案。实用新型通常被称为小发明。与发明相比,实用新型仅指具有一定形状的物品发明,对产品的创造性要求较低。

3.外观设计

外观设计是指对产品的形状、图案或者其结合以及色彩与形状、图案的结合所作出的富有美感并适于工业应用的新设计。保护外观设计,可以鼓励设计人员美化社会产品,满足人民多方面的需求,增强产品的竞争力。

(二)发明人或设计人

专利法上的发明人或者设计人,是指对发明创造的实质性特点作出创造性贡献的

人。发明人或设计人不一定是专利权人。

三、专利权的内容与归属

(一)专利权的内容

专利权是支配作为专利的发明创造和排除他人不法干涉的权能,其内容包含专利人身权和专利财产权。专利人身权,是指专利发明人、设计人有权在专利文件中写明自己是发明人或设计人的权利,在其专利产品或该产品的包装上标明专利标记和专利号的权利;专利财产权包含专利独占实施权、转让权、放弃权、许可他人实施专利的权利,因转让、许可而获得报酬的权利,禁止他人实施其专利的权利。

1.独占实施权

独占实施权又称独占权,是指专利权人对自己的专利权享有独占的、排他的实施权。

《专利法》第 11 条规定:发明和实用新型专利权被授予后,除专利法另有规定的以外,任何单位或者个人未经专利权人许可,都不得实施其专利,即不得为生产经营目的制造、使用、许诺销售、销售、进口其专利产品,或者使用其专利方法以及使用、许诺销售、销售、进口依照该专利方法直接获得的产品。

外观设计专利权被授予后,任何单位或者个人未经专利权人许可,都不得实施其专利,即不得为生产经营目的制造、许诺销售、销售、进口其外观设计专利产品。

2.专利转让权

专利转让权是指专利权人依法将专利权让与他人的权利,即发生了专利权主体的变更。《专利法》第 10 条规定,专利申请权和专利权可以转让。

中国单位或者个人向外国人、外国企业或者外国其他组织转让专利申请权或者专利权的,应当依照有关法律、行政法规的规定办理手续。

转让专利申请权或者专利权的,当事人应当订立书面合同,并向国务院专利行政部门登记,由国务院专利行政部门予以公告。专利申请权或者专利权的转让自登记之日起生效。

3.许可使用权

许可使用权是指专利权人许可他人实施专利并收取专利使用费的权利。任何单位或者个人实施他人专利的,应当与专利权人订立书面实施许可合同,向专利权人支付专利使用费。被许可人无权允许合同规定以外的任何单位或者个人实施该专利。

4.因转让、许可而获得报酬的权利

发明专利申请公布后,申请人可以要求实施其发明的单位或个人支付适当的费用。

5.禁止他人实施其专利的权利

《专利法》第 11 条规定,未经发明和实用新型专利权人许可,任何单位或个人不得为生产经营目的制造、使用、许诺销售、销售、进口其专利产品,或者使用其专利方法以及使用、许诺销售、销售、进口依照该专利方法直接获得的产品,专利法另有规定的除外。未经外观设计专利权人许可,任何单位或者个人不得为生产经营目的制造、许诺销售、销售、进口其外观设计专利产品。

6.标记权

发明人或者设计人有权在专利文件中写明自己是发明人或者设计人。专利权人有权在其专利产品或者该产品的包装上标明专利标识。

(二)专利权的归属

1.职务发明创造

职务发明创造是指执行本单位的任务或者主要是利用本单位的物质技术条件所完成的发明创造。这里所称本单位的物质技术条件,是指本单位的资金、设备、零部件、原材料或者不对外公开的技术资料等。

根据《专利法实施细则》第12条的规定,执行本单位的任务所完成的职务发明创造,是指:

(1)在本职工作中作出的发明创造;

(2)履行本单位交付的本职工作之外的任务所作出的发明创造;

(3)退休、调离原单位后或者劳动、人事关系终止后1年内作出的,与其在原单位承担的本职工作或者原单位分配的任务有关的发明创造。

职务发明创造申请专利的权利属于该单位;申请被批准后,该单位为专利权人,可以依法处置其职务发明创造申请专利的权利和专利权,促进相关发明创造的实施和运用。

利用本单位的物质技术条件所完成的发明创造,单位与发明人或者设计人订有合同,对申请专利的权利和专利权的归属作出约定的,从其约定。

2.非职务发明创造

非职务发明创造,是指发明人或设计人完成的职务发明创造以外的发明创造。对于非职务发明创造,申请专利的权利属于发明人或者设计人;申请被批准后,该发明人或者设计人为专利权人。

3.合作发明创造

两个以上单位或者个人合作完成的发明创造,一个单位或者个人接受其他单位或者个人委托所完成的发明创造,除另有协议的以外,申请专利的权利属于完成或者共同完成的单位或者个人;申请被批准后,申请的单位或者个人为专利权人。

4.受让的发明创造

完成发明创造的单位和个人可以将属于自己所有的专利申请权转让给他人,合法受让人有权就受让的发明创造申请专利;申请被批准后,专利权归属该申请人。

四、专利权的申请原则、取得条件与取得程序

(一)专利权的申请原则

1.一项发明一件专利原则

同样的发明创造只能授予一项专利权。但是,同一申请人同日对同样的发明创造既申请实用新型专利又申请发明专利,先获得的实用新型专利权尚未终止,且申请人声明放弃该实用新型专利权的,可以授予发明专利权。

一件发明或者实用新型专利申请应当限于一项发明或者实用新型。属于一个总的

发明构思的两项以上的发明或者实用新型,可以作为一件申请提出。

一件外观设计专利申请应当限于一项外观设计。同一产品两项以上的相似外观设计,或者用于同一类别并且成套出售或者使用的产品的两项以上外观设计,可以作为一件申请提出。

2.申请在先原则

两个以上的申请人分别就同样的发明创造申请专利的,专利权授予最先申请的人。两个以上的申请人在同一日分别就同样的发明创造申请专利时,在收到国务院专利行政部门的通知后自行协商确定申请人。

3.优先权原则

申请人自发明或者实用新型在外国第一次提出专利申请之日起 12 个月内,或者自外观设计在外国第一次提出专利申请之日起 6 个月内,又在中国就相同主题提出专利申请的,依照该外国同中国签订的协议或者共同参加的国际条约,或者依照相互承认优先权的原则,可以享有优先权。

申请人自发明或者实用新型在中国第一次提出专利申请之日起 12 个月内,又向国务院专利行政部门就相同主题提出专利申请的,可以享有优先权。

4.形式法定原则

专利申请的过程中,专利申请人及其代理人在办理各种手续时,都应当以书面形式或国家知识产权局专利局规定的其他形式办理,否则不产生效力。

(二)专利权的取得条件

1.发明和实用新型取得专利权的三个条件

(1)新颖性,是指该发明或者实用新型不属于现有技术,也没有任何单位或者个人就同样的发明或者实用新型在申请日以前向国务院专利行政部门提出过申请,并记载在申请日以后公布的专利申请文件或者公告的专利文件中。申请专利的发明创造在申请日以前 6 个月内,有下列情形之一的,不丧失新颖性:①在中国政府主办或者承认的国际展览会上首次展出的;②在规定的学术会议或者技术会议上首次发表的;③他人未经申请人同意而泄露其内容的。

(2)创造性,是指与现有技术相比,该发明具有突出的实质性特点和显著的进步,该实用新型具有实质性特点和进步。

(3)实用性,是指该发明或者实用新型能够制造或者使用,并且能够产生积极效果。

2.外观设计取得专利权的条件

授予专利权的外观设计,应当不属于现有设计,也没有任何单位或者个人就同样的外观设计在申请日以前向国务院专利行政部门提出过申请,并记载在申请日以后公告的专利文件中。

授予专利权的外观设计与现有设计或者现有设计特征的组合相比,应当具有明显区别。授予专利权的外观设计不得与他人在申请日以前已经取得的合法权利相冲突。

3.不授予专利权的情形

《专利法》第 25 条规定,对下列各项,不授予专利权:

(1)科学发现；

(2)智力活动的规则和方法；

(3)疾病的诊断和治疗方法；

(4)动物和植物品种；

(5)用原子核变换方法以及用原子核变换方法获得的物质；

(6)对平面印刷品的图案、色彩或者二者的结合作出的主要起标识作用的设计。

对前款第(4)项所列产品的生产方法，可以依照规定授予专利权。

(三)专利权的取得程序

1.专利权的申请

申请发明或者实用新型专利的，应当提交请求书、说明书及其摘要和权利要求书等文件。

申请外观设计专利的，应当提交请求书、该外观设计的图片或者照片以及对该外观设计的简要说明等文件。

国务院专利行政部门收到专利申请文件之日为申请日。如果申请文件是邮寄的，以寄出的邮戳日为申请日。申请人可以在被授予专利权之前随时撤回其专利申请。申请人可以对其专利申请文件进行修改，但是，对发明和实用新型专利申请文件的修改不得超出原说明书和权利要求书记载的范围，对外观设计专利申请文件的修改不得超出原图片或者照片表示的范围。

2.专利权的审查

国务院专利行政部门收到发明专利申请后，经初步审查认为符合本法要求的，自申请日起满18个月，即行公布。国务院专利行政部门可以根据申请人的请求早日公布其申请。

发明专利申请自申请日起3年内，国务院专利行政部门可以根据申请人随时提出的请求，对其申请进行实质审查；申请人无正当理由逾期不请求实质审查的，该申请即被视为撤回。国务院专利行政部门认为必要的时候，可以自行对发明专利申请进行实质审查。

发明专利申请经实质审查没有发现驳回理由的，由国务院专利行政部门作出授予发明专利权的决定，发给发明专利证书，同时予以登记和公告。发明专利权自公告之日起生效。

实用新型和外观设计专利申请经初步审查没有发现驳回理由的，由国务院专利行政部门作出授予实用新型专利权或者外观设计专利权的决定，发给相应的专利证书，同时予以登记和公告。实用新型专利权和外观设计专利权自公告之日起生效。

3.专利权的复审

专利申请人对国务院专利行政部门驳回申请的决定不服的，可以自收到通知之日起3个月内，向国务院专利行政部门请求复审。

专利申请人对国务院专利行政部门的复审决定不服的，可以自收到通知之日起3个月内向人民法院起诉。

五、专利权的终止与无效

(一)专利权的终止

1.专利权因保护期限届满终止

在我国,发明专利权的保护期限为 20 年,实用新型专利权的保护期限为 10 年,外观设计专利权的保护期限为 15 年,均自申请日起计算。保护期限届满,专利权即行终止。

2.专利权因法定原因终止

专利权在保护期限未届满时可能因出现法定情形而终止,即:①专利权人没有按规定缴纳专利年费;②专利权人以书面形式声明放弃其专利权。专利权在期限届满前终止的,由国务院专利行政部门登记和公告。

为补偿新药上市审评审批占用的时间,修订后的专利法新增了新药专利保护期补偿期,对在中国获得上市许可的新药相关发明专利,国务院专利行政部门应专利权人的请求给予专利权期限补偿。补偿期限不超过 5 年,新药批准上市后总有效专利权期限不超过 14 年。

(二)专利权的无效

自国务院专利行政部门公告授予专利权之日起,任何单位或者个人认为该专利权的授予不符合《专利法》有关规定的,可以请求国务院专利行政部门宣告该专利权无效。国务院专利行政部门经审查作出宣告专利权无效或者维持专利权的决定。宣告专利权无效的,由国务院专利行政部门登记和公告。

宣告无效的专利权视为自始即不存在。

宣告专利权无效的决定,对在宣告专利权无效前人民法院作出并已执行的专利侵权的判决、调解书,已经履行或者强制执行的专利侵权纠纷处理决定,以及已经履行的专利实施许可合同和专利权转让合同,不具有追溯力。但是因专利权人的恶意给他人造成的损失,应当给予赔偿。

六、专利权的法律保护

(一)专利权保护的范围

发明或者实用新型专利权的保护范围以其权利要求的内容为准,说明书及附图可以用于解释权利要求的内容。外观设计专利权的保护范围以表示在图片或者照片中的该产品的外观设计为准,简要说明可以用于解释图片或者照片所表示的该产品的外观设计。

(二)侵犯专利权的认定

国家鼓励发明和创造,出台了相关法律法规保护发明和创造的专利,未经过专利人的允许而使用他人专利会对专利权人的利益造成很大的损害。为了更好地维护专利权人的利益,对侵犯专利权的认定尤为重要。

1.专利侵权认定的判断标准

(1)侵犯的对象是在我国享有专利权的有效专利。一般来说,获得国家知识产权局授权,并且在规定保护期内未因缴费、无效宣告、放弃等原因失效的专利权才是有效专利。

(2)存在违法行为。客观上存在行为人未经专利权人许可,有以营利为目的实施专利的行为。

需要注意的是,《专利法》第75条规定了五种不认为是侵权的行为,是专利侵权责任的例外规定,如果行为人不能举证以此作为抗辩理由,应当认定行为人构成专利侵权,并依法承担责任。

(3)行为人主观上有过错。侵权人主观上的过错包括故意和过失。所谓故意是指行为人明知自己的行为是侵犯他人专利权的行为而实施该行为;所谓过失是指行为人因疏忽或过于自信而实施了侵犯他人专利权的行为。

(4)以生产经营为目的的。《专利法》第11条规定:发明创造被授予专利权后,除本法另有规定外,任何人不得以生产经营为目的,实施其专利。

2.不视为侵犯专利权的情形

(1)专利产品或者依照专利方法直接获得的产品,由专利权人或者经其许可的单位、个人售出后,使用、许诺销售、销售、进口该产品的;

(2)在专利申请日前已经制造相同产品、使用相同方法或者已经做好制造、使用的必要准备,并且仅在原有范围内继续制造、使用的;

(3)临时通过中国领陆、领水、领空的外国运输工具,依照其所属国同中国签订的协议或者共同参加的国际条约,或者依照互惠原则,为运输工具自身需要而在其装置和设备中使用有关专利的;

(4)专为科学研究和实验而使用有关专利的;

(5)为提供行政审批所需要的信息,制造、使用、进口专利药品或者专利医疗器械的,以及专门为其制造、进口专利药品或者专利医疗器械的。

在专利侵权纠纷中,被控侵权人有证据证明其实施的技术或者设计属于现有技术或者现有设计的,不构成侵犯专利权。

(三)侵犯专利权的法律责任

根据《专利法》及有关法律的规定,侵权行为人应当承担的法律责任包括行政责任、民事责任与刑事责任。

1.行政责任

对专利侵权行为,管理专利工作的部门有权责令侵权行为人停止侵权行为、责令改正、罚款等,管理专利工作的部门应当事人的请求,还可以就侵犯专利权的赔偿数额进行调解。

2.民事责任

(1)停止侵权。停止侵权,是指专利侵权行为人应当根据管理专利工作的部门的处理决定或者人民法院的裁判,立即停止正在实施的专利侵权行为。

（2）赔偿损失。侵犯专利权的赔偿数额，按照专利权人因被侵权所受到的损失或者侵权人获得的利益确定；被侵权人所受到的损失或侵权人获得的利益难以确定的，可以参照该专利许可使用费的倍数合理确定。

（3）消除影响。在侵权行为人实施侵权行为给专利产品在市场上的商誉造成损害时，侵权行为人就应当采用适当的方式承担消除影响的法律责任，承认自己的侵权行为，以达到消除对专利产品造成的不良影响。

3.刑事责任

依照《专利法》和《刑法》的规定，假冒他人专利，情节严重的，应对直接责任人员追究刑事责任。

本章小结

工业产权属于知识产权的一部分，是因人的智力成果而形成的权利，在现代信息社会时代尤为重要。本章主要阐述了商标权、专利权的主要内容，目的在于明晰知识产权人及其相对人之间的权利义务关系，既要保障知识产权，也要避免因此而形成知识产权的垄断。

技能训练

内容：撰写商标侵权调研报告。

目的：使学生掌握《商标法》的相关规定，培养学生熟练应用《商标法》知识的能力，提高学生处理商标法律纠纷的实践水平。

要求：学生分组，参加商标侵权行为的市场调研，找出实际生活中侵犯注册商标专用权的实例并加以分析，写出调研报告。

第六章　企业劳动人事管理法律实务

💡 能力目标

1.能分析劳动关系运行中违反劳动合同法与社会保险法等法律制度的相关问题;

2.能提出处理劳动纠纷的基本方案,维护劳动法律关系当事人的合法权益。

💡 知识目标

1.掌握劳动合同的种类、内容;

2.掌握劳动合同的签订、履行、解除和终止及解除和终止后的经济补偿;

3.掌握劳动争议解决的机构和程序;

4.熟悉工作时间与休息休假制度;

5.了解工资形式、工资保障制度、最低工资制度;

6.了解养老、医疗、失业、工伤等社会保险基金的筹集与待遇享受。

📋 案例导入

2020 年 4 月,湖北某有限责任公司通过招聘录用了王某、陈某、何某、刘某、叶某、李某和张某 7 人,并分别与 7 人签订了为期 1 年的劳动合同。在劳动合同履行期间,发生了下列事项:(1)王某在试用期内被证明不符合录用条件;(2)2020 年 7 月,陈某因帮朋友办事,在向公司请假未获批准的情况下,长达 10 天未到公司上班,根据公司的考勤制度规定,对旷工达 7 天的员工,公司有权开除;(3)2020 年 8 月,何某在一次交通事故中非因公负伤,在规定的医疗期后不能从事原工作;(4)2020 年 9 月,刘某认为自己的月薪太低,要求公司加薪,遭到拒绝后准备辞职;(5)2020 年 10 月,公司经营发生严重困难,拟辞退包括叶某在内的 15 名员工(该公司员工总人数为 90 人);(6)2020 年 11 月,公司未按时足额支付李某的工资;(7)2021 年 4 月,张某为期 1 年的劳动合同到期,要求与公司按原有条件续订 1 年的劳动合同,公司不同意。

案例思考:请运用《劳动合同法》的知识分析上述各种情形,并说明各种情形下劳动合同的续订、解除、终止及经济补偿金的支付。

第一节　劳动合同法律实务

◆ **目标提示**

通过本节的学习,掌握劳动合同法的基本内容。

◆ **学习内容**

1.了解我国劳动合同法的立法概况;

2.掌握劳动合同的种类、内容与形式;

3.能够根据劳动合同法的规定订立、变更和解除劳动合同。

◆ **重要知识**

劳动合同是指劳动者与用人单位确立劳动关系,明确双方权利和义务的协议。建立劳动关系应当订立劳动合同。

一、劳动合同法立法概况

为了完善劳动合同制度,明确劳动合同双方当事人的权利和义务,保护劳动者的合法权益,构建和发展和谐稳定的劳动关系,2007 年 6 月 29 日,《中华人民共和国劳动合同法》由第十届全国人民代表大会常务委员会第 28 次会议通过,自 2008 年 1 月 1 日起施行。2012 年 12 月 28 日第十一届全国人民代表大会常务委员会第 30 次会议通过《关于修改〈中华人民共和国劳动合同法〉的决定》,修订后的《中华人民共和国劳动合同法》(以下简称《劳动合同法》)自 2013 年 7 月 1 日起施行。

二、劳动合同的概念、适用范围、特征与分类

(一)劳动合同的概念

《劳动合同法》第 16 条规定:"劳动合同是劳动者与用人单位确立劳动关系、明确双方权利和义务的协议。建立劳动关系应当订立劳动合同。"

劳动合同是确立劳动关系的法律形式,签订劳动合同是产生劳动法律关系的法律事实。建立劳动关系,应当订立劳动合同。订立劳动合同,应当遵循合法、公平、平等自愿、协商一致、诚实信用的原则。

(二)劳动合同适用范围

中华人民共和国境内的企业、个体经济组织、民办非企业单位等组织(称用人单位)与劳动者建立劳动关系,订立、履行、变更、解除或者终止劳动合同,适用本法。

(三)劳动合同的特征

劳动合同具有如下特征:

(1)劳动合同关系的主体具有特定性。劳动合同关系的主体一方是劳动者,另一方是用人单位。

（2）劳动合同的内容具有较强的法定性。劳动合同涉及财产和人身关系，劳动者在签订劳动合同后，就会隶属于用人单位，成为用人单位内部员工，受用人单位的管理。为了保护劳动者的合法权益，法律规定了较多的强制性规定，当事人签订劳动合同不得违反强制性规定，否则无效。

（3）劳动者在签订和履行劳动合同时地位发生了变化。劳动者与用人单位签订合同时双方法律地位是平等的，但在履行合同过程中，用人单位与劳动者就具有支配与被支配、管理与服从的从属关系。

(四)劳动合同的分类

劳动合同按照不同的标准可划分为不同的种类。按照合同期限不同，劳动合同分为以下三类：

1.固定期限劳动合同

即用人单位与劳动者约定合同终止时间的劳动合同，其期限一般为 1 年、3 年、5 年等。

2.无固定期限劳动合同

即用人单位与劳动者约定无确定终止时间的劳动合同，其签订分为两种情况：

（1）协商。不论职工工龄长短，只要企业与职工协商一致，就可从订立无固定期限劳动合同。

（2）法定。《劳动合同法》第 14 条规定，有下列情形之一，劳动者提出或者同意续订、订立劳动合同的，除劳动者提出订立固定期限劳动合同外，应当订立无固定期限劳动合同。①劳动者在该用人单位连续工作满 10 年的。②用人单位初次实行劳动合同制度或者国有企业改制重新订立劳动合同时，劳动者在该用人单位连续工作满 10 年且距法定退休年龄不足 10 年的。③连续订立两次固定期限劳动合同，且劳动者没有以下情形的：A.《劳动合同法》第 39 条规定的用人单位可以解除劳动合同的情形的；B.《劳动合同法》第 40 条第①项、第②项规定的用人单位提前 30 日以书面形式通知劳动者本人或者额外支付劳动者一个月工资后，可以解除劳动合同的：劳动者因患病或者非因工负伤，在规定的医疗期满后不能从事原工作，也不能从事由用人单位另行安排的工作的；劳动者不能胜任工作，经过培训或者调整工作岗位，仍不能胜任工作的。此外，用人单位自用工之日起满一年不与劳动者订立书面劳动合同的，视为用人单位与劳动者已订立无固定期限劳动合同。

3.以完成一定工作任务为期限的劳动合同

即用人单位与劳动者约定以某项工作的完成为合同期限的劳动合同。目前不少新产业工人与建筑施工队都签订这类劳动合同，当某项工作或工程完成后，劳动合同自行终止。

三、劳动合同的必备条款与可备条款

(一)必备条款

必备条款是劳动法律规定的、双方当事人签订的劳动合同必须具备的条款。根据

《劳动合同法》第17条的规定,必备条款包括以下几个方面:

1.用人单位的名称、住所和法定代表人或者主要负责人

(1)有两个以上办事机构的,以用人单位的主要办事机构所在地为住所。

(2)具有法人资格的用人单位,要注明单位的法定代表人;不具有法人资格的用人单位,必须在劳动合同中写明该单位的主要负责人。

2.劳动者的姓名、住址和居民身份证或者其他有效身份证件号码

劳动者的住址,以其户籍所在的居住地为住址;经常居住地与户籍所在地不一致的,以经常居住地为住址。

3.劳动合同期限

双方可以选择订立固定期限、无固定期限或以完成一定工作任务为期限的劳动合同。

4.工作内容和工作地点

5.工作时间和休息休假

(1)工作时间——标准工时制度、不定时工作制度、综合计算工时制度

①标准工时制度。国家实行劳动者每日工作时间不超过8小时、平均每周工作时间不超过44小时的标准工时制度。用人单位应当保证劳动者每周至少休息一日。

用人单位由于生产经营需要,经与工会和劳动者协商后可以延长工作时间,一般每日不得超过1小时;因特殊原因需要延长工作时间的,在保障劳动者身体健康的条件下延长工作时间每日不得超过3小时,但是每月不得超过36小时。有下列情形之一的,延长工作时间不受上述规定的限制:a.发生自然灾害、事故或者因其他原因,威胁劳动者生命健康和财产安全,需要紧急处理的;b.生产设备、交通运输线路、公共设施发生故障,影响生产和公众利益,必须及时抢修的;c.法律、行政法规规定的其他情形。

②不定时工作制度,也称无定时工作制度,不定时工作日,是指因工作性质、特点或工作职责的限制,无法按标准工作时间衡量,故劳动者每一工作日没有固定的上下班时间限制的制度。按照法律规定,只有一定范围内的员工才可以实施不定时工作制度,比如推销人员、高级管理人员、长途运输人员、港口装卸人员等。

③综合计算工时制度,也称综合计算工作日,是指因工作性质特殊或者受季节及自然条件限制,需在一段时间内连续作业,采取以周、月、季、年等为周期综合计算劳动者工作时间的一种工时制度。可实施综合计算工时制度的范围主要包括交通、铁路、邮电、水运、资源勘探、建筑、旅游等。

(2)休息、休假

①休息。包括工作日内的间歇时间、工作日之间的休息时间和公休假日(即周休息日)。

②休假。具体包括以下几方面:

法定节日休假:一年中属于全体公民的法定节日休息有11天,包括元旦1天、春节3天、清明节1天、国际劳动节1天、端午节1天、国庆节3天、中秋节1天。

探亲假:工作满1年以上,与配偶或父母分居两地的职工,在一定期限内所享有的与

亲人团聚的带薪假期。

年休假：自 2008 年 1 月 1 日起,机关、团体、企业、事业单位,以及民办非企业单位、有雇工的个体工商户等单位的职工连续工作满 12 个月以上的,享受带薪年休假。此处的工作并不要求在同一公司连续工作,在其他公司离职后立即进入新公司工作,也属于连续工作的范畴。

累计工作年限已满 1 年不满 10 年的、已满 10 年不满 20 年的、已满 20 年的,年休假天数分别为 5 天、10 天、15 天。此处的工龄仍然是指累计的工龄。

注意:国家法定休假日、休息日不计入年休假的假期。年休假一般不跨年度安排。单位因生产、工作特点确有必要跨年度安排职工年休假的,可以跨一个年度安排。

不得享受年休假的情形有:

a.职工依法享受寒暑假,其休假天数多于年休假天数的;

b.职工请事假累计 20 天以上且单位按规定不扣工资的;

c.累计工作满 1 年不满 10 年的职工,请病假累计 2 个月以上的;

d.累计工作满 10 年不满 20 年的职工,请病假累计 3 个月以上的;

e.累计工作满 20 年以上的职工,请病假累计 4 个月以上的。

6.劳动报酬

(1)劳动报酬的支付

①工资应当以法定货币支付,不得以实物及有价证券替代货币支付。

②工资必须在用人单位与劳动者约定的日期支付。如遇节假日或休息日,则应提前在最近的工作日支付。

③工资至少每月支付一次,实行周、日、小时工资制的可按周、日、小时支付工资。

④对完成一次性临时劳动或某项具体工作的劳动者,用人单位应按有关协议或合同规定在其完成劳动任务后立即支付工资。

(2)特殊情况下的工资支付

①法定休假日和婚丧假期间以及依法参加社会活动期间,用人单位应当依法支付工资。

②在部分公民放假的节日期间(如妇女节、青年节等),对参加社会活动或单位组织庆祝活动和照常工作的职工,单位应支付工资报酬,但不支付加班工资。

③加班的劳动报酬。有下列情形的,用人单位应当按照下列标准支付高于劳动者正常工作时间工资的工资报酬:

a.安排劳动者延长工作时间的,支付不低于工资的 150% 的工资报酬;

b.休息日安排劳动者工作又不能安排补休的,支付不低于工资的 200% 的工资报酬;

c.法定休假日安排劳动者工作的,支付不低于工资的 300% 的工资报酬。

注意:

a.实行计件工资的劳动者,在完成计件定额任务后,由用人单位安排延长工作时间的,根据上述原则,分别按照不低于其本人法定工作时间计件单价的 150%、200%、300% 支付其工资。

> b.用人单位安排加班不支付加班费的,由劳动行政部门责令限期支付加班费,逾期不支付的,责令用人单位按应付金额 50% 以上 100% 以下的标准向劳动者加付赔偿金。
>
> c.经劳动行政部门批准实行综合计算工时工作制的,其综合计算工作时间超过法定标准工作时间的部分,视为延长工作时间,按上述规定支付劳动者延长工作时间的工资。
>
> d.实行不定时工时制度的劳动者,不执行上述规定。

④因劳动者本人原因给用人单位造成经济损失的,用人单位可以按劳动合同的约定要求其赔偿经济损失。经济损失的赔偿,可从劳动者本人的工资中扣除。但每月扣除的部分不得超过劳动者当月工资的 20%。若扣除后的剩余工资部分低于当地月最低工资标准,则按最低工资标准支付。

(3)最低工资制度

具体标准由各省、自治区、直辖市人民政府规定,报国务院备案。

7.社会保险

社会保险,是指国家依法建立的,由国家、用人单位和个人共同筹集资金、建立基金,使个人在年老(退休)、患病、工伤(因工伤残或者患职业病)、失业、生育等情况下获得物质帮助和补偿的一种社会保障制度;包括养老保险、失业保险、医疗保险、工伤保险、生育保险。根据《劳动合同法》的规定,用人单位应当依法为劳动者缴纳社会保险,否则劳动者有权解除劳动合同,并可以按照实际工作年限要求用人单位支付经济补偿。

8.劳动保护、劳动条件和职业危害防护

劳动保护、劳动条件和职业危害防护是指用人单位必须为劳动者所从事的劳动提供生产、工作条件和劳动安全保护措施。此类条款的具体规定多为国家的强制性规定。

9.法律、法规规定应当纳入劳动合同的其他事项。

(二)可备条款

可备条款是法律没有要求必须具备的,而由劳动合同当事人双方协商约定的条款。《劳动合同法》规定,用人单位与劳动者可以约定试用期、培训、保守秘密、补充保险和福利待遇等其他事项。根据法律是否对条款内容作出相关规定,可备条款又可分为可备法定条款和可备商定条款。

1.试用期条款

为帮助劳动者防范劳动风险,用人单位防范用工风险,《劳动合同法》对试用期的期限、工资待遇、合同解除等作了具体规定。

(1)试用期期限的强制性规定

根据《劳动合同法》第 19 条第 1 款的规定,劳动合同期限 3 个月以上不满 1 年的,试用期不得超过 1 个月;劳动合同期限 1 年以上不满 3 年的,试用期不得超过 2 个月;3 年以上固定期限和无固定期限的劳动合同,试用期不得超过 6 个月。

> **注意：**
>   ①同一用人单位与同一劳动者只能约定一次试用期。
>   ②以完成一定工作任务为期限的劳动合同或者劳动合同期限不满3个月的，不得约定试用期。
>   ③试用期包含在劳动合同期限内。劳动合同仅约定试用期的，试用期不成立，该期限为劳动合同期限。

（2）试用期工资的强制性规定

劳动者在试用期的工资不得低于本单位相同岗位最低档工资或劳动合同约定工资的80％，并不得低于用人单位所在地的最低工资标准。

（3）试用期内劳动合同的解除

①劳动者有下列情形之一的，用人单位可以解除劳动合同，但应当向劳动者说明理由：

a.在试用期间被证明不符合录用条件的；

b.严重违反用人单位规章制度的；

c.严重失职，营私舞弊，给用人单位造成重大损害的；

d.劳动者同时与其他用人单位建立劳动关系，对完成本单位的工作任务造成严重影响，或者经用人单位提出，拒不改正的；

e.以欺诈、胁迫的手段或者乘人之危，使用人单位在违背真实意思的情况下订立或者变更劳动合同的。

f.被依法追究刑事责任的；

g.劳动者患病或者非因工负伤，在规定的医疗期满后不能从事原工作，也不能从事由用人单位另行安排的工作的；

h.劳动者不能胜任工作，经过培训或者调整工作岗位，仍不能胜任工作的。

②劳动者在试用期内提前3日通知用人单位，可以解除劳动合同。

2.服务期条款

（1）服务期的含义

服务期是指劳动者因享受用人单位给予的特殊待遇而作出的劳动履行期限承诺。

①用人单位为劳动者提供专项培训费用，对其进行专业技术培训的，可以与该劳动者订立协议，约定服务期。

②培训费用，包括用人单位为了对劳动者进行专业技术培训而支付的有凭证的培训费用、培训期间的差旅费用以及因培训产生的用于该劳动者的其他直接费用。

③服务期一般长于劳动合同一般期限。劳动合同期满，但是用人单位与劳动者约定的服务期尚未到期的，劳动合同应当续延至服务期满；双方另有约定的，从其约定。

（2）劳动者违反服务期的违约责任

①劳动者违反服务期约定的，应当按照约定向用人单位支付违约金。违约金的数额不得超过用人单位提供的培训费用。对已经履行部分服务期限的，用人单位要求劳动者

支付的违约金不得超过服务期尚未履行部分所应分摊的培训费用。

②对劳动者培训出资且能够提供相应的支付凭证，才能要求劳动者承担违约责任。

③一般而言，只有劳动者在服务期内提出与单位解除劳动关系时，用人单位才可以要求其支付违约金。

④劳动者因下列违纪等重大过错行为而被用人单位解除劳动关系的，用人单位仍有权要求其支付违约金：

a.劳动者严重违反用人单位的规章制度的；

b.劳动者严重失职，营私舞弊，给用人单位造成重大损害的；

c.劳动者同时与其他用人单位建立劳动关系，对完成本单位的工作任务造成严重影响，或者经用人单位提出，拒不改正的；

d.劳动者以欺诈、胁迫的手段或者乘人之危，使用人单位在违背真实意思的情况下订立或者变更劳动合同的；

e.劳动者被依法追究刑事责任的。

（3）劳动者解除劳动合同不属于违反服务期约定的情形（用人单位存在过错）

用人单位与劳动者约定了服务期，劳动者依照下述情形的规定解除劳动合同的，不属于违反服务期的约定，用人单位不得要求劳动者支付违约金：

①用人单位未按劳动合同约定提供劳动保护或者劳动条件的；

②用人单位未及时足额支付劳动报酬的；

③用人单位未依法为劳动者缴纳社会保险费的；

④用人单位的规章制度违反法律、法规的规定，损害劳动者权益的；

⑤用人单位以欺诈、胁迫的手段或者乘人之危，使劳动者在违背真实意思的情况下订立或者变更劳动合同的；

⑥用人单位在劳动合同中免除自己的法定责任、排除劳动者权利的；

⑦用人单位违反法律、行政法规强制性规定的；

⑧法律、行政法规规定劳动者可以解除劳动合同的其他情形。

3.保守商业秘密和竞业限制条款

（1）对负有保密义务的劳动者，用人单位可以在劳动合同或者保密协议中与劳动者约定竞业限制条款，并约定在解除或者终止劳动合同后，在竞业限制期限内按月给予劳动者经济补偿。补偿金的数额由双方约定。劳动者违反竞业限制约定的，应当按照约定向用人单位支付违约金。

（2）竞业限制条款适用范围限于用人单位的高级管理人员、高级技术人员和其他负有保密义务的人员。

（3）竞业限制期限不得超过 2 年。

4.违约金条款

违约金条款，是指用人单位与劳动者在劳动合同中约定的一方不履行或不完全履行劳动合同义务时，向另一方支付一定数额金钱的条款。

除服务期、保密条款和竞业限制条款规定的情形外，用人单位不得与劳动者约定由劳动者承担违约金。

四、劳动合同的订立、履行与变更

(一)劳动合同的订立

1.劳动合同订立的概念和原则

劳动合同的订立是指劳动者和用人单位经过互相选择与平等协商,就劳动合同的各项条款协商一致,并以书面形式明确规定双方权利、义务,从而确立劳动合同关系的法律行为。

订立劳动合同,应当遵循合法、公平、平等自愿、协商一致、诚实信用的原则。

2.劳动合同订立的主体

(1)劳动合同订立主体的资格要求

劳动者需年满16周岁(只有文艺、体育、特种工艺单位录用人员可以例外),具有劳动权利能力和行为能力。

用人单位具有权利能力和行为能力。用人单位设立的分支机构,依法取得营业执照或者登记证书的,可以作为用人单位与劳动者订立劳动合同;未依法取得营业执照或者登记证书的,受用人单位委托可以与劳动者订立劳动合同。

(2)劳动合同订立主体的法定义务

用人单位对劳动者有如实告知义务;用人单位招用劳动者,不得扣押劳动者的居民身份证和其他证件,用人单位扣押劳动者居民身份证等证件的,由劳动行政部门责令限期退还劳动者本人,并依法给予处罚;不得要求劳动者提供担保或者以其他名义向劳动者收取财物,用人单位以担保或者其他名义向劳动者收取财物的,由劳动行政部门责令限期退还劳动者本人,并对用人单位处以每人500元以上2000元以下的罚款;给劳动者造成损害的,应当依法承担赔偿责任。劳动者对用人单位有如实说明的义务。

3.劳动关系建立的时间

用人单位自用工之日起与劳动者建立劳动关系。用人单位与劳动者在用工前订立劳动合同的,劳动关系自用工之日起建立。

4.劳动合同订立的形式

(1)书面形式及要求

用人单位自用工之日起即与劳动者建立劳动关系。建立劳动关系,应当订立书面劳动合同。对于已建立劳动关系,未同时订立书面劳动合同的,应当自用工之日起一个月内订立书面劳动合同。用人单位与劳动者在用工前订立劳动合同的,劳动关系自用工之日起建立。

(2)未订立书面劳动合同的处理。分三种情形:

①自用工之日起一个月内。经用人单位书面通知后,劳动者不与用人单位订立书面劳动合同的,用人单位应当书面通知劳动者终止劳动关系,无须向劳动者支付经济补偿,但应依法向劳动者支付其实际工作时间的劳动报酬。

②自用工之日起超过一个月不满一年。用人单位未与劳动者订立书面劳动合同的,

应当向劳动者每月支付 2 倍的工资,并与劳动者补订书面劳动合同;劳动者不与用人单位订立书面劳动合同的,用人单位应当书面通知劳动者终止劳动关系,并支付经济补偿。

2 倍工资的起算时间为用工之日起满一个月的次日,截止时间为补订书面劳动合同的前一日。

③自用工之日起满一年。用人单位自用工之日起一个月的次日至满一年的前一日应当向劳动者每月支付 2 倍的工资补偿,并视为自用工之日起一年的当日已经与劳动者订立无固定期限劳动合同,应当立即与劳动者补订书面劳动合同。

(3)用人单位应当建立职工名册备查。

(4)例外情况,非全日制用工双方当事人可以订立口头协议。

(二)劳动合同的履行

1.用人单位与劳动者应当按照劳动合同的约定,全面履行各自的义务

(1)用人单位应向劳动者及时足额支付劳动报酬。用人单位拖欠或者未足额支付劳动报酬的,劳动者可以依法向当地人民法院申请支付令。

(2)用人单位不得强迫或者变相强迫劳动者加班。

(3)劳动者拒绝用人单位管理人员违章指挥、强令冒险作业的,不视为违反劳动合同。

(4)用人单位变更名称、法定代表人、主要负责人或者投资人等事项,不影响劳动合同的履行。

(5)用人单位发生合并或者分立等情况,原劳动合同继续有效,劳动合同由承继其权利和义务的用人单位继续履行。

2.用人单位应当依法建立和完善劳动规章制度,保障劳动者享有劳动权利、履行劳动义务

(1)用人单位劳动规章制度即内部劳动规则,其内容不能违反劳动法律法规的义务性规范和劳动合同的约定条款。合法有效的劳动规章制度是劳动合同的组成部分,对用人单位和劳动者均有法律约束力。

(2)建立劳动规章制度的程序。如果用人单位的规章制度未经公示或者对劳动者告知,该规章制度对劳动者不生效。

(3)劳动规章制度要接受工会、职工与劳动行政部门等的监督。

(三)劳动合同的变更

在劳动合同开始履行但尚未履行完毕之前,用人单位与劳动者协商一致,可以变更劳动合同约定的内容。变更劳动合同,应当采用书面形式。变更后的劳动合同文本由用人单位和劳动者各执一份。用人单位不得强迫劳动者变更劳动合同内容。

五、劳动合同的解除

(一)劳动合同解除的含义

劳动合同解除是指双方当事人对依法订立而尚未全部履行的劳动合同,经双方协商,或因一定的法律事实的出现,双方当事人或一方当事人依法提前终止劳动合同的法

律效力,解除双方权利义务关系的行为。

劳动合同解除分为协商解除和法定解除两种情况。

(二)协商解除(意定解除)——必须协商一致

(1)由用人单位提出解除劳动合同而与劳动者协商一致的,必须依法向劳动者支付经济补偿。

(2)由劳动者主动辞职而与用人单位协商一致解除劳动合同的,用人单位无须向劳动者支付经济补偿。

(三)法定解除

法定解除是指无须双方当事人一致同意,劳动合同效力可以自然或由单方提前终止。法定解除又可分为劳动者的单方解除和用人单位的单方解除。

1.劳动者可单方面解除劳动合同的情形

(1)预告辞职:劳动者提前通知用人单位解除劳动合同

根据《劳动合同法》第37条的规定,劳动者提前30日以书面形式通知用人单位,可以解除劳动合同。劳动者在试用期内提前3日通知用人单位,可以解除劳动合同。

预告辞职的情况,用人单位没有过错,不需要给予劳动者经济补偿。

(2)即时辞职:劳动者随时通知用人单位解除劳动合同

根据《劳动合同法》第38条第1款的规定,用人单位有下列情形之一的,劳动者可以解除劳动合同:

①用人单位未按照劳动合同约定提供劳动保护或者劳动条件的;

②用人单位未及时足额支付劳动报酬的;

③用人单位未依法为劳动者缴纳社会保险费的;

④用人单位的规章制度违反法律、法规的规定,损害劳动者权益的;

⑤用人单位以欺诈、胁迫的手段或者乘人之危,使劳动者在违背真实意思的情况下订立或者变更劳动合同的;

⑥法律、行政法规规定劳动者可以解除劳动合同的其他情形。

用人单位有过错,劳动者即时辞职,具备法定解除合同的事由,且有权要求用人单位给予经济补偿。

(3)立即辞职:劳动者无须通知就可立即解除劳动合同

根据《劳动合同法》第38条第2款的规定,用人单位以暴力、威胁或者非法限制人身自由的手段强迫劳动者劳动的,或者用人单位违章指挥、强令冒险作业危及劳动者人身安全的,劳动者可以立即解除劳动合同,无须事先告知用人单位。

此种情形就是用人单位有重大过错的情况下,劳动者无须事先告知用人单位可以立即解除劳动合同,并有权要求用人单位给予经济补偿。

2.用人单位可单方面解除劳动合同的情形

(1)预告辞退:用人单位提前通知劳动者解除劳动合同

预告辞退是指用人单位需提前30日书面通知劳动者本人,或者额外支付劳动者一个月工资,即可解除劳动合同。根据《劳动合同法》第40条的规定,其包括下列情形:

①劳动者患病或者非因工负伤,在规定的医疗期满后不能从事原工作,也不能从事由用人单位另行安排的工作的;

②劳动者不能胜任工作,经过培训或者调整工作岗位,仍不能胜任工作的;

③劳动合同订立时所依据的客观情况发生重大变化,致使劳动合同无法履行,经用人单位与劳动者协商,未能就变更劳动合同内容达成协议的。

如果在合法解除劳动合同时,用人单位应当但却没有及时向劳动者支付经济补偿的,用人单位应按应付经济补偿金额50％以上100％以下的标准向劳动者加付赔偿金。

(2)即时辞退:用人单位随时通知劳动者解除劳动合同

根据《劳动合同法》第39条的规定,劳动者有下列情形之一的,用人单位可以解除劳动合同:

①在试用期间被证明不符合录用条件的;

②严重违反用人单位的规章制度的;

③严重失职,营私舞弊,给用人单位造成重大损害的;

④劳动者同时与其他用人单位建立劳动关系,对完成本单位的工作任务造成严重影响,或者经用人单位提出,拒不改正的;

⑤以欺诈、胁迫的手段或者乘人之危,使用人单位在违背真实意思的情况下订立或者变更劳动合同的;

⑥被依法追究刑事责任的。

(3)经济性裁员:用人单位因裁员而解除劳动合同

根据《劳动合同法》第41条的规定,有下列情形之一,需要裁减人员20人以上或者裁减不足20人但占企业职工总数10％以上的,用人单位提前30日向工会或者全体职工说明情况,听取工会或者职工的意见后,裁减人员方案经向劳动行政部门报告,可以裁减人员:

①依照企业破产法规定进行重整的;

②生产经营发生严重困难的;

③企业转产、重大技术革新或者经营方式调整,经变更劳动合同后,仍需裁减人员的;

④其他因劳动合同订立时所依据的客观经济情况发生重大变化,致使劳动合同无法履行的。

注意:用人单位裁员后,在6个月内重新招用人员的,应当通知被裁减的人员,并在同等条件下优先招用被裁减的人员。

(4)对用人单位单方解除劳动合同的限制性规定

劳动者有下列情形之一的,用人单位不得解除劳动合同:

①从事接触职业病危害作业的劳动者未进行离岗前职业健康检查,或者疑似职业病病人在诊断或者医学观察期间的;

②在本单位患职业病或者因工负伤并被确认丧失或者部分丧失劳动能力的;

③患病或者非因工负伤,在规定的医疗期内的;

④女职工在孕期、产期、哺乳期的；

⑤在本单位连续工作满15年，且距法定退休年龄不足5年的；

⑥法律、行政法规规定的其他情形。

如果用人单位在上述情形下解除劳动合同的，属于违法解除劳动合同情形，劳动者可要求继续履行劳动合同，享受在劳动关系存续期间的待遇；如果劳动者不愿意或者劳动合同的履行已经不可能，那么劳动者可要求获得2倍经济补偿的赔偿金。

六、劳动合同的终止

(一)劳动合同终止的含义与情形

劳动合同的终止是指劳动合同的法律效力因一定法律事实的出现而归于消灭。

根据《劳动合同法》第44条的规定，有下列情形之一的，劳动合同终止：

(1)劳动合同期满的；

(2)劳动者开始依法享受基本养老保险待遇的；

(3)劳动者死亡，或者被人民法院宣告死亡或者宣告失踪的；

(4)用人单位被依法宣告破产的；

(5)用人单位被吊销营业执照、责令关闭、撤销或者用人单位决定提前解散的；

(6)法律、行政法规规定的其他情形。

需要注意的是，当出现《劳动合同法》规定的限制用人单位解除劳动合同情形时，即使劳动合同期满也不能终止，而应依法延续一定的期限至相应情形消失时终止。

(二)劳动合同解除或终止的后续义务

用人单位应当在解除或者终止劳动合同时给劳动者出具解除或者终止劳动合同的证明，并应在15日内为劳动者办理档案和社会保险关系转移手续。用人单位对已经解除或者终止的劳动合同的文本，至少保存2年备查。

劳动者应当按照双方约定，办理工作交接，负有保密义务的应当继续为用人单位保守商业秘密。

(三)劳动合同解除和终止的经济补偿

1.用人单位应当向劳动者支付经济补偿的情形

(1)由用人单位提出解除劳动合同并与劳动者协商一致而解除劳动合同的；

(2)劳动者符合随时通知解除和无须事先通知即可解除劳动合同规定情形而解除劳动合同的；

(3)用人单位符合提前30日以书面形式通知劳动者本人或者额外支付劳动者1个月工资后，可以解除劳动合同规定情形而解除劳动合同的；

(4)用人单位符合可裁减人员规定而解除劳动合同的；

(5)固定期限劳动合同期满，用人单位不同意续订或降低劳动合同约定条件，劳动者不同意续订的，劳动合同终止，用人单位应当支付经济补偿；

(6)以完成一定工作任务为期限的劳动合同因任务完成而终止的；

(7)用人单位被依法宣告破产终止劳动合同的；

（8）用人单位被吊销营业执照、责令关闭、撤销或者用人单位决定提前解散而终止劳动合同的；

（9）法律、行政法规规定解除或终止劳动合同应当向劳动者支付经济补偿的其他情形。

2.经济补偿的支付标准

经济补偿，一般根据劳动者在用人单位的工作年限和工资标准来计算具体金额，并以货币形式支付给劳动者。经济补偿按劳动者在本单位工作的年限，每满一年支付一个月工资的标准向劳动者支付。即：经济补偿金＝工作年限×月工资。

（1）关于补偿年限的计算标准

6个月以上不满一年的，按一年计算，例如某职工在单位工作5年8个月，则应支付6个月工资标准的经济补偿；不满6个月的，向劳动者支付半个月工资标准的经济补偿，如某职工在单位工作5年4个月，则应支付五个半月工资标准的经济补偿。

劳动者非因本人原因从原用人单位被安排到新用人单位工作的，劳动者在原用人单位的工作年限合并计入新用人单位的工作年限。原用人单位已经向劳动者支付经济补偿的，新用人单位在依法解除、终止劳动合同计算支付经济补偿的工作年限时，不再计算劳动者在原用人单位的工作年限。

（2）关于补偿基数的计算标准

①月工资按照劳动者应得工资计算，包括计时工资或者计件工资以及奖金、津贴和补贴等货币性收入。

②平均工资：按劳动者在劳动合同解除或终止前12个月的平均工资计算，劳动者工作不满12个月的，按照实际工作的月数计算平均工资。

月工资的幅度：最低为当地最低工资标准；最高为当地上年度职工月平均工资的3倍。

③支付经济补偿的年限最高不超过12年。

经济补偿金上限＝工作年限（最高不超过12年）×当地上年度职工月平均工资3倍

（四）劳动合同违法解除时的赔偿金

当用人单位解除劳动者的理由不合法、证据不充分，或者程序不合法，或者解除了不应解除的员工（如处于孕期的劳动者），则该解除行为将被认定为违法解除。在违法解除的情况下，劳动者可以选择合适的方式维护自身合法权益，具体如下：

（1）要求劳动争议仲裁委员会确认用人单位解除合同的行为违反《劳动合同法》，并要求用人单位支付赔偿金；

（2）要求恢复劳动关系，继续到用人单位上班，且要求用人单位支付员工在被违反解除劳动关系期间的工资。

若劳动者选择要求支付赔偿金，应按照《劳动合同法》第87条的规定计算，即按照依法计算出的经济补偿金的2倍。同时，用人单位一旦支付了赔偿金，则不再需要支付经济补偿金。

第二节　社会保险法律实务

◇ **目标提示**

通过本节的学习,掌握我国社会保险法的内容。

◇ **学习内容**

1.我国社会保险法立法概况;

2.我国社会保险的主要内容;

3.违反社会保险法的法律责任。

◇ **重要知识**

社会保险是指国家依法建立的,由国家、用人单位和个人共同筹集资金、建立基金,使个人在年老(退休)、患病、工伤(因工伤残或者患职业病)、失业、生育等情况下获得物质帮助和补偿的一种社会保障制度。

一、社会保险法立法概况

为了规范社会保险关系,维护公民参加社会保险和享受社会保险待遇的合法权益,使公民共享发展成果,促进社会和谐稳定,《中华人民共和国社会保险法》由 2010 年 10 月 28 日第十一届全国人民代表大会常务委员会第 17 次会议通过,自 2011 年 7 月 1 日起施行。2018 年 12 月 29 日,第十三届全国人民代表大会常务委员会第 7 次会议通过《关于修改〈中华人民共和国社会保险法〉的决定》。《中华人民共和国社会保险法》(以下简称《社会保险法》)是我国第一部社会保险制度的综合性法律,是一部着力保障和改善民生的法律;与其相配套的《社会保险法实施细则》自 2011 年 7 月 1 日起施行。

二、社会保险登记

用人单位应当自成立之日起 30 日内凭营业执照、登记证书或者单位印章,向当地社会保险经办机构申请办理社会保险登记。社会保险经办机构应当自收到申请之日起 15 日内予以审核,发给社会保险登记证件。

用人单位的社会保险登记事项发生变更或者用人单位依法终止的,应当自变更或者终止之日起 30 日内,到社会保险经办机构办理变更或者注销社会保险登记。

用人单位应当自用工之日起 30 日内为其职工向社会保险经办机构申请办理社会保险登记。未办理社会保险登记的,由社会保险经办机构核定其应当缴纳的社会保险费。

自愿参加社会保险的无雇工的个体工商户、未在用人单位参加社会保险的非全日制从业人员以及其他灵活就业人员,应当向社会保险经办机构申请办理社会保险登记。

国家建立全国统一的个人社会保障号码。个人社会保障号码为公民身份证号码。

三、基本养老保险

(一)基本养老保险的含义

基本养老保险是对达到法定退休年龄或因年老丧失劳动能力的老年人予以基本生活保障的社会保险制度。养老保险是社会保险体系中最重要、实施最广泛的一项制度。

(二)基本养老保险的覆盖范围

职工基本养老保险:由用人单位和职工共同缴纳基本养老保险费。这是基本养老保险的主体部分。

新型农村社会养老保险(简称新农保):新农保待遇由基础养老金和个人账户养老金组成。

城镇居民社会养老保险(简称城居保):城居保的养老金待遇由基础养老金和个人账户养老金两部分构成。

(三)职工基本养老保险基金的组成和来源

基本养老保险基金由用人单位和个人缴费以及政府补贴等组成。

基本养老金由统筹养老金和个人账户养老金组成。

统筹养老金账户:用人单位应当按照国家规定的本单位职工工资总额的比例缴纳基本养老保险费,记入基本养老保险统筹基金。

个人养老金账户:职工按照国家规定的本人工资的比例缴纳基本养老保险费,记入个人账户。个人账户不得提前支取,记账利率不得低于银行定期存款利率,免征利息税。

个人跨统筹地区就业的,其基本养老保险关系随本人转移,缴费年限累计计算。个人达到法定退休年龄时,基本养老金分段计算、统一支付。

(四)职工基本养老保险费的缴纳与计算

单位缴费:企业缴费的比例一般不得超过企业工资总额的20%,具体比例由省级政府确定。

个人缴费:本人缴费工资的8%,单位缴费不再划入个人账户。

(1)缴费基数——缴费工资:一般为职工本人上一年度(有条件的地区也可以以本人上月)月平均工资。

本人月平均工资低于当地职工月平均工资60%的,按当地职工月平均工资的60%作为缴费基数。本人月平均工资高于当地职工月工资300%的,按当地职工月平均工资的300%作为缴费基数,超过部分不计入缴费工资基数,也不计入计发养老金的基数。

(2)个人缴费不计征个人所得税:在计算个人所得税的应税收入时,应当扣除个人缴纳的养老保险费。

(五)职工基本养老保险享受条件与待遇

1.职工基本养老保险享受条件

(1)年龄条件:达到法定退休年龄。

(2)缴费条件:累计缴费满15年。

2.职工基本养老保险待遇

（1）支付职工基本养老金：国家按月支付基本养老金。

（2）丧葬补助金和遗属抚恤金：投保人因病或者非因工死亡的，其遗属可以领取丧葬补助金和抚恤金。

（3）病残津贴：投保人在未达到法定退休年龄时因病或者非因工致残完全丧失劳动能力的，可以领取病残津贴。

四、基本医疗保险

（一）基本医疗保险的含义

基本医疗保险是为补偿劳动者因疾病风险造成的经济损失而建立的一项社会保险制度。通过用人单位和个人缴费，建立医疗保险基金，参保人员患病就诊发生医疗费用后，由医疗保险经办机构给予一定的经济补偿，以避免或减轻劳动者因患病、治疗等所带来的经济风险。

（二）基本医疗保险的覆盖范围

职工基本医疗保险：征缴范围包括各类企业及其职工，国家机关及其工作人员，事业单位及其职工，民办非企业单位及其职工，社会团体及其专职人员。

新型农村合作医疗制度（简称新农合）：政府组织、引导、支持，农民自愿参加，以大病统筹为主的农民医疗互助共济制度。

城镇居民基本医疗保险制度：个人缴费和政府补贴相结合。享受最低生活保障的人、丧失劳动能力的残疾人、低收入家庭60周岁以上的老年人和未成年人等所需个人缴费部分，由政府给予补贴。

（三）职工基本医疗保险费的缴纳

1.单位缴费

一般为职工工资总额的6％左右，具体比例由各地确定。

2.基本医疗保险个人账户的资金来源

（1）个人缴费部分：一般为本人工资收入的2％。

（2）用人单位强制性缴费的划入部分：一般为30％左右。

（3）个人账户存储额的利息。

（四）基本医疗保险基金不支付的医疗费用

（1）应当从工伤保险基金中支付的；

（2）应当由第三人负担的；

（3）应当由公共卫生负担的；

（4）在境外就医的。

医疗费用应当由第三人负担，但第三人不支付或者无法确定第三人的，由基本医疗保险基金先行支付，然后向第三人追偿。

（五）医疗期

医疗期是指企业职工因患病或非因工负伤停止工作，治病休息，但不得解除劳动合同的期限。

1.医疗期:3 个月~24 个月

企业职工因患病或非因工负伤,需要停止工作,进行医疗时,根据本人实际参加工作年限和在本单位工作年限,给予 3 个月到 24 个月的医疗期。

注意:医疗期的长短与劳动者的工龄相关。计算医疗期从病休第一天开始,累计计算。病休期间,公休、假日和法定节日包括在内。

2.医疗期的计算方法

根据实际工作年限和在本单位工作年限综合考虑。

(1)连续医疗期的计算方法

实际工作年限 10 年以下的,在本单位工作年限 5 年以下的为 3 个月,5 年以上的为 6 个月。

实际工作年限 10 年以上,在本单位工作年限 5 年以下的为 6 个月;5 年以上 10 年以下的为 9 个月;10 年以上 15 年以下的为 12 个月;15 年以上 20 年以下的为 18 个月;20 年以上的为 24 个月。

(2)累计医疗期的计算方法

医疗期 3 个月的按 6 个月内累计病休时间计算;6 个月的按 12 个月内累计病休时间计算;9 个月的按 15 个月内累计病休时间计算;12 个月的按 18 个月内累计病休时间计算;18 个月按 24 个月内累计病休时间计算;24 个月的按 30 个月内累计病休时间计算。

3.医疗期内的待遇

(1)病假工资(或疾病救济费)标准。可低于当地最低工资标准,但最低不能低于最低工资标准的 80%。

(2)医疗期内不得解除劳动合同。如医疗期内合同期满,则合同必须续延至医疗期满,职工在此期间仍然享受医疗期内待遇。

(3)对医疗期满尚未痊愈者,或者医疗期满后,不能从事原工作,也不能从事用人单位另行安排的工作,被解除劳动合同的,用人单位需按经济补偿规定给予其经济补偿。

五、工伤保险

(一)工伤保险的含义

工伤保险,是指劳动者在职业工作中或规定的特殊情况下遭遇意外伤害或职业病,导致暂时或永久丧失劳动能力以及死亡时,劳动者或其遗属能够从国家和社会获得物质帮助的社会保险制度。

(二)工伤保险费的缴纳和工伤保险基金

(1)工伤保险费的缴纳:用人单位缴纳工伤保险费,职工个人不缴纳。

工伤保险费根据以支定收、收支平衡的原则,确定费率。不同行业的工伤风险程度确定行业差别费率和行业内费率差别。用人单位应当按照本单位职工工资总额,根据社会保险经办机构确定的费率缴纳工伤保险费。

(2)工伤保险基金:由用人单位缴纳的工伤保险费、工伤保险基金的利息、依法纳入工伤保险基金的其他资金构成。

（3）工伤保险基金存入社会保障基金财政专户，用于规定的工伤保险待遇，劳动能力鉴定，工伤预防的宣传、培训等费用，以及法律、法规规定的用于工伤保险的其他费用的支付。

（三）工伤认定与劳动能力鉴定

1.应当认定为工伤的情形

（1）在工作时间和工作场所内，因工作原因受到事故伤害的；

（2）工作时间前后在工作场所内，从事与工作有关的预备性或者收尾性工作受到事故伤害的；

（3）在工作时间和工作场所内，因履行工作职责受到暴力等意外伤害的；

（4）患职业病的；

（5）因工外出期间，由于工作原因受到伤害或者发生事故下落不明的；

（6）在上下班途中，受到非本人主要责任的交通事故或者城市轨道交通、客运轮渡、火车事故伤害的；

（7）法律、行政法规规定应当认定为工伤的其他情形。

2.视同工伤的情形

（1）在工作时间和工作岗位，突发疾病死亡或者在48小时之内经抢救无效死亡的；

（2）在抢险救灾等维护国家利益、公共利益活动中受到伤害的；

（3）职工原在军队服役，因战、因公负伤致残，已取得革命伤残军人证，到用人单位后旧伤复发的。

3.不得认定为工伤或者视同工伤的情形

（1）故意犯罪的；

（2）醉酒或者吸毒的；

（3）自残或者自杀的。

4.劳动能力鉴定

职工发生工伤，经治疗伤情相对稳定后存在残疾、影响劳动能力的，应当进行劳动能力鉴定。

劳动能力鉴定是指劳动功能障碍程度和生活自理障碍程度的等级鉴定。

劳动功能障碍分为十个伤残等级，最重的为一级，最轻的为十级。

生活自理障碍分为三个等级：生活完全不能自理、生活大部分不能自理和生活部分不能自理。

自劳动能力鉴定结论作出之日起一年后，工伤职工或者其直系亲属、所在单位或者经办机构认为伤残情况发生变化的，可以申请劳动能力复查鉴定。

（四）工伤保险待遇

1.医疗康复待遇

医疗康复待遇包括工伤治疗及相关补助待遇，康复性治疗待遇，人工器官、矫形器等辅助器具的安装、配置待遇等。在停工留薪内，工伤职工原工资福利待遇不变，由所在单位按月支付。

2.伤残待遇

工伤职工根据不同的伤残等级,享受一次性伤残补助金、伤残津贴、伤残就业补助金以及生活护理费等待遇。其中既有一次性待遇,也有长期待遇。

3.工亡待遇

职工因工死亡,其直系亲属可以领取丧葬补助金、供养亲属抚恤金和一次性工亡补助金。

4.其他待遇

其他待遇,如交通费、住院伙食补助费、护理费等。

(五)特别规定

(1)本人工资,是指工伤职工因工作遭受事故伤害或者患职业病前12个月平均月缴费工资。

上限与下限:上限不超过统筹地区职工平均工资的300%计算;下限不低于统筹地区职工平均工资60%。

(2)工伤职工有下列情形之一的,停止享受工伤保险待遇:①丧失享受待遇条件的;②拒不接受劳动能力鉴定的;③拒绝治疗的。

(3)职工所在用人单位未依法缴纳工伤保险费,发生工伤事故的,由用人单位支付工伤保险待遇。用人单位不支付的,从工伤保险基金中先行支付,由用人单位偿还。用人单位不偿还的,社会保险经办机构可以追偿。

六、失业保险

(一)失业保险的含义

失业保险,是指通过社会集中建立基金,保障因失业而暂时中断生活来源的劳动者的基本生活,并通过职业训练、职业介绍等措施为其重新就业创造条件的社会保险制度。

失业保险制度有三大功能:一是保障失业者基本生活;二是促进失业者再就业;三是合理配置劳动力。

(二)失业保险费的缴纳

征缴范围:城镇企业、事业单位及其职工。

征缴比例:各类企业事业单位按照本单位工资总额的2%缴纳失业保险费,职工按照本人工资的1%缴纳失业保险费。

(三)失业保险待遇

1.失业保险待遇的享受条件

(1)失业前用人单位和本人已经缴纳失业保险费满一年的。

(2)非因本人意愿中断就业的。包括劳动合同终止;用人单位解除劳动合同;被用人单位开除、除名和辞退;因用人单位过错由劳动者解除劳动合同;法律、法规、规章规定的其他情形。

(3)已经进行失业登记,并有求职要求的。

2.失业保险金的领取期限

（1）用人单位应当及时为失业人员出具终止或者解除劳动关系的证明，并将失业人员的名单自终止或者解除劳动关系之日起15日内告知社会保险经办机构。

（2）根据失业前用人单位和本人累计缴费时间，分别为12个月、18个月，最长为24个月。

3.失业保险金发放标准

发放标准为：不低于城市居民最低生活保障标准，不高于当地最低工资标准。

4.失业保险待遇

由失业保险基金支付，具体有以下几个方面：

（1）领取失业保险金。

（2）领取失业保险金期间的基本医疗保险费。失业人员应缴纳的医保费用从失业保险基金中支付，个人不缴纳基本医疗保险费。

（3）领取失业保险金期间的死亡补助。向其遗属发给一次性丧葬补助金和抚恤。

（4）职业介绍与职业培训补贴。

（四）停止领取失业保险金及其他失业保险待遇的情形

（1）重新就业的；

（2）应征服兵役的；

（3）移居境外的；

（4）享受基本养老保险待遇的；

（5）无正当理由，拒不接受当地人民政府指定部门或者机构介绍的适当工作或者提供的培训的。

七、生育保险

1.缴纳方式：由用人单位按照国家规定缴纳生育保险费，职工不缴纳生育保险费。

2.提取比例：由地方规定，但最高不得超过工资总额的1%。

3.开支项目：企业缴纳的生育保险费作为期间费用处理，列入企业管理费用。

4.生育保险待遇：①生育医疗费用，包括生育的医疗费用、计划生育的医疗费用等；②生育津贴，按照职工所在用人单位上年度职工月平均工资计发。

5.生育保险基金不予支付的费用：因医疗事故而发生的医疗费用；婴儿所发生的各项费用；在非定点医疗机构检查、分娩而发生的医疗费用；由职工个人负担的医疗费用等。

八、用人单位违反社会保险法的法律责任

用人单位不办理社会保险登记的，由社会保险行政部门责令限期改正；逾期不改正的，对用人单位处应缴社会保险费数额1倍以上3倍以下的罚款，对其直接负责的主管人员和其他直接责任人员处500元以上3000元以下的罚款。

用人单位未按时足额缴纳社会保险费的，由社会保险费征收机构责令限期缴纳或者补足，并自欠缴之日起，按日加收5‰的滞纳金；逾期仍不缴纳的，由有关行政部门处欠缴

数额 1 倍以上 3 倍以下的罚款。

第三节　劳动争议处理法律实务

◇ **目标提示**

通过本节的学习,掌握劳动争议处理的方式、流程。

◇ **学习内容**

1.劳动争议调解仲裁法立法概况;

2.劳动争议调解程序;

3.劳动争议仲裁;

4.劳动争议诉讼。

◇ **重要知识**

劳动争议仲裁委员会,是指处理劳动争议案件,实行仲裁庭制度的机构。其按照统筹规划、合理布局和适应实际需要的原则设立,而不按行政区划层层设立。劳动争议仲裁委员会由劳动行政部门代表、工会代表和企业方面代表组成。劳动争议仲裁委员会组成人员应当是单数。

一、劳动争议调解仲裁法立法概况

为了公正及时解决劳动争议,保护当事人合法权益,促进劳动关系和谐稳定,《中华人民共和国劳动争议调解仲裁法》(以下简称《劳动争议调解仲裁法》)由第十届全国人民代表大会常务委员会第 31 次会议于 2007 年 12 月 29 日通过,自 2008 年 5 月 1 日起施行。

中华人民共和国境内的用人单位与劳动者发生下述劳动争议,均适用我国《劳动争议调解仲裁法》:

(1)因确认劳动关系发生的争议;

(2)因订立、履行、变更、解除和终止劳动合同发生的争议;

(3)因除名、辞退和辞职、离职发生的争议;

(4)因工作时间、休息休假、社会保险、福利、培训以及劳动保护发生的争议;

(5)因劳动报酬、工伤医疗费、经济补偿或者赔偿金等发生的争议;

(6)法律、法规规定的其他劳动争议。

二、劳动争议处理的方式

根据《劳动法》第 77 条的规定,用人单位与劳动者发生劳动争议,当事人可以依法申请调解、仲裁、提起诉讼,也可以协商解决。我国劳动争议的解决方式主要有四种:协商、调解、仲裁、诉讼。协商是劳动者和用人单位,或劳动者请工会或第三方共同与用人单位,对劳动争议的解决协商一致达成和解协议的劳动争议处理方式。其中协商、调解属于可选程序,仲裁和诉讼是处理劳动争议案件的法定程序。发生劳动争议的,当事人双方可以协商解决;协商不成的,可以依法申请调解;调解不成的,可以依法申请仲裁;对仲裁裁决不服的,可以向人民法院提起诉讼。当事人也可以不经过协商和调解,直接申请劳动仲裁,但劳动仲裁是劳动诉讼的前置程序,一般的劳动争议未经劳动仲裁而直接向人民法院起诉的,人民法院不予受理。

三、劳动争议的调解

(一)劳动争议调解机构

(1)企业劳动争议调解委员会。它由职工代表和企业代表组成。其中,职工代表由工会成员担任或者由全体职工推举产生;企业代表由企业负责人指定。企业劳动争议调解委员会主任由工会成员或者双方推举的人员担任。

(2)依法设立的基层人民调解组织。

(3)在乡镇、街道设立的具有劳动争议调解职能的组织。

(二)劳动争议调解程序

(1)当事人申请劳动争议调解可以书面申请,也可以口头申请。口头申请的,调解组织应当当场记录申请人基本情况,申请调解的争议事项、理由和时间。

(2)调解劳动争议,应当充分听取双方当事人对事实和理由的陈述,耐心疏导,帮助其达成协议。

(3)经调解达成协议的,应当制作调解协议书。调解协议书由双方当事人签名或者盖章,经调解员签名并加盖调解组织印章后生效,对双方当事人具有约束力,当事人应当履行。自劳动争议调解组织收到调解申请之日起 15 日内未达成调解协议的,当事人可以依法申请仲裁。

(4)达成调解协议后,一方当事人在协议约定期限内不履行调解协议的,另一方当事人可以依法申请仲裁。

(5)因支付拖欠劳动报酬、工伤医疗费、经济补偿或者赔偿金事项达成调解协议,用人单位在协议约定期限内不履行的,劳动者可以持调解协议书依法向人民法院申请支付令。人民法院应当依法发出支付令。

四、劳动争议仲裁

(一)劳动争议仲裁的管辖

劳动争议仲裁主要实行地域管辖。劳动争议仲裁委员会负责管辖本区域内发生的劳动争议。劳动争议由劳动合同履行地或者用人单位所在地的劳动争议仲裁委员会管辖。双方当事人分别向劳动合同履行地和用人单位所在地的劳动争议仲裁委员会申请仲裁的,由劳动合同履行地的劳动争议仲裁委员会管辖。

劳动争议仲裁委员会按照统筹规划、合理布局和适应实际需要的原则设立,而不按行政区划层层设立。劳动争议仲裁委员会由劳动行政部门代表、工会代表和企业方面代表组成。劳动争议仲裁委员会组成人员应当是单数。劳动仲裁委员会处理劳动争议案件,实行仲裁庭制度,即按照"一案一庭"的原则组成仲裁庭,审理劳动争议案件。仲裁庭的组织形式有独任制和合议制两种。合议制仲裁庭由 3 名仲裁员组成,并设 1 名首席仲裁员。除简单劳动争议案件外,均应组成合议制仲裁庭。仲裁庭在仲裁委员会领导下依法处理劳动争议。

(二)劳动争议仲裁的时效

劳动争议申请仲裁的时效期间为 1 年。仲裁时效期间从当事人知道或者应当知道其权利被侵害之日起计算。劳动关系存续期间因拖欠劳动报酬发生争议的,劳动者申请仲裁不受上述仲裁时效期间的限制;但是,劳动关系终止的,应当自劳动关系终止之日起1 年内提出。仲裁时效和诉讼时效一样适用时效中断、时效中止。

(三)劳动争议仲裁的程序

1.申请与受理

(1)仲裁申请

劳动争议的当事人不愿调解,或自劳动争议调解组织收到调解申请之日起 15 日内未达成调解协议的,可以向劳动争议仲裁委员会申请仲裁;达成调解协议后,一方当事人在协议约定期限内不履行调解协议的,另一方当事人可以依法申请仲裁。

申请人申请仲裁应当提交书面仲裁申请,并按照被申请人人数提交副本。

仲裁申请书应当载明下列事项:

①劳动者的姓名、性别、年龄、职业、工作单位和住所,用人单位的名称、住所和法定代表人或者主要负责人的姓名、职务;

②仲裁请求和所根据的事实、理由;

③证据和证据来源、证人姓名和住所。

书写仲裁申请确有困难的,可以口头申请,由劳动争议仲裁委员会记入笔录,并告知对方当事人。

(2)仲裁受理

①劳动争议仲裁委员会收到仲裁申请之日起 5 日内,决定是否受理。

②对劳动争议仲裁委员会不予受理或者逾期未作出决定的,申请人可以就该劳动争议事项向人民法院提起诉讼。

③劳动争议仲裁委员会受理仲裁申请后,应当在 5 日内将仲裁申请书副本送达被申请人。被申请人收到仲裁申请书副本后,应当在 10 日内向劳动争议仲裁委员会提交答辩书。劳动争议仲裁委员会收到答辩书后,应当在 5 日内将答辩书副本送达申请人。被申请人未提交答辩书的,不影响仲裁程序的进行。

2.开庭和裁决

(1)基本制度

①公开仲裁制。当事人协议不公开进行或者涉及国家秘密、商业秘密和个人隐私的除外。

②仲裁庭制。仲裁庭由 3 名仲裁员担任仲裁。简单劳动争议案件可以由 1 名仲裁

员独任仲裁。

③回避制。仲裁员有下列情形之一,应当回避,当事人也有权以口头或者书面方式提出回避申请:

a.是本案当事人或者当事人、代理人的近亲属的;

b.与本案有利害关系的;

c.与本案当事人、代理人有其他关系,可能影响公正裁决的;

d.私自会见当事人、代理人,或者接受当事人、代理人的请客送礼的。

劳动争议仲裁委员会对回避申请应当及时作出决定,并以口头或者书面方式通知当事人。

(2)开庭程序

①开庭通知和延期申请

劳动争议仲裁委员会应当在受理仲裁申请之日起 5 日内将仲裁庭的组成情况书面通知当事人。

仲裁庭应当在开庭 5 日前,将开庭日期、地点书面通知双方当事人。当事人有正当理由的,可以在开庭 3 日前请求延期开庭。是否延期,由劳动争议仲裁委员会决定。

申请人收到书面通知,无正当理由拒不到庭或者未经仲裁庭同意中途退庭的,可以视为撤回仲裁申请;被申请人收到书面通知,无正当理由拒不到庭或者未经仲裁庭同意中途退庭的,可以缺席裁决。

②开庭审理

当事人在仲裁过程中有权进行质证和辩论。质证和辩论终结时,首席仲裁员或者独任仲裁员应当征询当事人的最后意见。

当事人提供的证据经查证属实的,仲裁庭应当将其作为认定事实的根据。

劳动者无法提供由用人单位掌握管理的与仲裁请求有关的证据,仲裁庭可以要求用人单位在指定期限内提供。用人单位在指定期限内不提供的,应当承担不利后果。

(3)裁决

①和解。当事人申请劳动争议仲裁后,可以自行和解。达成和解协议的,可以撤回仲裁申请。

②调解。仲裁庭在作出裁决前,应当先行调解。调解达成协议的,仲裁庭应当制作调解书。调解书经双方当事人签收后,发生法律效力。

③审限。具体规定如下:

a.应当自劳动争议仲裁委员会受理仲裁申请之日起 45 日内结束。

b.案情复杂需要延期的,经劳动争议仲裁委员会主任批准,可以延期并书面通知当事人,但是延长期限不得超过 15 日。

c.逾期未作出仲裁裁决的,当事人可以就该劳动争议事项向人民法院提起诉讼。

④裁决。裁决应当按照多数仲裁员的意见作出,仲裁庭不能形成多数意见时,裁决应当按照首席仲裁员的意见作出。

下列劳动争议,除《劳动争议调解仲裁法》另有规定的外,仲裁裁决为终局裁决,裁决书自作出之日起发生法律效力：

a.追索劳动报酬、工伤医疗费、经济补偿或者赔偿金，不超过当地月最低工资标准 12 个月金额的争议；

b.因执行国家的劳动标准在工作时间、休息休假、社会保险等方面发生的争议。

当事人对上述终局裁决情形之外的其他劳动争议案件的仲裁裁决不服的，可以自收到仲裁裁决书之日起 15 日内向人民法院提起诉讼；期满不起诉的，裁决书发生法律效力。

用人单位有证据证明上述裁决有下列情形之一，可以自收到仲裁裁决书之日起 30 日内向劳动争议仲裁委员会所在地中级人民法院申请撤销裁决：

a.适用法律、法规确有错误的；

b.劳动争议仲裁委员会无管辖权的；

c.违反法定程序的；

d.裁决所根据的证据是伪造的；

e.对方当事人隐瞒了足以公正裁决的证据的；

f.仲裁员在仲裁该案时有索贿受贿、徇私舞弊、枉法裁决行为的。

人民法院经组成合议庭审查核实裁决有前款规定情形之一的，应当裁定撤销。

仲裁裁决被人民法院裁定撤销的，当事人可以自收到裁定书之日起 15 日内就该劳动争议事项向人民法院提起诉讼。

3.执行

（1）先予执行

仲裁庭对追索劳动报酬、工伤医疗费、经济补偿或者赔偿金的案件，根据当事人的申请，可以裁决先予执行，移送人民法院执行。

劳动者申请先予执行的，可以不提供担保。

仲裁庭裁决先予执行的，应当符合下列条件：

①当事人之间权利义务关系明确；

②不先予执行将严重影响申请人的生活。

（2）向人民法院申请执行

当事人对发生法律效力的调解书、裁决书，应当依照规定的期限履行。一方当事人逾期不履行的，另一方当事人可以依照民事诉讼法的有关规定向人民法院申请执行。受理申请的人民法院应当依法执行。

（四）劳动争议诉讼

1.申请范围

（1）对劳动争议仲裁委员会不予受理或者逾期未作出决定的，申请人可以就该劳动争议事项向人民法院提起诉讼；

（2）劳动者对劳动争议的终局裁决不服的，可以自收到仲裁裁决书之日起 15 日内向人民法院提起诉讼。

（3）当事人对终局裁决情形之外的其他劳动争议案件的仲裁裁决不服的，可以自收到仲裁裁决书之日起 15 日内提起诉讼,期满不起诉的,裁决书发生法律效力。

(4)用人单位有证据证明终局裁决有《劳动争议调解仲裁法》第 49 条规定的情形的,可以自收到仲裁裁决书之日起 30 日内向劳动争议仲裁委员会所在地的中级人民法院申请撤销裁决。

(5)仲裁裁决被人民法院裁定撤销的,当事人可以自收到裁定书之日起 15 日内就该劳动争议事项向人民法院提起诉讼。

2.诉讼程序

劳动争议诉讼程序,依照民事诉讼法的规定执行。

本章小结

通过本章的学习,了解劳动法的调整对象、劳动法的适用范围、劳动保护制度;掌握劳动合同的种类、内容,以及劳动合同的签订、履行、解除和终止及解除和终止后的经济补偿;掌握劳动争议处理的机构和程序;了解工作时间与休息休假制度,工资形式、工资保障制度、最低工资制度,养老、医疗、失业、工伤等社会保险基金的筹集与待遇享受。

💡 技能训练

内容:2021 年 9 月 26 日,浙江某鞋业公司发出通知,主要内容是,为了按时完成客户的订单任务,所有员工在国庆节期间均得加班,节后安排时间补休。职工李某提出加班应按《劳动法》的规定支付加班费,遭到公司经理拒绝。因此,李某在国庆节期间没有去上班。2021 年 10 月 10 日,公司决定解除与李某的劳动合同,双方为此发生争执。

要求:以班级为单位,将学生分成五个小组,分别扮演用人单位、劳动者、双方的委托代理人和仲裁员角色,按劳动争议案件处理流程模拟解决上述劳动争议。

目的:通过实训,学生能够懂得劳动争议的解决在实体上应当符合《劳动法》、《劳动合同法》及其他相关法律法规的规定;在程序上应当符合《劳动争议调解仲裁法》的要求;劳动争议仲裁申请书、授权委托书和裁决书的格式应当规范。

第七章　企业竞争法律实务

能力目标

能辨别、判断垄断行为以及不正当竞争行为。

知识目标

1. 了解反垄断法的适用范围、反垄断机构;
2. 掌握反垄断法规制的垄断行为及其法律责任;
3. 掌握不正当竞争行为的表现及其法律责任。

案例导入

案例一:2021 年 4 月 10 日,市场监管总局依法作出行政处罚决定,责令阿里巴巴集团控股有限公司(以下简称"阿里巴巴集团")停止违法行为,并处以其 2019 年中国境内销售额 4557.12 亿元的 4% 的罚款,计 182.28 亿元。2020 年 12 月,市场监管总局依据反垄断法对阿里巴巴集团在中国境内网络零售平台服务市场滥用市场支配地位行为立案调查。经查,阿里巴巴集团在中国境内网络零售平台服务市场具有支配地位。自 2015 年以来,阿里巴巴集团滥用该市场支配地位,对平台内商家提出"二选一"要求,得以禁止平台内商家在其他竞争性平台开店或参加促销活动,并借助市场力量、平台规则和数据、算法等技术手段,采取多种奖惩措施保障"二选一"要求执行,维持、增强自身市场力量,获取不正当竞争优势。调查表明,阿里巴巴集团实施"二选一"行为排除、限制了中国境内网络零售平台服务市场的竞争,妨碍了商品服务和资源要素自由流通,影响了平台经济创新发展,侵害了平台内商家的合法权益,损害了消费者利益,构成《反垄断法》第 17 条第 1 款第(四)项禁止"没有正当理由,限定交易相对人只能与其进行交易"的滥用市场支配地位行为。根据《反垄断法》第 47 条、第 49 条的规定,综合考虑阿里巴巴集团违法行为的性质、程度和持续时间等因素,2021 年 4 月 10 日,市场监管总局依法作出行政处罚决定,责令阿里巴巴集团停止违法行为,并处以其 2019 年中国境内销售额 4557.12 亿元的 4% 的罚款,计 182.28 亿元。同时,按照行政处罚法坚持处罚与教育相结合的原则,向阿里巴巴集团发出《行政指导书》,要求其围绕严格落实平台企业主体责任、加强内控合规管理、维护公平竞争、保护平台内商家和消费者合法权益等方面进行全面整改,并连续3年向市场监管总局提交自查合规报告。阿里巴巴官方微博回应称,已经收到处罚决定书,并表示"对此处罚,我们诚恳接受,坚决服从。我们将强化依法经营,进一步加强合规体系建设,立足创新发展,更好履行社会责任"。(资料来源:腾讯网)

案例二:北京爱奇艺科技有限公司(以下简称"爱奇艺公司")是爱奇艺网和手机端爱奇艺App的经营者,用户支付相应对价成为爱奇艺VIP会员后能够享受跳过广告和观看VIP视频等会员特权。杭州龙魂网络科技有限公司(以下简称"龙魂公司")、杭州龙境科技有限公司(以下简称"龙境公司")通过运营的"马上玩"App对其购买的爱奇艺VIP账号进行分时出租,使用户无须购买爱奇艺VIP账号、通过云流化技术手段即可限制爱奇艺App部分功能。爱奇艺公司诉至法院,要求消除影响并赔偿经济损失及合理开支300万元。一审法院认定龙魂公司、龙境公司的涉案行为构成不正当竞争,判令其停止侵权,并赔偿爱奇艺公司经济损失及合理开支共计300万元。龙魂公司、龙境公司不服一审判决,提起上诉,北京知识产权法院二审认定,龙魂公司、龙境公司的行为妨碍了爱奇艺公司合法提供的网络服务的正常运行,主观恶意明显。龙魂公司、龙境公司运用网络新技术向社会提供新产品并非基于促进行业新发展的需求,该行为从长远来看也将逐步降低市场活力,破坏竞争秩序和机制,阻碍网络视频市场的正常、有序发展,并最终造成消费者福祉的减损,具有不正当性。北京知识产权法院判决驳回上诉、维持一审判决。(资料来源:最高人民法院网站)

案例思考:

1.什么是垄断? 垄断行为有哪些表现形式?

2.什么是不正当竞争行为? 不正当竞争行为对市场有什么危害?

第一节　反垄断法律实务

◆ 目标提示

通过本节的学习,掌握反垄断法所规制的垄断行为的主要表现形式,学会运用反垄断法的规定判断垄断行为,包括平台经济的新型垄断行为,掌握我国反垄断的执法规则

◆ 学习内容

1.反垄断法立法概况;

2.反垄断法规制的垄断行为。

◆ 重要知识

垄断协议,是指经营者通过协议采取共同行动,而这种共同行动将导致排挤、限制或阻碍竞争的后果。

一、垄断与我国反垄断立法概况

(一)垄断的含义

垄断,从字面上看,它跟"独占"有相同之意,一般是指在一个市场上只有一个或少数几个经营者,而这一个或少数几个经营者又会对市场上商品或服务的提供形成控制,包括对商品或服务的价格、质量、数量等形成控制。市场上一旦形成垄断,往往会对竞争造成极大的破坏,交易相对方选择交易的范围受限,不得不接受垄断经营者提出的不合理条件;垄断经营者联合限制技术进步的协议,还会对社会进步造成影响;垄断最终会影响到消费者,让消费者只能接受一个或少数几个垄断经营者的交易条件,而竞争充分的市场条件下消费者则有更多选择权。

当然,在一些涉及国计民生等特定行业里,会出现包括经营者不愿意投资、过度竞争会让运营效力低下等"市场失灵"的现象,如自来水、国家电网等领域,适度的垄断则有利于行业更高效运营。这类的垄断我们把它称为"自然垄断"。

为此,必须区分经济学上的垄断与法律上的垄断。经济学上的垄断只从市场份额进行判断,但这种垄断有些是法律允许的,如以上所说的"自然垄断",而有些则是法律所禁止的。经济学上的垄断主要从静态层面去研究,法律上的垄断主要考察动态层面,重在规制排挤竞争对手,限制或阻碍竞争的行为。法学界一般从实施动态垄断行为来界定垄断的含义,如孙晋认为"垄断无论表现为垄断状态还是垄断行为,最终都表现为对市场竞争的限制,在现实中,各种限制竞争行为也就是垄断行为"[①]。史际春认为,"就垄断而言,无论是促成垄断的扩张和联合过程,还是垄断造成独占的结果,都是对竞争的限制;限制竞争的行为,则无不是垄断性行为"[②]。我国《反垄断法》并没有对垄断进行明确定义,但规定了垄断行为的表现形式。从我国《反垄断法》的规定来看,法律规制的主要是具体的垄断行为。根据我国学者的观点和我国《反垄断法》的规定,可以将法律规制的垄断界定为:垄断是经营者以单独或联合行动等方式,谋求或实施控制支配市场,限制或排斥竞争的行为。

(二)我国反垄断立法概况

新中国成立后,我国选择计划经济作为基本经济体制,到 20 世纪末,我国的经济体制经历了从计划经济到市场经济的转变。计划经济的典型特征是实施强有力的调控,政府直接干预市场,虽然我们实现了市场经济的转型,但计划经济下政府管理经济的一些做法在有些地方仍有遗留,这也会对市场造成垄断效应。进入市场经济以后,市场主体通过竞争优胜劣汰,经济垄断也逐步浮出水面。为了预防和制止垄断行为,保护市场公平竞争,提高经济运行效率,维护消费者利益和社会公共利益,促进社会主义市场经济健康发展,《中华人民共和国反垄断法》(以下简称《反垄断法》)由第十届全国人民代表大会常务委员会第 29 次会议于 2007 年 8 月 30 日通过,自 2008 年 8 月 1 日起施行。

---

① 孙晋.反垄断法:制度与原理[M].武汉:武汉大学出版社,2010:4.
② 史际春.关于中国反垄断法的概念和对象[M]//法学前沿:第 3 辑.北京:法律出版社,1999:130.

二、我国反垄断法所规制的垄断

我国《反垄断法》第3条规定:"本法规定的垄断行为包括:(一)经营者达成垄断协议;(二)经营者滥用市场支配地位;(三)具有或者可能具有排除、限制竞争效果的经营者集中。"同时,《反垄断法》第五章专门规定了"滥用行政权力、限制竞争"的行为。

我国《反垄断法》之所以没有把"滥用行政权力、限制竞争"行为在该法第3条中列举,主要是考虑到垄断行为的主体一般为市场主体,市场主体在竞争中采取排除、限制竞争的行为构成垄断,而"滥用行政权力、限制竞争"行为的实施主体并非市场主体,而是享有行政权力的行政主体。但"滥用行政权力、限制竞争"行为事实上已达到垄断的效果,《反垄断法》对此必须予以规制。为此,有人将垄断分为经营性垄断行为和行政性垄断行为。经营性垄断行为是指经营者利用自己的经济优势,或者联合组织或通谋等方式,限制、排挤或阻碍市场正常竞争的行为。行政性垄断行为是指行政机关和法律、法规授权的具有管理公共事务职能的组织滥用行政权力,排除、限制竞争的行为。

三、我国反垄断机构

我国反垄断机构主要有:

1.反垄断委员会

国务院设立反垄断委员会,负责组织、协调、指导反垄断工作,履行下列职责:①研究拟订有关竞争政策;②组织调查、评估市场总体竞争状况,发布评估报告;③制定、发布反垄断指南;④协调反垄断行政执法工作;⑤国务院规定的其他职责。

2.反垄断执法机构

国务院规定的承担反垄断执法职责的机构依照反垄断法规定,负责反垄断执法工作。随着我国反垄断执法的不断深入以及新形势下反垄断的需要,2021年11月18日,国家反垄断局正式挂牌,由原先的国家市场监管总局直属局,变为国务院新组建的副部级国家局。此次国家反垄断局的成立挂牌,进一步健全完善了中国反垄断执法的体制机制,提升了反垄断执法工作的统一性、权威性。国务院反垄断执法机构根据工作需要,可以授权省、自治区、直辖市人民政府相应的机构,依照《反垄断法》规定负责有关反垄断执法工作。

反垄断执法机构依法对涉嫌垄断行为进行调查。反垄断执法机构调查涉嫌垄断行为,可以采取下列措施:①进入被调查的经营者的营业场所或者其他有关场所进行检查;②询问被调查的经营者、利害关系人或者其他有关单位或者个人,要求其说明有关情况;③查阅、复制被调查的经营者、利害关系人或者其他有关单位或者个人的有关单证、协议、会计账簿、业务函电、电子数据等文件、资料;④查封、扣押相关证据;⑤查询经营者的银行账户。反垄断执法机构调查涉嫌垄断行为,执法人员不得少于2人,并应当出示执法证件。

四、禁止垄断协议行为

(一)垄断协议的含义

垄断协议是指经营者通过协议采取共同行动,而这种共同行动将导致排挤、限制或阻碍竞争的后果。我国《反垄断法》第13条规定:"本法所称垄断协议,是指排除、限制竞争的协议、决定或者其他协同行为。"如果一个市场上多个经营者通过协议分割市场或固定价格等,表面上并没有达到经济学上的垄断,但市场上竞争将不复存在,消费者的选择也受限制,这种行为显然要受到反垄断法的规制。我国反垄断法根据参与协议的经营者是处于同一流转环节的商品或服务提供商或上下游商品流转关系的提供商,将垄断协议分为横向垄断协议和纵向垄断协议。针对现实生活中很多有影响力的经营者均加入行业协会,而且行业协会更容易让会员达成一致行动,我国《反垄断法》第11条规定:"行业协会应当加强行业自律,引导本行业的经营者依法竞争,维护市场竞争秩序。"第16条规定:"行业协会不得组织本行业的经营者从事本章禁止的垄断行为。"

(二)横向垄断协议

横向垄断协议是指处于同一流转环节的商品或服务提供商通过协议而实施的排除、限制竞争的行为。我国《反垄断法》第13条规定:"禁止具有竞争关系的经营者达成下列垄断协议:(一)固定或者变更商品价格;(二)限制商品的生产数量或者销售数量;(三)分割销售市场或者原材料采购市场;(四)限制购买新技术、新设备或者限制开发新技术、新产品;(五)联合抵制交易;(六)国务院反垄断执法机构认定的其他垄断协议。"

1.固定或变更价格协议行为

价格是经营者或消费者在市场行为或消费中最为关注的一个信息。经营者共同固定或变更价格,将使其他经营者或消费者与参与协议的经营者进行交易时,价格都是一样的,而这种共同的价格并不是市场竞争形成的,而是人为导致的,这就使得市场失去竞争,其他经营者或消费者无从选择。

2.限制数量协议行为

限制数量协议行为是处于同一流转环节的商品或服务提供商通过协议约定商品或服务的提供数量并共同实施的行为。这种行为将限制市场上该种商品或服务的数量,人为制造供应紧张,使得价格长期高位运转,最终必然损害消费者权益。

3.划定市场协议行为

即经营者通过协议各自经营不同的地域市场、客户市场或者产品市场的行为。人为划定市场将导致参与协议的经营者失去竞争,相关地域或产品的经营者或消费者只能选择特定的垄断经营者进行交易,从而使参与协议的垄断经营者间接达到控制市场的目的。

4.限制创新协议的行为

即经营者通过协议限制购买新技术、新设备或者限制开发新技术、新产品。限制创新协议让参与协议各方维持原有技术水平,降低技术研发成本,形成价格控制,一方面排除、限制竞争,另一方面也阻碍技术进步,必须予以制止。

5.联合抵制交易行为

即经营者协同对上游或下游交易对象进行抵制,或者要求上游或下游交易对象拒绝与竞争对手进行交易,限制其参与竞争的行为。联合抵制交易行为实质就是排挤、限制被抵制对象参与竞争,显然构成垄断效果。现实生活中还出现过联合抵制聘用特定劳动者的情况。

6.其他横向垄断协议

这是法律列举时的一种兜底条款,就是除了前面列举的横向垄断协议行为以外,国务院反垄断执法机构认定的构成排除、限制竞争的协议的行为。

(三)纵向垄断协议

纵向垄断协议是指处于上下游商品流转环节并有交易关系的商品提供商通过协议而实施的排除、限制竞争的行为。我国《反垄断法》第14条规定:"禁止经营者与交易相对人达成下列垄断协议:(一)固定向第三人转售商品的价格;(二)限定向第三人转售商品的最低价格;(三)国务院反垄断执法机构认定的其他垄断协议。"垄断协议具体形式如下:

(1)固定转售价格。即经营者与交易相对方达成协议,要求交易相对方按照约定价格向第三人销售商品。这实际上剥夺了交易相对方的自主权,排除或限制下一商品流转环节的竞争。

(2)限制最低转售价格。限制最低转售价格虽然没有固定转售价格,但实际上也限制了交易相对方的自主权,也对正常市场竞争造成限制。

(3)其他纵向垄断协议。即国务院反垄断执法机构认定的对上下游交易相对方作出限制的其他垄断协议。

(四)垄断协议的豁免

垄断协议的豁免,是指协议行为构成垄断的效果,但依据反垄断法的规定,允许其实施并不予限制或追究法律责任的情形。我国《反垄断法》第15条规定:"经营者能够证明所达成的协议属于下列情形之一的,不适用本法第十三条、第十四条的规定:(一)为改进技术、研究开发新产品的;(二)为提高产品质量、降低成本、增进效率,统一产品规格、标准或者实行专业化分工的;(三)为提高中小经营者经营效率,增强中小经营者竞争力的;(四)为实现节约能源、保护环境、救灾救助等社会公共利益的;(五)因经济不景气,为缓解销售量严重下降或者生产明显过剩的;(六)为保障对外贸易和对外经济合作中的正当利益的;(七)法律和国务院规定的其他情形。"

五、禁止滥用市场支配地位的垄断行为

(一)滥用市场支配地位的含义

滥用市场支配地位,是指具有市场支配地位的经营者,不正当地使用其市场支配地位,实施我国反垄断法规定的行为,损害市场公平竞争秩序,排除、限制或阻碍竞争。经营者本身具有支配地位并不违法,很多国家都存在具有市场支配地位的企业,即使市场上存在具有经济学意义上的垄断状态的主体也并不当然违法,关键是要看具有市场支配

地位的主体是否实施了垄断行为,如果实施了反垄断法禁止的垄断行为,就要受到反垄断法的规制。

(二)市场支配地位的认定

根据我国反垄断法的规定,市场支配地位,是指经营者在相关市场内具有能够控制商品价格、数量或者其他交易条件,或者能够阻碍、影响其他经营者进入相关市场能力的市场地位。我国《反垄断法》第18条和第19条对市场支配地位的认定作出了规定。《反垄断法》第18条规定:"认定经营者具有市场支配地位,应当依据下列因素:(一)该经营者在相关市场的市场份额,以及相关市场的竞争状况;(二)该经营者控制销售市场或者原材料采购市场的能力;(三)该经营者的财力和技术条件;(四)其他经营者对该经营者在交易上的依赖程度;(五)其他经营者进入相关市场的难易程度;(六)与认定该经营者市场支配地位有关的其他因素。"第19条规定:"有下列情形之一的,可以推定经营者具有市场支配地位:(一)一个经营者在相关市场的市场份额达到二分之一的;(二)两个经营者在相关市场的市场份额合计达到三分之二的;(三)三个经营者在相关市场的市场份额合计达到四分之三的。有前款第二项、第三项规定的情形,其中有的经营者市场份额不足十分之一的,不应当推定该经营者具有市场支配地位。被推定具有市场支配地位的经营者,有证据证明不具有市场支配地位的,不应当认定其具有市场支配地位。"从上述规定可以看出,我国《反垄断法》首先规定了认定市场支配地位的标准,并推定了具有市场支配地位的情形。当然,对于推定具有市场支配地位的情形,如果符合推定条件的经营者认为自己不具有市场支配地位,应当承担举证责任。

(三)滥用市场支配地位垄断行为的表现形式

我国《反垄断法》第17条规定:"禁止具有市场支配地位的经营者从事下列滥用市场支配地位的行为:(一)以不公平的高价销售商品或者以不公平的低价购买商品;(二)没有正当理由,以低于成本的价格销售商品;(三)没有正当理由,拒绝与交易相对人进行交易;(四)没有正当理由,限定交易相对人只能与其进行交易或者只能与其指定的经营者进行交易;(五)没有正当理由搭售商品,或者在交易时附加其他不合理的交易条件;(六)没有正当理由,对条件相同的交易相对人在交易价格等交易条件上实行差别待遇;(七)国务院反垄断执法机构认定的其他滥用市场支配地位的行为。"根据该规定,滥用市场支配地位的垄断行为表现为:

(1)不公平的垄断性定价行为。不公平定价包括不公平高价销售或不公平低价购买,由于垄断行为主体的市场支配地位,该不公平定价使得交易相对方不得不接受具有市场支配地位的经营者的不合理条件,违背了市场公平交易的原则。

(2)低价倾销行为。反垄断法禁止的低价倾销行为是指没有正当理由,以低于成本的价格销售商品。低价倾销的垄断行为并不是为了交易相对方或消费者的权益考虑,而往往是为了排挤竞争对手,让竞争对手无法进入相关市场,待竞争对手退出市场后,具有市场支配地位的主体就会相应抬高价格。

(3)拒绝交易。即具有市场支配地位的主体没有正当理由,拒绝与交易相对方进行交易。拒绝交易会使交易相对方的市场出现竞争不公平,对被拒绝方显然是不利的。因此,拒绝交易具有排除、限制或阻碍竞争的效果,应予禁止。当然,其前提必须是具有市场支配地位的主体"无正当理由";如果有正当理由,则不在限制范围内。

（4）限定交易行为。即具有市场支配地位的主体没有正当理由,限定交易相对人只能与其进行交易或者只能与其指定的经营者进行交易。这种结果就是市场竞争被限制,由于限定交易行为的主体具有市场支配地位,该限定必将对市场造成重大影响。在平台新型经济出现后,有些平台限定商户"二选一",即属此类垄断情形。

（5）附加不合理条件交易行为。包括搭售和附加其他不合理交易条件。搭售是指具有市场支配地位的主体在与相对方交易时,要求对方必须附带购买其指定的商品。如在销售茶叶的盒子里装一瓶红酒,就意味着消费者在购买茶叶时必须按销售者的要求同时购买红酒,不管该红酒是否为消费者所需要的。附加其他不合理条件是指要求交易相对方接受具有市场支配地位的主体提出的除搭售之外的其他条件,如不得用于特定用途等。

（6）差别待遇行为。即没有正当理由,对条件相同的交易相对人在交易价格等交易条件上区别对待。这种行为的后果就是使得交易相对人的竞争不在同一起跑线上,人为制造交易相对方的竞争优势或竞争劣势,后果就是限制交易相对方的公平竞争。

（7）国务院反垄断执法机构认定的其他滥用市场支配地位的行为。由国务院反垄断执法机构根据行为和后果等进行认定。

六、监控经营者集中行为

（一）经营者集中的含义

根据我国《反垄断法》第 20 条的规定,经营者集中是指下列情形:①经营者合并;②经营者通过取得股权或者资产的方式取得对其他经营者的控制权;③经营者通过合同等方式取得对其他经营者的控制权或者能够对其他经营者施加决定性影响。经营者集中是市场竞争中的一种常见现象,提高自身竞争力、降低成本、实现规模经济等因素都可能促使经营者与其他经营者通过合并、股权控制等实现集中。因此,经营者集中并不当然违法,我国《反垄断法》第 5 条规定:"经营者可以通过公平竞争、自愿联合,依法实施集中,扩大经营规模,提高市场竞争能力。"但另一方面,经营者集中就更容易形成市场支配地位,也可能对市场竞争产生不利影响。为此,各国都加大了对经营者集中的监管力度。监管方法是由反垄断执法机构对经营者集中进行事先审查,如果存在排除、限制竞争效果的,则不予批准集中。

（二）经营者集中的申报标准

经营者集中是一个普遍现象,并不是每次经营者集中都要进行严格管控,为此,《反垄断法》第 21 条规定:"经营者集中达到国务院规定的申报标准的,经营者应当事先向国务院反垄断执法机构申报,未申报的不得实施集中。"《国务院关于经营者集中申报标准的规定》第 3 条明确规定:"经营者集中达到下列标准之一的,经营者应当事先向国务院商务主管部门申报,未申报的不得实施集中:（一）参与集中的所有经营者上一会计年度在全球范围内的营业额合计超过 100 亿元人民币,并且其中至少两个经营者上一会计年度在中国境内的营业额均超过 4 亿元人民币；（二）参与集中的所有经营者上一会计年度在中国境内的营业额合计超过 20 亿元人民币，并且其中至少两个经营者上一会计年度在中国境内的营业额均超过 4 亿元人民币。营业额的计算，应当考虑银行、保险、证券、期货等特殊行业、领域的实际情况，具体办法由国务院商务主管部门会同国务院有关部门制定。"

《国务院关于经营者集中申报标准的规定》同时规定，经营者集中未达到规定的申报标准，但按照规定程序收集的事实和证据表明该经营者集中具有或者可能具有排除、限制竞争效果的，国务院商务主管部门应当依法进行调查。

（三）经营者集中的审查程序

根据《反垄断法》的规定，国务院反垄断执法机构对经营者集中的审查程序为：

（1）参与集中的经营者向国务院反垄断执法机构申报。应当提交申报书、集中对相关市场竞争状况影响的说明、集中协议、参与集中的经营者经会计师事务所审计的上一会计年度财务会计报告、国务院反垄断执法机构规定的其他文件和资料等申报材料。

（2）初步审查。国务院反垄断执法机构应当自收到经营者提交的符合规定的文件、资料之日起 30 日内，对申报的经营者集中进行初步审查，作出是否实施进一步审查的决定，并书面通知经营者。国务院反垄断执法机构作出决定前，经营者不得实施集中。国务院反垄断执法机构作出不实施进一步审查的决定或者逾期未作出决定的，经营者可以实施集中。

（3）进一步审查。国务院反垄断执法机构决定实施进一步审查的，应当自决定之日起 90 日内审查完毕，作出是否禁止经营者集中的决定，并书面通知经营者。特殊情况下可以延长审查期限，但延长期限最长不得超过 60 日。作出禁止经营者集中的决定，应当说明理由。审查期间，经营者不得实施集中。国务院反垄断执法机构逾期未作出决定的，经营者可以实施集中。

（4）作出决定。经营者集中具有或者可能具有排除、限制竞争效果的，国务院反垄断执法机构应当作出禁止经营者集中的决定。但是，经营者能够证明该集中对竞争产生的有利影响明显大于不利影响，或者符合社会公共利益的，国务院反垄断执法机构可以作出对经营者集中不予禁止的决定。对不予禁止的经营者集中，国务院反垄断执法机构可以决定附加减少集中对竞争产生不利影响的限制性条件。

国务院反垄断执法机构审查经营者集中，应当考虑下列因素：①参与集中的经营者在相关市场的市场份额及其对市场的控制力；②相关市场的市场集中度；③经营者集中对市场进入、技术进步的影响；④经营者集中对消费者和其他有关经营者的影响；⑤经营者集中对国民经济发展的影响；⑥国务院反垄断执法机构认为应当考虑的影响市场竞争的其他因素。

七、禁止行政性垄断

（一）行政性垄断的含义

行政性垄断，又称行政权力排除、限制竞争行为，是指行政机关和法律、法规授权的具有管理公共事务职能的组织滥用行政权力,通过限定交易、妨碍商品在地区之间的自由流通等形式,限制、排除竞争的行为。需要注意的是,实施行政性垄断的主体是行政机关和法律、法规授权的具有管理公共事务职能的组织,它并不是市场主体,因此我国《反垄断法》并没有把行政性垄断列举在第 3 条规定的垄断行为里面,而是专章进行规定。而且,行政性垄断法律责任的承担也比较特殊,如我国《反垄断法》第 51 条规定:"行政机关和法律、法规授权的具有管理公共事务职能的组织滥用行政权力,实施排除、限制竞争行为的,由上级机关责令改正;对直接负责的主管人员和其他直接责任人员依法给予处分。反垄断执法机构可以向有关上级机关提出依法处理的建议。法律、行政法规对行政机关和法律、法规授权的具有管理公共事务职能的组织滥用行政权力实施排除、限制竞争行为的处理另有规定的,依照其规定。"从该条可以看出,反垄断执法机构一般不直接对行政性垄断进行处理,而是由上级机关通过行政管理的方式进行处理。

(二)行政性垄断的表现形式

我国《反垄断法》第 32 条至第 37 条规定了行政性垄断的表现形式,具体为:

(1)限定交易行为。即行政机关和法律、法规授权的具有管理公共事务职能的组织滥用行政权力,限定或者变相限定单位或者个人经营、购买、使用其指定的经营者提供的商品。这种限定使得商品提供者失去公平竞争的机会,给没有被列入购买、适用范围的经营者造成极大不利影响,而且这种情况往往存在权钱交易。

(2)妨碍商品自由流通的行为。包括:①对外地商品设定歧视性收费项目、实行歧视性收费标准,或者规定歧视性价格;②对外地商品规定与本地同类商品不同的技术要求、检验标准,或者对外地商品采取重复检验、重复认证等歧视性技术措施,限制外地商品进入本地市场;③采取专门针对外地商品的行政许可,限制外地商品进入本地市场;④设置关卡或者采取其他手段,阻碍外地商品进入或者本地商品运出;⑤妨碍商品在地区之间自由流通的其他行为。以上这些行为都人为地分割市场,影响公平竞争,不利于我国打造统一、竞争、有序的市场体系。

(3)招投标活动中的不当限制行为。即行政机关和法律、法规授权的具有管理公共事务职能的组织滥用行政权力,以设定歧视性资质要求、评审标准或者不依法发布信息等方式,排斥或者限制外地经营者参加本地的招标投标活动。如在招投标活动中设置本地营业执照的资格条件,规定不具有本地营业执照的外地经营者不得参加本地招投标活动。

(4)排斥或者限制在本地投资或者设立分支机构的行为。即行政机关和法律、法规授权的具有管理公共事务职能的组织滥用行政权力,采取与本地经营者不平等待遇等方式,排斥或者限制外地经营者在本地投资或者设立分支机构。这一般是地方政府把一些优势资源留给本地企业。

(5)强制经营者从事垄断的行为。即行政机关和法律、法规授权的具有管理公共事务职能的组织滥用行政权力,强制经营者从事《反垄断法》规定的垄断行为。

(6)制定含有排除、限制竞争内容的行为。即政府制定的规范性文件中,含有排除、限制竞争的内容。

八、垄断行为的法律责任

根据我国《反垄断法》的相关规定,垄断行为的法律责任包括民事责任、行政责任等。

(一)民事责任

我国《反垄断法》第50条规定:"经营者实施垄断行为,给他人造成损失的,依法承担民事责任。"2008年7月28日,我国最高人民法院公布了《关于认真学习和贯彻〈中华人民共和国反垄断法〉的通知》。通知指出:当事人因垄断行为提起民事诉讼的,只要符合《民事诉讼法》第108条和《反垄断法》规定的受理条件,人民法院应当依法受理,并依法审判。2012年5月,我国最高人民法院发布了《关于审理因垄断行为引发的民事纠纷案件应用法律若干问题的规定》,对我国反垄断民事诉讼的规则作出了详细规定。

(二)行政责任

(1)经营者违法达成并实施垄断协议的,由反垄断执法机构责令停止违法行为,没收违法所得,并处上一年度销售额1%以上10%以下的罚款;尚未实施所达成的垄断协议的,可以处50万元以下的罚款。行业协会违法组织本行业的经营者达成垄断协议的,反垄断执法机构可以处50万元以下的罚款;情节严重的,社会团体登记管理机关可以依法撤销登记。

(2)经营者违法滥用市场支配地位的,由反垄断执法机构责令停止违法行为,没收违法所得,并处上一年度销售额1%以上10%以下的罚款。

(3)经营者违法实施集中的,由国务院反垄断执法机构责令停止实施集中、限期处分股份或者资产、限期转让营业以及采取其他必要措施恢复到集中前的状态,并可以处50万元以下的罚款。

(4)行政机关和法律、法规授权的具有管理公共事务职能的组织滥用行政权力,实施排除、限制竞争行为的,由上级机关责令改正;对直接负责的主管人员和其他直接责任人员依法给予处分。反垄断执法机构可以向有关上级机关提出依法处理的建议。

第二节 反不正当竞争法律实务

◇ **目标提示**

通过本节的学习,掌握我国反不正当竞争法的主要内容。

◇ **学习内容**

1.我国反不正当竞争法的立法概况;

2.我国反不正当竞争法规制的七类不正当竞争行为。

◇ **重要知识**

商业秘密是指不为公众所知悉,具有商业价值并经权利人采取相应保密措施的技术信息、经营信息等商业信息。

一、我国反不正当竞争法立法概况

市场通过竞争实现资源的优化配置，从而推动社会生产力不断向前发展，因此市场经济实质上就是竞争经济。竞争会使市场主体优胜劣汰，公平的竞争规则对市场主体至关重要。反不正当竞争法是市场竞争中的一部重要法律。我国在确立和完善市场经济过程中，也十分重视反不正当竞争法律法规的制定。当然，广义的反不正当竞争法也包括反垄断法。

为保障社会主义市场经济健康发展，鼓励和保护公平竞争，制止不正当竞争行为，保护经营者和消费者的合法权益，《中华人民共和国反不正当竞争法》于1993年9月2日由第八届全国人民代表大会常务委员会第3次会议通过，自1993年12月1日起施行。该法是我国第一部全面规范市场竞争秩序的法律，标志着我国反不正当竞争法律体系的初步形成。

1993年的反不正当竞争立法采用广义的不正当竞争的概念，把垄断行为也纳入规制范围，但随着2007年《中华人民共和国反垄断法》单独立法，2017年11月4日第十二届全国人民代表大会常务委员会第30次会议对《中华人民共和国反不正当竞争法》进行第一次修订。同时我国的经济不断向前发展，市场中的不正当竞争行为也出现新的形式，包括网络经营中的不正当竞争行为，为此，2019年4月23日第十三届全国人民代表大会常务委员会第10次会议对《中华人民共和国反不正当竞争法》（以下简称《反不正当竞争法》）进行第二次修订。

二、不正当竞争行为概述

根据《反不正当竞争法》第2条第2款的规定，不正当竞争行为是指经营者在生产经营活动中，扰乱市场竞争秩序，损害其他经营者或者消费者的合法权益的行为。

从上述概念可以看出，不正当竞争行为具有以下特征：第一，不正当竞争行为的主体是经营者。《反不正当竞争法》第2条第3款规定，经营者，是指从事商品生产、经营或者提供服务（以下所称商品包括服务）的自然人、法人和非法人组织。第二，不正当竞争行为具有违法性，即违反《反不正当竞争法》及有关市场竞争的法律法规的规定。第三，不正当竞争行为违反公认的商业道德。《反不正当竞争法》第2条第1款规定，经营者在生产经营活动中，应当遵循自愿、平等、公平、诚信的原则，遵守法律和商业道德。第四，不正当竞争行为损害其他经营者或者消费者的合法权益。

三、典型的不正当竞争行为

（一）市场混淆行为

市场混淆行为是指经营者擅自使用与他人有一定影响的商业标识，引人误认为是他人商品或服务或者与他人存在特定联系的不正当竞争行为。《反不正当竞争法》第6条规定："经营者不得实施下列混淆行为，引人误认为是他人商品或者与他人存在特定联系：(一)擅自使用与他人有一定影响的商品名称、包装、装潢等相同或者近似的标识；(二)擅自使用他人有一定影响的企业名称(包括简称、字号等)、社会组织名称(包括简称等)、姓名(包括笔名、艺名、译名等)；(三)擅自使用他人有一定影响的域名主体部分、网站名称、网页等；(四)其他足以引人误认为是他人商品或者与他人存在特定联系的混淆行为。"

从我国《反不正当竞争法》的上述规定上看，市场混淆行为有以下几个构成要件：第一，经营者擅自使用他人商业标识。所谓"擅自使用"就是指没有经过权利人的同意而使用，包括私自使用、合同期限届满后继续使用等。商业标识包括商品名称、包装、装潢、企业名称、域名主体部分、网站名称、网页等。第二，使用对象的他人商业标识具有一定的市场影响。"有一定影响"一般是指使用该商业标识的经营者、商品或服务在市场上具有一定的知名度，为一定范围的公众所知悉。我国修订前的《反不正当竞争法》曾使用"知名商品"的表述，经过实践，现修订为"有一定的影响"，从表述上看降低了对使用对象的要求。认定"有一定影响"一般从相关公众对商业标识的知悉情况。商业标识使用的持续时间和地理范围，对商业标识进行宣传的时间、方式、程度、地理范围等因素进行判断。第三，擅自使用他人商业标识造成了混淆，即引人误认为是他人商品或服务或者与他人存在特定联系。这种混淆包括商品来源的混淆和关联关系的混淆。不管是哪种混淆，市场混淆行为的目的是利用他人商品或服务已有的影响力，来提升自己商品或服务的交易量。

(二)商业贿赂行为

商业贿赂是指经营者采用财物或其他手段贿赂特定经营者或者与经营活动密切相关的个人，以谋取交易机会或者竞争优势的行为。《反不正当竞争法》第7条规定："经营者不得采用财物或者其他手段贿赂下列单位或者个人，以谋取交易机会或者竞争优势：(一)交易相对方的工作人员；(二)受交易相对方委托办理相关事务的单位或者个人；(三)利用职权或者影响力影响交易的单位或者个人。经营者在交易活动中，可以以明示方式向交易相对方支付折扣，或者向中间人支付佣金。经营者向交易相对方支付折扣、向中间人支付佣金的，应当如实入账。接受折扣、佣金的经营者也应当如实入账。经营者的工作人员进行贿赂的，应当认定为经营者的行为；但是，经营者有证据证明该工作人员的行为与为经营者谋取交易机会或者竞争优势无关的除外。"商业贿赂不仅损害公平的竞争秩序，而且损害社会风气，造成收入分配的不公。

商业贿赂中的回扣与折扣、佣金是不同的。回扣是经营者在账外暗中给交易对象或其工作人员财物以获取交易机会的行为。而折扣是经营者对交易对方的一种价格减让，以公开明示的方式给予交易对方一种价格优惠。回扣是暗中的，折扣是公开的；回扣不入账，折扣是入账的；回扣大多给交易对方的工作人员，折扣则是给交易相对方。佣金是指经营者对促成交易的中间人以公开明示的方式给予的劳务报酬，既可以由买方支付，也可以由卖方支付。在商业活动中，佣金是一种合法的商业报酬。当然，是否属于商业贿赂不能仅以名义来判断，而应从是否公开、是否入账、是否造成不公平竞争等实质内容进行判断。

（三）不正当商业宣传行为

不正当商业宣传行为是指经营者利用广告、宣传手册、说明书或其他方式，对产品或者服务的性能、功能、质量、销售状况、用户评价、曾获荣誉等情况作虚假或引人误解宣传的不正当竞争行为。《反不正当竞争法》第8条规定："经营者不得对其商品的性能、功能、质量、销售状况、用户评价、曾获荣誉等作虚假或者引人误解的商业宣传，欺骗、误导消费者。经营者不得通过组织虚假交易等方式，帮助其他经营者进行虚假或者引人误解的商业宣传。"

不正当商业宣传行为的外延较为广泛，虚假广告是不正当商业宣传行为的典型表现。不正当商业宣传包括虚假宣传和引人误解的宣传。虚假宣传即经营者对商品或服务的商业宣传内容与客观事实不符；而引人误解的宣传是经营者对商品或服务的商业宣传内容会让交易相对方或消费者产生错误认识和理解并足以引起误认误购。

《反不正当竞争法》第8条第2款规定："经营者不得通过组织虚假交易等方式，帮助其他经营者进行虚假或者引人误解的商业宣传。"该款规定是不正当商业宣传的帮助行为，如现实生活中的虚假刷单行为，让交易相对方或消费者对经营者的交易量产生错误判断。由于这种虚假交易往往是经营者与其他经营者合谋的行为，其他经营者实施了"协助"，为此，这类行为也被法律明确规定为构成不正当竞争行为。

（四）侵犯商业秘密的行为

在市场激烈竞争的环境中，商业秘密是经营者的一种重要的财产权，也是经营者取得竞争优势的重要资源。而侵犯商业秘密的行为，就是不正当地将他人的商业秘密进行获取、披露或使用，这将对权利人造成重大损失。《反不正当竞争法》第9条规定："经营者不得实施下列侵犯商业秘密的行为：（一）以盗窃、贿赂、欺诈、胁迫、电子侵入或者其他不正当手段获取权利人的商业秘密；（二）披露、使用或者允许他人使用以前项手段获取的权利人的商业秘密；（三）违反保密义务或者违反权利人有关保守商业秘密的要求，披露、使用或者允许他人使用其所掌握的商业秘密；（四）教唆、引诱、帮助他人违反保密义务或者违反权利人有关保守商业秘密的要求，获取、披露、使用或者允许他人使用权利人的商业秘密。经营者以外的其他自然人、法人和非法人组织实施前款所列违法行为的，视为侵犯商业秘密。第三人明知或者应知商业秘密权利人的员工、前员工或者其他单位、个人实施本条第一款所列违法行为，仍获取、披露、使用或者允许他人使用该商业秘密的，视为侵犯商业秘密。本法所称的商业秘密，是指不为公众所知悉、具有商业价值并经权利人采取相应保密措施的技术信息、经营信息等商业信息。"

1.商业秘密的含义

根据《反不正当竞争法》的规定，商业秘密是指不为公众所知悉，具有商业价值并经权利人采取相应保密措施的技术信息、经营信息等商业信息。从该规定可以看出，商业秘密具有以下特征：第一，秘密性，即商业秘密是"不为公众所知悉"的。也就是相关人员无法从公开渠道获取商业秘密的信息；如果是已公开的信息，则不能成为商业秘密。第二，价值性，即"具有商业价值"。该商业秘密能够为经营者带来经济利益或竞争优势。第三，保密性，即"权利人采取相应保密措施"。包括与员工或其他可能获得信息的人员订立保密协议,限定知悉人员范围等措施,权利人已有意识地采取措施不让相关信息对外公开。

商业秘密的内容为商业信息,可以是技术信息,也可以是经营信息。技术信息如技术工艺、技术方法等,这种信息往往也可以作为专利进行保护。经营信息如价格构成、客户资源等。

2.侵犯商业秘密行为的表现形式

(1)不当获取商业秘密。包括盗窃、贿赂、欺诈、胁迫、电子入侵等方式。根据《反不正当竞争法》的规定,只要行为人不当获取他人商业秘密,就构成侵犯商业秘密行为,而不管是否进行使用。

(2)披露、使用或者允许他人使用不当获取的商业秘密。披露是将商业秘密予以公开,这往往使得商业秘密丧失其价值,成为公众信息了。使用或允许他人使用会使权利人失去竞争优势或者商业利益。

(3)违反保密要求侵犯他人商业秘密。即已经合法持有或知悉他人商业秘密的人员,拒不履行保密协议或其他保密要求,披露、使用或者允许他人使用其所掌握的商业秘密。

(4)共同侵犯商业秘密。即存在"教唆""引诱""帮助"等共同侵权行为,与他人一起获取、披露、使用或者允许他人使用权利人的商业秘密。

(5)经营者以外的其他自然人、法人和非法人组织实施侵犯商业秘密的行为。即侵犯商业秘密的主体不局限于经营者,在职的劳动者、离职的劳动者也可以是侵犯商业秘密的主体。

(6)第三人恶意获取、披露、使用或允许他人使用商业秘密的行为。即第三人明知或应知他人侵犯商业秘密的行为并知悉该商业秘密,仍获取、披露、使用或者允许他人使用该商业秘密的行为。该第三人的主观状态为明知或应知他人违法,即主观为恶意;如果是善意,也就是在不知道也不应当知道的情况下,则不应当认定为侵犯商业秘密行为。

(五)不正当有奖销售行为

有奖销售是指经营者在销售商品或提供服务时,给予购买者一定物品、金钱或其他经济利益的行为。其他经济利益包括提供娱乐、旅游机会等。有奖销售可以吸引购买者的注意,促进销售额增长。根据经营者提供奖励的方式不同,有奖销售行为可以分为附赠式有奖销售行为和抽奖式有奖销售行为。附赠式有奖销售行为就是经营者在销售商品或提供服务时,附带赠与购买者一定物品、金钱或其他经济利益的销售行为。其特点是对所有的购买者一视同仁。抽奖式有奖销售行为是指经营者给购买其商品或接受其服务的相对方提供抽奖的机会,让参与方有机会中奖的有奖销售行为。其特点是参与方能否中奖存在不确定性。

虽然有奖销售能刺激购买欲,但也存在弊端,比如经营者往往会把奖品成本计入销售的商品或提供的服务的成本里面,造成价格扭曲,也会造成消费者之间的不公平。特别是不正当有奖销售行为。不正当有奖销售行为是指经营者在有奖销售过程中弄虚作假或违反法律规定提供大额奖励,扰乱市场公平竞争秩序的行为。《反不正当竞争法》第

10 条规定:"经营者进行有奖销售不得存在下列情形:(一)所设奖的种类、兑奖条件、奖金金额或者奖品等有奖销售信息不明确,影响兑奖;(二)采用谎称有奖或者故意让内定人员中奖的欺骗方式进行有奖销售;(三)抽奖式的有奖销售,最高奖的金额超过五万元。"从该规定上看,我国《反不正当竞争法》规定的不正当有奖销售行为包括违反诚实信用原则的欺骗性有奖销售行为和不当巨额有奖销售行为。

(六)商业诋毁行为

在市场经济条件下,商誉也是经营者的一种重要无形财产,在竞争中尤为重要。有些经营者为取得竞争优势,采用诋毁他人商誉的方式排挤竞争对手,严重扰乱公平的市场秩序。因此,所谓商业诋毁行为,也称商业诽谤,就是经营者为取得竞争优势,通过捏造、散布虚假信息或误导性信息,损害竞争对手的商业信誉、商品声誉以排挤竞争对手的不正当竞争行为。《反不正当竞争法》第 11 条规定:"经营者不得编造、传播虚假信息或者误导性信息,损害竞争对手的商业信誉、商品声誉。"

商业诋毁行为的表现形式是多种多样的,可以是商品宣传资料中的商业诋毁,也可以是利用广告进行诋毁,甚至有经营者在公众中散布虚假信息进行诋毁,有些经营者在交易过程中通过推销员贬低其他企业或产品的形式进行诋毁。

(七)网络不正当竞争行为

随着网络的普及和互联网经济的兴起和不断发展,互联网经济主体之间的竞争也日趋激烈,实体店经营者的不正当竞争行为在互联网经济中也同样存在,而且互联网经济中也存在一些新型的不正当竞争行为。我们这里所讲的网络不正当竞争行为,特指后面一类行为,即经营者在网络上利用技术手段,通过影响用户选择或者其他方式,实施妨碍、破坏其他经营者合法提供的网络产品或者服务正常运行的不正当竞争行为。《反不正当竞争法》第 12 条规定:"经营者利用网络从事生产经营活动,应当遵守本法的各项规定。经营者不得利用技术手段,通过影响用户选择或者其他方式,实施下列妨碍、破坏其他经营者合法提供的网络产品或者服务正常运行的行为:(一)未经其他经营者同意,在其合法提供的网络产品或者服务中,插入链接、强制进行目标跳转;(二)误导、欺骗、强迫用户修改、关闭、卸载其他经营者合法提供的网络产品或者服务;(三)恶意对其他经营者合法提供的网络产品或者服务实施不兼容;(四)其他妨碍、破坏其他经营者合法提供的网络产品或者服务正常运行的行为。"

从《反不正当竞争法》的该条规定上看,一方面强调经营者利用网络从事生产经营活动不得有传统的不正当竞争行为,另一方面也对新型网络不正当竞争行为的表现形式作出了界定。新型网络不正当竞争行为强调通过不正当的技术手段实施,对用户的选择和判断等产生影响,让用户不能正常选择其他经营者合法提供的网络产品或者服务,或吸引用户选择本经营者提供的网络产品或者服务。

四、不正当竞争行为的法律责任

(一)民事责任

不正当竞争行为的经营者承担民事责任,一般是对他人合法权益的侵犯所进行的赔偿。《反不正当竞争法》第17条规定："经营者违反本法规定,给他人造成损害的,应当依法承担民事责任。经营者的合法权益受到不正当竞争行为损害的,可以向人民法院提起诉讼。因不正当竞争行为受到损害的经营者的赔偿数额,按照其因被侵权所受到的实际损失确定;实际损失难以计算的,按照侵权人因侵权所获得的利益确定。经营者恶意实施侵犯商业秘密行为,情节严重的,可以在按照上述方法确定数额的一倍以上五倍以下确定赔偿数额。赔偿数额还应当包括经营者为制止侵权行为所支付的合理开支。经营者违反本法第六条、第九条规定,权利人因被侵权所受到的实际损失、侵权人因侵权所获得的利益难以确定的,由人民法院根据侵权行为的情节判决给予权利人五百万元以下的赔偿。"

(二)行政责任

不正当竞争行为的经营者承担的行政责任主要有:

(1)经营者违反《反不正当竞争法》规定实施混淆行为的,由监督检查部门责令停止违法行为,没收违法商品。除此之外,违法经营额5万元以上的,可以并处违法经营额5倍以下的罚款;没有违法经营额或者违法经营额不足5万元的,可以并处25万元以下的罚款;情节严重的,吊销营业执照。经营者登记的企业名称违反本法第6条规定的,应当及时办理名称变更登记;名称变更前,由原企业登记机关以统一社会信用代码代替其名称。

(2)经营者违反《反不正当竞争法》规定贿赂他人的,由监督检查部门没收违法所得,并处10万元以上300万元以下的罚款。情节严重的,吊销营业执照。

(3)经营者违反《反不正当竞争法》规定对其商品作虚假或者引人误解的商业宣传,或者通过组织虚假交易等方式帮助其他经营者进行虚假或者引人误解的商业宣传的,由监督检查部门责令停止违法行为,并处20万元以上100万元以下的罚款;情节严重的,处100万元以上200万元以下的罚款,可以吊销营业执照。经营者违反本法第8条规定,属于发布虚假广告的,依照《中华人民共和国广告法》的规定处罚。

(4)经营者以及其他自然人、法人和非法人组织违反《反不正当竞争法》规定侵犯商业秘密的,由监督检查部门责令停止违法行为,没收违法所得,并处10万元以上100万元以下的罚款;情节严重的,处50万元以上500万元以下的罚款。

(5)经营者违反《反不正当竞争法》规定进行有奖销售的,由监督检查部门责令停止违法行为,并处5万元以上50万元以下的罚款。

(6)经营者违反《反不正当竞争法》规定损害竞争对手商业信誉、商品声誉的,由监督检查部门责令停止违法行为、消除影响,并处10万元以上50万元以下的罚款;情节严重的,处50万元以上300万元以下的罚款。

(7)经营者违反《反不正当竞争法》规定妨碍、破坏其他经营者合法提供的网络产品或者服务正常运行的,由监督检查部门责令停止违法行为,并处10万元以上50万元以下的罚款;情节严重的,处50万元以上300万元以下的罚款。

(三)刑事责任

我国《刑法》将一些情节严重的不正当竞争行为列为犯罪,如损害商业信誉、商品声誉罪,非国家工作人员受贿罪,对非国家工作人员行贿罪,虚假广告罪,侵犯商业秘密罪等,并规定了这些犯罪行为所应承担的刑事责任。

本章小结

    维护正当竞争秩序是社会主义市场经济健康运行的基础,是经济法的一个核心调整领域。本章全面阐述了反垄断法所规定的垄断行为及反不正当竞争法所规定的不正当竞争行为类型,及对垄断行为、不正当竞争行为的监督检查。重点在于明晰市场竞争中的正当竞争行为与垄断行为、不正当竞争行为的界限。

技能训练

    内容:收集垄断不正当竞争案例并展开讨论。

    要求:学生结合每年最高人民法院公布的垄断和不正当竞争的典型案例,特别是新型网络垄断行为和不正当竞争行为展开分组讨论,并写出分析报告。

    目的:熟练掌握反垄断法基本法律制度,培养学生的法律意识和团队协助能力。

第八章　企业诉讼与仲裁法律实务

能力目标

　　1.能掌握企业诉讼与仲裁的基本程序；

　　2.能应用诉讼与仲裁制度,处理企业经济纠纷；

　　3.初步掌握解决企业经济纠纷的能力和技巧。

知识目标

　　1.掌握民事诉讼法相关制度,熟悉起诉条件、管辖、证据、诉讼当事人、财产保全、一审程序、二审程序及执行程序操作流程；

　　2.掌握商事仲裁协议、仲裁机构及仲裁流程。

案例导入

　　2014年,中建某集团有限公司将其承建的地址在泉州市鲤城区的××湾一期工程项目的劳务分包给四川某建筑劳务有限公司(以下简称"四川劳务公司"),后四川劳务公司又将其承建项目中的植筋工程分包给原告A公司施工。2014年6月3日,四川劳务公司(甲方)与A公司(乙方)签订了《植筋工程施工计件协议》,协议约定:"一、工程名称:××湾(甲方所承建的主楼、商业楼、地下室)。二、承包方式:包工包料(不含钢筋)。三、工程内容:打孔洞、清理孔洞内灰尘、注胶和植筋等工程。四、单价:该单价已包含劳保、国家规定福利、基本工资、安全文明施工费用及利润。结算方式:按甲乙双方现场确认的工程数量计算;必须缴纳1.5％的劳务管理费。……八、付款方式:甲方应于每月二十五日付给乙方上月已完成工程量80％的工程款,其余20％待植筋工程完工后,三个月内一次性付清;十、本协议未尽事宜,双方协商解决,若出现争议,协商解决不成,一致同意提请当地仲裁委员会仲裁。"

　　协议签订后,A公司组织工人依约完成了被告承建工程中的植筋工程,经双方共同确认,A公司实际完成工程量为535380.2元,扣除应缴纳的劳务管理费8030.7元及四川劳务公司已支付的工程款320000元,四川劳务公司尚欠工程款207349.5元未付。上述款项虽经A公司多次催讨,四川劳务公司以各种理由拒绝支付,中建某集团有限公司作为涉案工程的总承包人,泉州某置业公司作为涉案工程的业主,应对上述工程款承担连带责任。为此,A公司向泉州市鲤城区人民法院提起诉讼,请求四川劳务公司、中建某集团有限公司及泉州某置业公司共同支付尚欠的工程款。案件受理后,四川劳务公司提出管辖权异议,认为双方签订的协议约定了仲裁,应当由仲裁委员会仲裁。

案例思考:请问本案应由鲤城法院管辖还是应当移送仲裁机构仲裁? 作为公司法务在审核此类合同时,对于合同中的管辖条款或仲裁条款应当注意哪些事项?

第一节　民事诉讼法

◇ **目标提示**

通过本节的学习,了解民事诉讼的基本程序。

◇ **学习内容**

掌握起诉条件、管辖、证据、诉讼当事人、财产保全、一审程序、二审程序及执行程序等民事诉讼的基本制度。

◇ **重要知识**

起诉,是指公民、法人或其他组织认为自己的民事权益受到侵害或与他人发生争议时,以自己名义向法院提起诉讼,请求法院予以解决的一种诉讼行为。

民事诉讼证据,是指在民事诉讼中能够证明和确认案件事实的各种依据。

一、起诉与受理

(一)起诉

起诉,是指公民、法人或其他组织认为自己的民事权益受到侵害或与他人发生争议时,以自己名义向法院提起诉讼,请求法院予以解决的一种诉讼行为。

根据《民事诉讼法》第122条、第123条规定,起诉必须符合下列条件:

(1)原告是与本案有直接利害关系的公民、法人和其他组织;

(2)有明确的被告;

(3)有具体的诉讼请求和事实、理由;

(4)属于人民法院受理民事诉讼的范围和受诉人民法院管辖。

起诉应当向人民法院递交起诉状,并按照被告人数提出副本。书写起诉状确有困难的,可以口头起诉,由人民法院记入笔录,并告知对方当事人。

(二)受理

受理,是指人民法院对符合起诉法定条件的案件予以立案审理的诉讼行为。人民法院应当保障当事人依照法律规定享有的起诉权利。对符合起诉条件的,必须受理。符合起诉条件的,应当在7日内立案,并通知当事人;不符合起诉条件的,应当在7日内作出裁定书,不予受理;原告对裁定不服的,可以提起上诉。根据《民事诉讼法》第127条规定,人民法院对下列起诉,分别情形予以处理:

（1）依照行政诉讼法的规定，属于行政诉讼受案范围的，告知原告提起行政诉讼；

（2）依照法律规定，双方当事人达成书面仲裁协议申请仲裁、不得向人民法院起诉的，告知原告向仲裁机构申请仲裁；

（3）依照法律规定，应当由其他机关处理的争议，告知原告向有关机关申请解决；

（4）对不属于本院管辖的案件，告知原告向有管辖权的人民法院起诉；

（5）对判决、裁定、调解书已经发生法律效力的案件，当事人又起诉的，告知原告申请再审，但人民法院准许撤诉的裁定除外；

（6）依照法律规定，在一定期限内不得起诉的案件，在不得起诉的期限内起诉的，不予受理；

（7）判决不准离婚和调解和好的离婚案件，判决、调解维持收养关系的案件，没有新情况、新理由，原告在 6 个月内又起诉的，不予受理。

（三）先行调解

当事人起诉到人民法院的民事纠纷，适宜调解的，先行调解，但当事人拒绝调解的除外。

二、管辖

（一）管辖的概念

管辖，是指各级人民法院之间、同级人民法院之间受理第一审案件的分工和权限。管辖分为级别管辖、地域管辖、专属管辖等。

（二）级别管辖

1.级别管辖的概念

级别管辖，是指上下级法院之间受理第一审案件的分工和权限。我国的人民法院组织体系由最高人民法院、地方各级人民法院和专门人民法院组成。其中，最高人民法院是国家最高审判机关。地方各级人民法院分为基层人民法院、中级人民法院和高级人民法院三级。专门人民法院是在特定部门或对特定案件设立的审判机关，不按行政区域设立。各级人民法院分工的依据是案件的性质、案件争议标的大小、案情的复杂程度和案件的影响范围等。

2.各级法院管辖范围

（1）基层人民法院管辖第一审民事案件，但是《民事诉讼法》另有规定的除外。

（2）中级人民法院管辖下列第一审民事案件：①重大涉外案件；②在本辖区有重大影响的案件；③最高人民法院确定由中级人民法院管辖的案件。

（3）高级人民法院管辖在本辖区有重大影响的第一审民事案件。

（4）最高人民法院管辖下列第一审民事案件：①在全国有重大影响的案件；②认为应当由本院审理的案件。

（三）地域管辖

1.地域管辖的概念

地域管辖，是指同级人民法院之间受理一审案件的分工与权限。具体分为：一般地域管辖、特殊地域管辖、专属管辖、协议管辖和共同管辖。

2.一般地域管辖

一般地域管辖，是指以当事人住所地为标准确定行使管辖权的法院。其采取的原则是"原告就被告"，即原告到被告所在地人民法院提起诉讼。其中，被告所在地是指自然人的户籍地或经常居所地，法人或其他组织的主要营业地或主要办事机构所在地。

一般地域管辖有例外。下列民事诉讼，由原告住所地人民法院管辖；原告住所地与经常居住地不一致的，由原告经常居住地人民法院管辖，具体依据《民事诉讼法》第23条的规定：

（1）对不在中华人民共和国领域内居住的人提起的有关身份关系的诉讼；

（2）对下落不明或者宣告失踪的人提起的有关身份关系的诉讼；

（3）对被采取强制性教育措施的人提起的诉讼；

（4）对被监禁的人提起的诉讼。

3.特殊地域管辖

特殊地域管辖即在一般地域管辖之外，针对特殊情况关于管辖的规定。在特殊地域管辖中有管辖权的法院至少有两个或两个以上，当事人可以选择其中一个法院提起诉讼：

（1）因合同纠纷提起的诉讼，由被告住所地或者合同履行地人民法院管辖；

（2）因保险合同纠纷提起的诉讼，由被告住所地或保险标的物所在地人民法院管辖；

（3）因票据纠纷提起的诉讼，由票据支付地或者被告所在地人民法院管辖；

（4）因公司设立、确认股东资格、分配利润、解散等纠纷提起的诉讼，由公司住所地人民法院管辖。

（5）因铁路、公路、水上、航空运输和联合运输合同纠纷提起的诉讼，由运输始发地、目的地或者被告住所地人民法院管辖；

（6）因侵权行为提起的诉讼，由侵权行为地或者被告住所地人民法院管辖；

（7）因铁路、公路、水上和航空事故请求损害赔偿提起的诉讼，由事故发生地或者车辆、船舶最先到达地、航空器最先降落地或者被告住所地人民法院管辖；

（8）因船舶碰撞或者其他海事损害事故请求损害赔偿提起的诉讼，由碰撞发生地、碰撞船舶最先到达地、加害船舶被扣留地或者被告住所地人民法院管辖；

（9）因海难救助费用提起的诉讼，由救助地或者被救助船舶最先到达地人民法院管辖；

（10）因共同海损提起的诉讼，由船舶最先到达地、共同海损理算地或者航程终止地的人民法院管辖。

4.专属管辖

专属管辖，是指法律规定某类案件只能由特定的人民法院管辖，其他法院无管辖权，当事人也不得以协议方式变更管辖。《民事诉讼法》第24条规定，下列案件实行专属管辖：

（1）因不动产纠纷提起的诉讼，由不动产所在地人民法院管辖；

（2）因港口作业中发生纠纷提起的诉讼，由港口所在地人民法院管辖；

（3）因继承遗产纠纷提起的诉讼，由被继承人死亡时住所地或者主要遗产所在地人民法院管辖。

5.协议管辖

协议管辖，是指合同或者其他财产权益纠纷的当事人可以书面协议选择被告住所地、合同履行地、合同签订地、原告住所地、标的物所在地等与争议有实际联系地点的人民法院管辖，但不得违反《民事诉讼法》对级别管辖和专属管辖的规定。

协议管辖必须具备以下条件：①仅限于合同或者其他财产权益纠纷；②仅能就第一审案件约定管辖；③必须采用书面形式；④当事人只可以从原告住所地、被告住所地、合同签订地、合同履行地、诉讼标的物所在地法院中选择；⑤选择必须是单一、确定的，否则协议无效；⑥不得违反级别管辖和专属管辖的规定。

6.共同管辖

共同管辖，即同一诉讼的几个被告住所地、经常居住地在两个以上人民法院辖区的，各人民法院都有管辖权。两个以上人民法院都有管辖权的诉讼，原告可以向其中一个人民法院起诉；原告向两个以上有管辖权的人民法院起诉的，由最先立案的人民法院管辖。

（四）移送管辖

移送管辖，是指人民法院受理某一案件后，发现对该案无管辖权，为保证该案件的审理，依照法律相关规定，将该案件移送给有管辖权的人民法院，受移送的人民法院应当受理。受移送的人民法院认为受移送的案件依照规定不属于该院管辖的，应当报请上级人民法院指定管辖，不得再自行移送。

（五）指定管辖

指定管辖，是指人民法院之间因管辖权发生争议，或者有管辖权的人民法院由于特殊原因不能行使审判权，由它们的共同上级人民法院指定某一人民法院管辖。

（六）管辖权的转移

上级人民法院有权审理下级人民法院管辖的第一审民事案件；确有必要将本院管辖的第一审民事案件交下级人民法院审理的，应当报请其上级人民法院批准。

下级人民法院对其所管辖的第一审民事案件，认为需要由上级人民法院审理的，可以报请上级人民法院审理。

三、证据

民事诉讼证据，是指在民事诉讼中能够证明和确认案件事实的各种依据。它是人民法院查明事实真相的手段，认定案件事实的根据。

（一）证据的种类

（1）当事人的陈述。是指当事人在诉讼中就与本案有关的事实，向法院所作的陈述。

（2）书证。是指以文字、符号、图形等所记载的内容或表达的思想来证明案件真实的证据。

（3）物证。是指以其存在的形状、质量、规格、特征等来证明案件事实的证据。物证是通过其外部特征和自身所体现的属性来证明案件的真实情况,它不受人们主观因素的影响和制约。

(4)视听资料。是指利用录音、录像、电子计算机储存的资料和数据等来证明案件事实的一种证据。

(5)电子数据。是指通过电子邮件、电子数据交换、网上聊天记录、博客、微博、微信、手机短信、电子签名、域名等形成或者存储在电子介质中的信息。

(6)证人证言。证人是指知晓案件事实并应当事人的要求和法院的传唤到法庭作证的人,证人就案件事实向法院所作的陈述称为证人证言。凡是知道案件情况的单位和个人,都有义务出庭作证。

(7)鉴定意见。是指鉴定人运用专业知识、专门技术对案件中的专门性问题进行分析、鉴别、判断后作出的结论。

(8)勘验笔录。勘验是指人民法院审判人员,在诉讼过程中,为了查明一定的事实,对与案件争议有关的现场、物品或物体亲自进行或指定有关人员进行查验、拍照、测量的行为。对查验的情况与结果制成的笔录叫作勘验笔录。

证据必须查证属实,才能作为认定事实的根据。

(二)证据的特征

(1)客观性。证据必须是客观存在的事实材料。证据的客观性要求证据不能是主观臆测,必须是客观存在的。

(2)关联性。证据必须与待证的案件事实有内在的联系,即证据应当能证明待证的案件事实的全部或一部分。关联性是判断证据证明力的重要标准。

(3)合法性。证据应当按法定要求和法定程序取得。实体法要求某些法律行为必须采用法定形式的,作为证明这些法律行为的证据材料就应当具备这些法定形式。合法性包括:①证据主体的合法性;②证据形式的合法性;③收集证据的合法性;④证据材料转化为诉讼证据的合法性。

(三)证据的收集

根据"谁主张,谁举证"的原则,民事证据应由当事人自己收集并提供给人民法院。

在当事人确实因客观原因无法收集证据时,可以由人民法院来收集。人民法院调查收集证据包括以下两种情形:

1.人民法院主动调查收集证据

根据《民事诉讼法》第67条的规定,人民法院认为审理案件需要的证据,人民法院应当调查收集。民事诉讼贯彻处分原则和辩论原则,因此作为裁判依据的证据应当由当事人提出,当事人及其诉讼代理人因客观原因不能自行收集的证据,可向人民法院提出申请。一般情况下,为了保持中立性,人民法院不宜依职权主动收集证据。人民法院认为审理案件需要的证据,是指以下情形:①涉及可能损害国家利益、社会公共利益的;②涉及身份关系的;③涉及《民事诉讼法》第58条规定的公益诉讼的;④当事人有恶意串通损害他人合法权益可能的;⑤涉及依职权追加当事人、中止诉讼、终结诉讼、回避等程序性事项的。

2.人民法院依申请调查收集证据

当事人及其诉讼代理人因客观原因不能自行收集的证据,可以在举证期限届满前书面申请人民法院调查收集。主要包括:①证据由国家有关部门保存,当事人及其诉讼代理人无权查阅调取的;②涉及国家秘密、商业秘密或者个人隐私的;③当事人及其诉讼代理人因客观原因不能自行收集的其他证据。

人民法院调查收集证据,应当由两人以上共同进行。调查材料要由调查人、被调查人、记录人签名、捺印或者盖章。

(四)证据保全

1.证据保全的概念

证据保全是指在证据有可能毁损、灭失或以后难以取得的情况下,人民法院对证据进行保护,以保证其证明力的一项措施。证据保全的意义在于保护证据,使与案件有关的事实材料不因有关情形的发生而无法取得,以满足当事人证明案件事实和人民法院查明案件事实的需要。

2.证据保全的条件

(1)待保全的事实材料应当与案件所涉及的法律关系有关,即应当是能够证明案件有关事实的材料。

(2)待保全的事实材料存在毁损、灭失或以后难以取得的可能性。

(3)就时间而言,证据保全应在开庭审理前提出。在开庭后,由于已经进入证据调查阶段,就没有实施证据保全的必要。

3.证据保全的主体、时间、步骤

(1)证据保全提出的主体。通常情况下,由当事人申请,有些情况下也可以由人民法院依职权决定,主动采取保全措施。

(2)证据保全提出的时间。根据最高人民法院《关于民事诉讼证据的若干规定》,当事人向人民法院申请保全证据,不得迟于举证期限届满前7日。

(3)证据保全的提出步骤。当事人申请证据保全的,应当提出书面申请,说明证据保全的理由、保全的对象及待保全证据所在之处等。对当事人提出的申请,人民法院应当予以审查,并尽快决定是否同意申请。同时,人民法院可以要求当事人提供相应的担保。

4.证据保全的措施

证据保全,是指法院在起诉前或在对证据进行调查前,依据利害关系人、当事人的请求,或依职权对可能灭失或今后难以取得的证据,予以调查收集和固定保存的行为。

人民法院进行证据保全,可以根据具体情况,采取查封、扣押、拍照、录音、录像、复制、鉴定、勘验、制作笔录等方法。

实践中要根据证据种类的不同而有所区别:

对书证,要尽可能提取原件,提取原件确有困难的,可提取复制品、照片、副本、节录本等加以保全;

对物证,可通过勘验笔录、拍照、录像、绘图、复制模型或者保持原物的方法保全;

对视听资料,可通过录像、录音等反映出现的形象或音像,或者利用电子计算机贮存的资料加以保全；

对证人证言、当事人的陈述，可采用笔录或者录音的方法加以保全，并力求准确、可靠，保持其原稿或原意，笔录经本人核对盖章后，正式附卷加以保存，不得损坏或未经批准而销毁。

人民法院保全证据，可以要求当事人或者其诉讼代理人到场。当事人或者其诉讼代理人拒不到场的，不影响人民法院采取证据保全措施。

四、财产保全

(一)财产保全的概念

财产保全，是指人民法院在利害关系人提起诉讼或仲裁前或在诉讼过程中，根据利害关系人或当事人的申请，或必要时依职权对一定财产采取限制当事人处分或责令当事人实施或不实施一定行为的临时性保障措施。其目的是保障将来的生效判决能够得到执行或者避免财产遭受损失。

人民法院采取保全措施，可以责令申请人提供担保，申请人不提供担保的，裁定驳回申请。

(二)保全的管辖

诉讼中财产保全的管辖法院是受理案件的法院；而诉前财产保全，申请人可以在提起诉讼或者申请仲裁前向被保全财产所在地、被申请人住所地或者对案件有管辖权的人民法院申请采取保全措施。

(三)财产保全的种类

1.诉前财产保全

利害关系人因情况紧急，不立即申请保全将会使其合法权益受到难以弥补的损害的，可以在提起诉讼或者申请仲裁前向被保全财产所在地、被申请人住所地或者对案件有管辖权的人民法院申请采取保全措施。申请人应当提供担保，不提供担保的，裁定驳回申请。

人民法院接受申请后，必须在48小时内作出裁定；裁定采取保全措施的，应当立即开始执行。申请人在人民法院采取保全措施后30日内不依法提起诉讼或者申请仲裁的，人民法院应当解除保全。

2.诉讼中财产保全

诉讼中财产保全，是指当事人已经起诉或已经提起仲裁，人民法院在受理案件之后，对当事人的财产或者争执标的物采取限制当事人处分的强制措施。

(四)财产保全的范围

《民事诉讼法》第105条规定："保全限于请求的范围，或者与本案有关的财物。"最高人民法院的有关司法解释也认为，人民法院采取财产保全措施时，保全的范围应当限于当事人争执的财产，或者被告的财产，对案外人的财产不得采取财产保全措施。对案外人善意取得的与案件有关的财产，一般也不得采取保全措施。所以，财产保全的范围，不能超过申请人请求的范围，或者不能超过争议财产的价额。采取保全措施，只能在当事人或者利害关系人的请求范围内,才能达到财产保全的目的,使申请人的权益得到实现,也避免给被申请人造成不应有的损失。

(五)财产保全的方式

根据《民事诉讼法》第 106 条的规定,财产保全可以采取查封、扣押、冻结或者法律规定的其他方法。

(1)查封,是指人民法院将需要保全的财物清点后,加贴封条、就地封存,以防止任何单位和个人处分的一种财产保全措施。

(2)扣押,是指人民法院将需要保全的财物移置到一定的场所予以扣留,防止任何单位和个人处分的一种财产保全措施。

(3)冻结,是指人民法院依法通知有关金融单位,不准被申请人提取或者转移其存款的一种财产保全措施。

(4)法律准许的其他方法包括责令被申请人提供担保等方式。责令被申请人提供担保,是指人民法院责令保证人出具书面保证书或者责令被申请人提供银行担保、实物担保的一种财产保全措施。

人民法院保全财产后,应当立即通知被保全财产的人。财产已被查封、冻结的,不得重复查封、冻结。

(六)财产保全的解除

保全解除的条件和原因主要有:

(1)申请人在人民法院采取保全措施后 30 日内依法不提起诉讼或者申请仲裁的;

(2)保全错误的;

(3)申请人撤回保全申请的;

(4)申请人的起诉或者诉讼请求被生效裁判驳回的;

(5)人民法院认为应当解除保全的其他情形。

上述情形下,人民法院应当作出解除保全裁定。解除以登记方式实施的保全措施的,应当向登记机关发出协助执行通知书。

五、诉讼参与人

(一)当事人

1.当事人的概念及特征

当事人,是指因民事权益发生争议或受到侵害,以自己的名义进行诉讼,与案件有利害关系并受法院裁判约束的人。民事诉讼当事人的特征有:

(1)以自己的名义进行诉讼,实施诉讼行为;

(2)与案件有利害关系;

(3)受法院裁判的约束。

2.共同诉讼

当事人一方或者双方为两人以上,其诉讼标的是共同的,或者诉讼标的是同一种类、人民法院认为可以合并审理并经当事人同意的,为共同诉讼。共同诉讼分为必要共同诉讼和普通共同诉讼两种类型。

（1）必要共同诉讼。必要共同诉讼是指一个案件当事人的一方或双方为两人以上，具有同一诉讼标的，所有当事人必须共同参加，人民法院必须合并审理并在裁判中对诉讼标的合一判决的共同诉讼。具有共同权利或共同义务的同一方当事人为必要共同诉讼人。必要共同诉讼具有以下特征：

①同一方当事人为两人以上（这是共同诉讼的基本要求）；

②诉讼标的具有同一性；

③必须共同参加同一诉讼；

④共同诉讼人行为具有一致性；

⑤法院必须合并审理、合一判决。

共同诉讼的一方当事人对诉讼标的有共同权利义务的，其中一人的诉讼行为经其他共同诉讼人承认，对其他共同诉讼人发生效力。

（2）普通共同诉讼。普通共同诉讼是指当事人一方或双方为两人以上，诉讼标的属同一种类，当事人同意、法院许可合并审理的诉讼。普通共同诉讼具有以下特征：

①同一方当事人为两人以上（这是共同诉讼的基本要求）；

②有两个以上同一种类的诉讼标的；

③普通共同诉讼是可分之诉；

④普通共同诉讼的成立须由法院决定并经当事人同意。

普通共同诉讼人对诉讼标的没有共同权利义务，各自与对方具有独立的诉讼标的，其中一人的诉讼行为对其他共同诉讼人不发生效力。

（二）第三人

第三人，是指对当事人双方的诉讼标的认为有独立请求权，或者虽然没有独立的请求权但与案件的处理结果有法律上的利害关系，因而参加到他人已经开始的诉讼中，成为原被告以外的第三方当事人。根据参加诉讼的原因和诉讼地位不同，第三人分为有独立请求权的第三人和无独立请求权的第三人。

1.有独立请求权的第三人

有独立请求权的第三人，是指对他人之间的诉讼标的有独立的请求权而参加到他人已经开始的诉讼中的除本诉原告和被告以外的当事人。除具有第三人的共同特征之外，还具有以下特征：

（1）对他人之间未决争议的诉讼标的提出独立的请求权；

（2）法律地位相当于原告，既反对本诉原告又反对本诉的被告。

2.无独立请求权的第三人

无独立请求权的第三人，是指对当事人双方的诉讼标的没有独立请求权，但与案件处理结果有法律上的利害关系，因而参加到他人已经开始的诉讼中的第三方的当事人。除具有第三人的共同特征之外，还具有以下特征：

（1）本诉的审理结果与其有法律上的利害关系。

（2）诉讼权利受一定的限制，处于准当事人地位。无独立请求权的第三人有当事人的诉讼权利义务,判决承担民事责任的无独立请求权的第三人有权提出上诉;但该第三人在一审中无权对案件的管辖权提出异议,无权放弃、变更诉讼请求或者申请撤诉。

（3）通常由法院通知被动参加诉讼。

(三)诉讼代表人

1.概念及特征

代表人诉讼,是指一方或者双方当事人人数众多时,由众多当事人推选或法院指定的代表人进行诉讼,法院裁判效力对全体当事人发生效力的制度。代表人诉讼具有以下特征：

（1）当事人一方人数众多。人数众多,是指一方当事人在 10 人以上。

（2）由代表人实施诉讼行为。代表人为 2～5 人,代表人的诉讼行为对其所代表的当事人发生效力,但代表人变更、放弃诉讼请求或者承认对方当事人的诉讼请求、进行和解的除外。

（3）必须经被代表的当事人同意。

（4）裁判效力及于所有当事人。

2.人数确定的代表人诉讼

人数确定的代表人诉讼,是指人数众多的一方当事人具有共同或同一种类的诉讼标的,共同参加同一诉讼,法院合并审理的诉讼形式。人数确定的代表人诉讼有以下特征：

（1）众多当事人一方的诉讼标的是相同的或者是同一种类；

（2）人数众多一方当事人的人数是明确的；

（3）当事人推选代表人进行诉讼。

3.人数不确定的代表人诉讼

人数不确定的代表人诉讼,是指诉讼标的是同一种类、当事人一方人数众多、在起诉时人数尚未确定,在一定条件下裁判效力适用于未同期参加诉讼的当事人的诉讼形式。人民法院可以发出公告,说明案件情况和诉讼请求,通知权利人在一定期间向人民法院登记。人数不确定的代表人诉讼有如下特征：

（1）人数众多一方的诉讼标的必须是同一种类；

（2）人数众多一方的人数不确定；

（3）诉讼代表人由当事人推选或法院指定；

（4）法院裁判对参加登记的全体权利人发生效力,未参加登记的权利人在诉讼时效期间提起诉讼的,适用该裁判。

(四)诉讼代理人

诉讼代理人,是指以当事人一方的名义,在法律规定内或者当事人授予的权限范围内代理实施诉讼行为、接受诉讼行为的人。

1.法定诉讼代理人

法定诉讼代理人,是指基于法律规定行使诉讼代理权,代理无诉讼行为能力的当事人进行民事诉讼活动的人。

无诉讼行为能力人由他的监护人作为法定代理人代为诉讼。法定代理人之间互相推倭代理责任的,由人民法院指定其中一人代为诉讼。法定诉讼代理人可以实施一切诉讼行为,包括对被代理人程序权利和实体权利的处分。

法定诉讼代理人的诉讼代理权因一定情况出现而消灭,包括:①被代理人取得或恢复诉讼行为能力;②法定诉讼代理人死亡或丧失行为能力;③法定诉讼代理人丧失监护权等。

2.委托诉讼代理人

委托诉讼代理人,是指受当事人、法定诉讼代理人的委托,在授权范围内为当事人的利益进行诉讼活动的人。当事人、法定代理人可以委托1~2人作为诉讼代理人。下列人员可以被委托为诉讼代理人:

(1)律师、基层法律服务工作者;

(2)当事人的近亲属或者工作人员;

(3)当事人所在社区、单位以及有关社会团体推荐的公民。

委托他人代为诉讼,必须向人民法院提交由委托人签名或者盖章的授权委托书。授权委托书必须载明委托事项和权限。诉讼代理人代为承认、放弃、变更诉讼请求,进行和解,提起反诉或者上诉,必须有委托人的特别授权。诉讼代理人的权限如果变更或者解除,当事人应当书面告知人民法院,并由人民法院通知对方当事人。代理诉讼的律师和其他诉讼代理人有权调查收集证据,可以查阅本案有关材料。查阅本案有关材料的范围和办法由最高人民法院规定。

委托诉讼代理人在授权范围内的诉讼行为,对被代理人产生法律效力。离婚案件有诉讼代理人的,本人除不能表达意思的以外,仍应出庭;确因特殊情况无法出庭的,必须向人民法院提交书面意见。

委托诉讼代理权因下列原因而消灭:①诉讼终结;②代理人死亡或者丧失诉讼行为能力;③代理人辞去委托或者委托人解除委托等。

六、民事一审与二审程序

(一)民事一审程序

1.第一审普通程序

(1)审理前的准备

人民法院应当在立案之日起5日内将起诉状副本发送被告,被告应当在收到之日起15日内提出答辩状。答辩状应当记明被告的姓名、性别、年龄、民族、职业、工作单位、住所、联系方式;法人或者其他组织的名称、住所和法定代表人或者主要负责人的姓名、职务、联系方式。人民法院应当在收到答辩状之日起5日内将答辩状副本发送原告。被告不提出答辩状的,不影响人民法院审理。

人民法院审理第一审民事案件,由审判员、陪审员共同组成合议庭或者由审判员组成合议庭。适用普通程序审理的案件,合议庭的成员人数必须是3个以上的单数。陪审员在执行陪审职务时,与审判员有同等的权利义务。合议庭组成人员确定后,应当在3日内告知当事人。

（2）开庭审理

人民法院审理民事案件,除涉及国家秘密、个人隐私或者法律另有规定的以外,应当公开进行。离婚案件,涉及商业秘密的案件,当事人申请不公开审理的,可以不公开审理。

①庭审准备。开庭审理前,书记员应当查明当事人和其他诉讼参与人是否到庭,宣布法庭纪律。开庭审理时,由审判长核对当事人,宣布案由,宣布审判人员、书记员名单,告知当事人有关的诉讼权利义务,询问当事人是否提出回避申请。

②法庭调查。按照下列顺序进行:a.当事人陈述;b.告知证人的权利义务,证人作证,宣读未到庭的证人证言;c.出示书证、物证、视听资料和电子数据;d.宣读鉴定意见;e.宣读勘验笔录。当事人在法庭上可以提出新的证据。当事人经法庭许可,可以向证人、鉴定人、勘验人发问。当事人要求重新进行调查、鉴定或者勘验的,是否准许,由人民法院决定。

③法庭辩论。按照下列顺序进行:a.原告及其诉讼代理人发言。b.被告及其诉讼代理人答辩。c.第三人及其诉讼代理人发言或者答辩。d.互相辩论。法庭辩论终结,由审判长按照原告、被告、第三人的先后顺序征询各方最后意见。

④合议庭评议及裁判。法庭辩论终结,应当依法作出判决。判决前能够调解的,还可以进行调解;调解不成的,应当及时判决。合议庭评议暂时休庭,评议不公开进行,实行少数服从多数的原则。

⑤宣告判决。人民法院对公开审理或者不公开审理的案件,一律公开宣告判决。当庭宣判的,应当在10日内发送判决书;定期宣判的,宣判后立即发给判决书。宣告判决时,必须告知当事人上诉权利、上诉期限和上诉的法院。宣告离婚判决,必须告知当事人在判决发生法律效力前不得另行结婚。

人民法院适用普通程序审理的案件,应当在立案之日起6个月内审结。有特殊情况需要延长的,由本院院长批准,可以延长6个月;还需要延长的,报请上级人民法院批准。

2.简易程序

简易程序,是指基层人民法院和它派出的法庭审理简单的民事案件所适用的一种民事诉讼程序。简易程序是简化了的第一审程序,可节约诉讼成本,提高审判效率,方便当事人诉讼。

（1）简易程序的适用范围

基层人民法院和它派出的法庭审理事实清楚、权利义务关系明确、争议不大的简单的民事案件,适用简易程序。基层人民法院和它派出的法庭审理上述以外的民事案件,当事人双方也可以约定适用简易程序。人民法院在审理过程中,发现案件不宜适用简易程序的,裁定转为普通程序。

（2）简易程序的特点

①起诉方式。对简单的民事案件,原告可以口头起诉。

②受理程序。当事人双方可以同时到基层人民法院或者它派出的法庭,请求解决纠纷。基层人民法院或者它派出的法庭可以当即审理,也可以另定日期审理。

③传唤当事人方式。基层人民法院和它派出的法庭审理简单的民事案件,可以用简便方式传唤当事人和证人、送达诉讼文书、审理案件,但应当保障当事人陈述意见的权利。

④审判组织和审理期限。人民法院适用简易程序审理案件,由审判员一人独任审理,应当在立案之日起3个月内审结。

3.小额诉讼程序

(1)基层人民法院和它派出的法庭在审理事实清楚、权利义务关系明确、争议不大的简单金钱给付民事案件,标的额为各省、自治区、直辖市上年度就业人员年平均工资50%以下的,适用小额诉讼的程序审理,实行一审终审。

(2)基层人民法院和它派出的法庭审理前款规定的民事案件,标的额超过各省、自治区、直辖市上年度就业人员年平均工资50%但在2倍以下的,当事人双方也可以约定适用小额诉讼的程序。

(3)人民法院审理下列民事案件,不适用小额诉讼的程序:

①人身关系、财产确权案件;

②涉外案件;

③需要评估、鉴定或者对诉前评估、鉴定结果有异议的案件;

④一方当事人下落不明的案件;

⑤当事人提出反诉的案件;

⑥其他不宜适用小额诉讼的程序审理的案件。

(4)人民法院适用小额诉讼的程序审理案件,可以一次开庭审结并且当庭宣判;或者应当在立案之日起2个月内审结。有特殊情况需要延长的,经本院院长批准,可以延长1个月。

(二)民事二审程序

第二审程序,是指当事人对第一审人民法院未发生法律效力的裁判不服而提起上诉,第二审人民法院对案件依法审理的审判程序。

1.上诉的提起

人民法院审判民事案件,实行两审终审制。当事人不服地方人民法院第一审判决的,有权在判决书送达之日起15日内向上一级人民法院提起上诉。当事人不服地方人民法院第一审裁定的,有权在裁定书送达之日起10日内向上一级人民法院提起上诉。上诉应当递交上诉状,通过原审人民法院提出,并按照对方当事人或者代表人的人数提出副本。当事人直接向第二审人民法院上诉的,第二审人民法院应当在5日内将上诉状移交原审人民法院。

2.上诉案件的审理

(1)审判组织形式和审理方式

第二审人民法院对上诉案件,应当组成合议庭,开庭审理。经过阅卷、调查和询问当事人,对没有提出新的事实、证据或者理由,合议庭认为不需要开庭审理的,可以不开庭审理。

第二审人民法院审理上诉案件,可以在本院进行,也可以到案件发生地或者原审人民法院所在地进行。

(2)审理范围

第二审人民法院应当对上诉请求的有关事实和适用法律进行审查。

3.上诉案件的裁判与调解

第二审人民法院对上诉案件,经过审理,按照下列情形,分别处理:

(1)原判决、裁定认定事实清楚,适用法律正确的,以判决、裁定方式驳回上诉,维持原判决、裁定;

(2)原判决、裁定认定事实错误或者适用法律错误的,以判决、裁定方式依法改判、撤销或者变更;

(3)原判决认定基本事实不清的,裁定撤销原判决,发回原审人民法院重审,或者查清事实后改判;

(4)原判决遗漏当事人或者违法缺席判决等严重违反法定程序的,裁定撤销原判决,发回原审人民法院重审。

原审人民法院对发回重审的案件作出判决后,当事人提起上诉的,第二审人民法院不得再次发回重审。

第二审人民法院审理上诉案件,可以进行调解。调解达成协议,应当制作调解书,由审判人员、书记员署名,加盖人民法院印章。调解书送达后,原审人民法院的判决即视为撤销。

人民法院审理对判决的上诉案件,应当在第二审立案之日起 3 个月内审结。有特殊情况需要延长的,由本院院长批准。人民法院审理对裁定的上诉案件,应当在第二审立案之日起 30 日内作出终审裁定。第二审人民法院的判决、裁定,是终审的判决、裁定。

七、执行程序

(一)概念

执行程序,是指人民法院为实现生效法律文书确定的权利义务,依法强制义务人履行义务的程序。

人民法院根据需要可以设立执行机构,执行工作由执行员进行。发生法律效力的民事判决、裁定以及刑事判决、裁定中的财产部分,由第一审人民法院或者与第一审人民法院同级的被执行的财产所在地人民法院执行。法律规定由人民法院执行的其他法律文书,由被执行人住所地或者被执行的财产所在地人民法院执行。

(二)执行根据

以下都可作为执行根据:

(1)人民法院制作的生效判决、裁定、调解书、支付令;

(2)其他机关制作的发生法律效力的法律文书;

(3)仲裁机关制作的依法由人民法院执行的裁决书;

（4）公证机关制作的依法赋予强制执行效力的债权文书；

（5）法律规定由人民法院执行的其他法律文书。

（三）执行措施

1.查询、扣押、冻结、划拨、变价被执行人的存款、债券、股票、基金份额等财产

被执行人未按执行通知履行法律文书确定的义务,人民法院有权向有关单位查询被执行人的存款、债券、股票、基金份额等财产情况。人民法院有权根据不同情形扣押、冻结、划拨、变价被执行人的财产。人民法院查询、扣押、冻结、划拨、变价的财产不得超出被执行人应当履行义务的范围。人民法院决定扣押、冻结、划拨、变价财产,应当作出裁定,并发出协助执行通知书,有关单位必须办理。

2.扣留、提取被执行人的收入

被执行人未按执行通知履行法律文书确定的义务,人民法院有权扣留、提取被执行人应当履行义务部分的收入。但应当保留被执行人及其所扶养家属的生活必需费用。人民法院扣留、提取收入时,应当作出裁定,并发出协助执行通知书,被执行人所在单位、银行、信用合作社和其他有储蓄业务的单位必须办理。

3.查封、扣押、冻结、拍卖、变卖被执行人应履行义务部分的财产

被执行人未按执行通知履行法律文书确定的义务,人民法院有权查封、扣押、冻结、拍卖、变卖被执行人应当履行义务部分的财产。但应当保留被执行人及其所扶养家属的生活必需品。

人民法院查封、扣押财产时,被执行人是公民的,应当通知被执行人或者他的成年家属到场;被执行人是法人或者其他组织的,应当通知其法定代表人或者主要负责人到场;拒不到场的,不影响执行。被执行人是公民的,其工作单位或者财产所在地的基层组织应当派人参加。对被查封、扣押的财产,执行员必须造具清单,由在场人签名或者盖章后,交被执行人一份。被执行人是公民的,也可以交他的成年家属一份。

财产被查封、扣押后,执行员应当责令被执行人在指定期间履行法律文书确定的义务。被执行人逾期不履行的,人民法院应当拍卖被查封、扣押的财产;不适于拍卖或者当事人双方同意不进行拍卖的,人民法院可以委托有关单位变卖或者自行变卖。国家禁止自由买卖的物品,交有关单位按照国家规定的价格收购。

4.搜查债务人的财产

被执行人不履行法律文书确定的义务,并隐匿财产的,人民法院有权发出搜查令,对被执行人及其住所或者财产隐匿地进行搜查,由院长签发搜查令。

5.实现交付财物或者票证请求权

法律文书指定交付的财物或者票证,由执行员传唤双方当事人当面交付,或者由执行员转交,并由被交付人签收。有关单位持有该项财物或者票证的,应当根据人民法院的协助执行通知书转交,并由被交付人签收。有关公民持有该项财物或者票证的,人民法院通知其交出。拒不交出的,强制执行。

6.强制被执行人迁出房屋或退出土地

强制迁出房屋或者强制退出土地,由院长签发公告,责令被执行人在指定期间履行。被执行人逾期不履行的,由执行员强制执行。强制执行时,被执行人是公民的,应当通知被执行人或者他的成年家属到场;被执行人是法人或者其他组织的,应当通知其法定代表人或者主要负责人到场;拒不到场的,不影响执行。被执行人是公民的,其工作单位或者房屋、土地所在地的基层组织应当派人参加。执行员应当将强制执行情况记入笔录,由在场人签名或者盖章。

强制迁出房屋被搬出的财物,由人民法院派人运至指定处所,交给被执行人。被执行人是公民的,也可以交给他的成年家属。因拒绝接收而造成的损失,由被执行人承担。

7.对可替代行为的执行

对判决、裁定和其他法律文书指定的行为,被执行人未按执行通知履行的,人民法院可以强制执行或者委托有关单位或者其他人完成,费用由被执行人承担。

8.支付迟延履行期间债务利息

被执行人未按判决、裁定和其他法律文书指定的期间履行给付金钱义务的,应当加倍支付迟延履行期限的债务利息。

9.支付迟延履行金

被执行人未按判决、裁定和其他法律文书指定的期间履行其他义务的,应当支付迟延履行金。

10.继续执行

根据《民事诉讼法》第 226 条的规定,人民法院采取第 242 条、第 243 条、第 244 条规定的执行措施后,被执行人仍不能偿还债务的,应当继续履行义务。债权人发现被执行人有其他财产的,可以随时请求人民法院执行。

11.限制出境、征信系统记录、媒体公布不履行义务信息

被执行人不履行法律文书确定的义务的,人民法院可以对其采取或者通知有关单位协助采取限制出境,在征信系统中记录、通过媒体公布不履行义务信息以及法律规定的其他措施。

12.报告当前及收到执行通知前一年的财产情况

被执行人未按执行通知履行法律文书确定的义务,应当报告当前以及收到执行通知之日前一年的财产情况。被执行人拒绝报告或者虚假报告的,人民法院可以根据情节轻重对被执行人或者其法定代理人、有关单位的主要负责人或者直接责任人员予以罚款、拘留。

(四)执行阻却和执行回转

1.执行异议

《民事诉讼法》第 232 条规定,当事人、利害关系人认为执行行为违反法律规定的,可以向负责执行的人民法院提出书面异议。当事人、利害关系人提出书面异议的,人民法院应当自收到书面异议之日起 15 日内审查,理由成立的,裁定撤销或者改正;理由不成

立的,裁定驳回。当事人、利害关系人对裁定不服的,可以自裁定送达之日起 10 日内向上一级人民法院申请复议。

《民事诉讼法》第 234 条规定,执行过程中,案外人对执行标的提出书面异议的,人民法院应当自收到书面异议之日起 15 日内审查,理由成立的,裁定中止对该标的的执行;理由不成立的,裁定驳回。案外人、当事人对裁定不服,认为原判决、裁定错误的,依照审判监督程序办理;与原判决、裁定无关的,可以自裁定送达之日起 15 日内向人民法院提起诉讼。

2.执行和解

在执行中,双方当事人自行和解达成协议的,执行员应当将协议内容记入笔录,由双方当事人签名或者盖章。申请执行人因受欺诈、胁迫与被执行人达成和解协议,或者当事人不履行和解协议的,人民法院可以根据当事人的申请,恢复对原生效法律文书的执行。

3.执行担保

在执行中,被执行人向人民法院提供担保,并经申请执行人同意的,人民法院可以决定暂缓执行及暂缓执行的期限。被执行人逾期仍不履行的,人民法院有权执行被执行人的担保财产或者担保人的财产。

4.执行回转

《民事诉讼法》第 240 条规定,执行完毕后,据以执行的判决、裁定和其他法律文书确有错误,被人民法院撤销的,对已被执行的财产,人民法院应当作出裁定,责令取得财产的人返还;拒不返还的,强制执行。

5.中止执行

《民事诉讼法》第 263 条规定,有下列情形之一的,人民法院应当裁定中止执行:①申请人表示可以延期执行的;②案外人对执行标的提出确有理由的异议的;③作为一方当事人的公民死亡,需要等待继承人继承权利或者承担义务的;④作为一方当事人的法人或者其他组织终止,尚未确定权利义务承受人的;⑤人民法院认为应当中止执行的其他情形。

中止的情形消失后,恢复执行。

6.终结执行

《民事诉讼法》第 264 条规定,有下列情形之一的,人民法院裁定终结执行:①申请人撤销申请的;②据以执行的法律文书被撤销的;③作为被执行人的公民死亡,无遗产可供执行,又无义务承担人的;④追索赡养费、扶养费、抚养费案件的权利人死亡的;⑤作为被执行人的公民因生活困难无力偿还借款,无收入来源,又丧失劳动能力的;⑥人民法院认为应当终结执行的其他情形。

第二节　商事仲裁法

◇ **目标提示**

通过本节的学习,掌握商事仲裁的基本程序。

◇ **学习内容**

仲裁概念、仲裁协议、仲裁原则、仲裁机构及仲裁程序等仲裁基本制度。

◇ **重要知识**

仲裁,又称"公断",是指当事人双方发生纠纷后,根据事前或事后达成的仲裁协议,自愿将纠纷提交给仲裁机构处理,由仲裁机构作出对双方当事人具有约束力的裁决的一种解决纠纷的方式。

一、仲裁法概述

(一)仲裁与仲裁法

仲裁,又称"公断",是指当事人双方发生纠纷后,根据事前或事后达成的仲裁协议,自愿将纠纷提交给仲裁机构处理,由仲裁机构作出对双方当事人具有约束力的裁决的一种解决纠纷的方式。仲裁已经成为国际上通行的解决纠纷的重要方式。仲裁法,是调整在仲裁过程中发生的各种关系的法律规范的总称。

(二)仲裁的适用范围

平等主体的公民、法人、其他组织之间发生的合同纠纷和其他财产权益纠纷,可以仲裁;但是,婚姻、收养、监护、扶养、继承纠纷和依法应当由行政机关处理的行政争议,不能仲裁。

(三)仲裁的基本原则

1.意思自治原则

仲裁机构对案件行使仲裁权,依据的是当事人的自愿申请,即当事人双方在纠纷发生前或发生后自愿达成仲裁协议,一旦纠纷发生,由当事人提出仲裁申请,仲裁机构依申请对纠纷行使仲裁权。自愿原则主要体现在:双方当事人①自愿决定是否将他们之间发生的纠纷提交仲裁机构仲裁;②自愿约定将哪些争议事项提交仲裁机构仲裁;③自主决定选择哪个仲裁机构和哪些仲裁员;④自主决定仲裁的审理方式、开庭方式等有关程序事项。

2.一裁终局原则

仲裁是双方当事人自愿选择的解决经济纠纷的途径,仲裁裁决结果具有法律效力,双方当事人必须履行;裁决一经作出,当事人就同一纠纷再申请仲裁或者向人民法院提起诉讼的,仲裁委员会或者人民法院不予受理。仲裁实行一裁终局制,有利于更及时、迅速地化解纠纷,消除因纠纷带来的消极影响。

3.独立公正仲裁原则

《仲裁法》明确规定仲裁应依法独立进行,不受行政机关、社会团体和个人的干涉。独立仲裁原则体现在仲裁与行政机关脱钩,仲裁委员会独立于行政机关,与行政机关没有隶属关系,仲裁委员会之间也没有隶属关系。同时,仲裁庭独立裁决案件,仲裁委员会以及其他机关、社会团体和个人不得干预。

4.公正及时原则

《仲裁法》强调公正、及时地仲裁经济纠纷。仲裁应当以事实为根据,以法律为准绳,公平合理、及时迅速地解决财产争议。仲裁在不违反法律的前提下,可以按照当事人的意愿,灵活地解决双方争端。

二、仲裁委员会和仲裁协会

(一)仲裁委员会

仲裁委员会是指依法设立,依据仲裁协议行使一定范围内的民商事纠纷仲裁权的机构。仲裁委员会由直辖市和省、自治区人民政府所在地的市或其他设区的市的人民政府组织有关部门和商会统一组建,但不按行政区划层层设立。设立仲裁委员会,应当经省、自治区、直辖市的司法行政部门登记。

仲裁委员会设立必须具备法定的条件:①有自己的名称、住所和章程;②有必要的财产;③有该委员会的组成人员;④有聘任的仲裁员。

仲裁委员会由主任 1 人,副主任 2～4 人和委员 7～11 人组成。仲裁委员会的主任、副主任和委员必须由法律、经济贸易专家和有实际工作经验的人员担任。其中,法律、经济贸易专家不得少于 2/3。

(二)仲裁员

仲裁委员会应当从公道正派的人员中聘任仲裁员,仲裁员应当符合下列条件之一:①通过国家统一法律职业资格考试取得法律职业资格,从事仲裁工作满 8 年的;②从事律师工作满 8 年的;③曾任法官满 8 年的;④从事法律研究、教学工作并具有高级职称的;⑤具有法律知识、从事经济贸易等专业工作并具有高级职称或者具有同等专业水平的。

仲裁委员会按照不同专业设仲裁员名册。

(三)中国仲裁协会

中国仲裁协会是仲裁机构为共同发展和维护仲裁事业而组成的自我管理、自我教育和自我服务的社会团体。中国仲裁协会是社会团体法人。仲裁委员会是中国仲裁协会的会员。中国仲裁协会的章程由全国会员大会制定。中国仲裁协会是仲裁委员会的自律性组织,根据章程对仲裁委员会及其组成人员、仲裁员的违纪行为进行监督。中国仲裁协会依照《仲裁法》和《民事诉讼法》的有关规定制定仲裁规则。

三、仲裁协议

(一)仲裁协议的概念

仲裁协议,是双方当事人自愿将其发生的或可能发生的争议提交仲裁裁决的共同意思表示。仲裁协议包括合同中订立的仲裁条款和以其他书面方式在纠纷发生前或者纠纷发生后达成的请求仲裁的协议。仲裁协议是民商事仲裁的前提。仲裁协议应当具备下列内容:

(1)请求仲裁的意思表示,即有明确的提请仲裁的语言文字写在条款或协议中;

(2)仲裁事项,即仲裁机构能进行仲裁的事由范围;

(3)选定的仲裁委员会。

仲裁协议对仲裁事项或者仲裁委员会没有约定或者约定不明确的,当事人可以补充协议;达不成补充协议的,仲裁协议无效。

(二)仲裁协议的效力

当事人达成仲裁协议的,当纠纷发生后,必须向约定的仲裁机构提起仲裁,但是同一纠纷不得再向人民法院提起诉讼。如果不经仲裁,直接向人民法院起诉,人民法院不予受理,但仲裁协议无效的除外。

当事人对仲裁协议的效力有异议的,可以请求仲裁委员会作出决定或者请求人民法院作出裁定。一方请求仲裁委员会作出决定,另一方请求人民法院作出裁定的,由人民法院裁定。当事人对仲裁协议的效力有异议,应当在仲裁庭首次开庭前提出。当事人未在仲裁庭首次开庭前对仲裁协议的效力提出异议,而后向人民法院申请确认仲裁协议无效的,人民法院不予受理。

有下列情形之一的,仲裁协议无效:

(1)约定的仲裁事项超出法律规定的仲裁范围的;

(2)无民事行为能力人或者限制民事行为能力人订立的仲裁协议;

(3)一方采取胁迫手段,迫使对方订立仲裁协议的。

仲裁协议无效的,当事人可以选择重新达成仲裁协议,也可以选择向人民法院提起诉讼。

四、仲裁程序

(一)申请和受理

仲裁申请是仲裁机构立案受理的前提。当事人向仲裁机构申请仲裁,应当符合下列条件:

(1)有仲裁协议;

(2)有具体的仲裁请求和事实、理由;

(3)属于仲裁委员会的受理范围。

当事人申请仲裁,应当向仲裁委员会递交仲裁协议、仲裁申请书及副本。仲裁委员会收到仲裁申请之日起5日内,认为符合受理条件的,应当受理,并通知当事人;认为不符合受理条件的,应当书面通知当事人不予受理,并说明理由。

仲裁委员会受理仲裁申请后,应当在仲裁规则规定的期限内将仲裁规则和仲裁员名册送达申请人,并将仲裁申请书副本和仲裁规则、仲裁员名册送达被申请人。被申请人收到仲裁申请书副本后,应当在仲裁规则规定的期限内向仲裁委员会提交答辩书。仲裁委员会收到答辩书后,应当在仲裁规则规定的期限内将答辩书副本送达申请人。被申请人未提交答辩书的,不影响仲裁程序的进行。

当事人达成仲裁协议,一方向人民法院起诉未声明有仲裁协议,人民法院受理后,另一方在首次开庭前提交仲裁协议的,人民法院应当驳回起诉,但仲裁协议无效的除外。另一方在首次开庭前未对人民法院受理该案提出异议的,视为放弃仲裁协议,人民法院应当继续审理。

(二)仲裁庭的组成

仲裁庭是指由当事人选定或者由仲裁委员会主任指定的仲裁员组成的,对当事人申请仲裁的案件按照仲裁程序进行审理并作出裁决的组织形式。仲裁庭有两种组成形式:一是合议制仲裁庭;二是独任制仲裁庭。

1.合议制仲裁庭

合议制仲裁庭由3名仲裁员组成,设首席仲裁员1名。双方当事人各自在仲裁机构的仲裁员名册中选定或者委托仲裁委员会主任指定一名仲裁员,第三名仲裁员由双方共同选定或共同委托仲裁委员会主任指定。首席仲裁员由第三名仲裁员担任,与另外2名仲裁员组成仲裁庭共同进行仲裁。如果申请人和被申请人未在规定的期限内指定仲裁员,则由仲裁委员会主任指定。

2.独任制仲裁庭

独任制仲裁庭由1名仲裁员组成,由双方当事人在仲裁员名册中共同选定或者共同委托仲裁委员会主任指定。如果申请人和被申请人未在规定的期限内选定仲裁员,则由仲裁委员会主任指定。

仲裁庭组成后,仲裁委员会应当将仲裁庭的组成情况书面通知当事人。对于仲裁员有法定回避情形的,当事人有权提出回避申请。

3.仲裁员的回避

仲裁员有下列情形之一的,必须回避,当事人也有权提出回避申请:

(1)是本案当事人或者当事人、代理人的近亲属;

(2)与本案有利害关系;

(3)与本案当事人、代理人有其他关系,可能影响公正仲裁的;

(4)私自会见当事人、代理人,或者接受当事人、代理人请客送礼的。

当事人提出回避申请,应当说明理由,在首次开庭前提出。回避事由在首次开庭后知道的,可以在最后一次开庭终结前提出。仲裁员是否回避,由仲裁委员会主任决定;仲裁委员会主任担任仲裁员时,由仲裁委员会集体决定。

(三)开庭和裁决

1.开庭

仲裁应当开庭进行。当事人协议不开庭的,仲裁庭可以根据仲裁申请书、答辩书以及其他材料作出裁决。

仲裁不公开进行。当事人协议公开的,可以公开进行,但涉及国家秘密的除外。

仲裁委员会应当在仲裁规则规定的期限内将开庭日期通知双方当事人。当事人有正当理由的,可以在仲裁规则规定期限内请求延期开庭。是否延期,由仲裁庭决定。申请人经书面通知,无正当理由不到庭或者未经仲裁庭许可中途退庭的,可以视为撤回仲裁申请。被申请人经书面通知,无正当理由不到庭或者未经仲裁庭许可中途退庭的,可以缺席裁决。

2.和解和调解

(1)和解。当事人申请仲裁后,可以自行和解。达成和解协议的,可以请求仲裁庭根据和解协议作出裁决书,也可以撤回仲裁申请。当事人达成和解协议,撤回仲裁申请后反悔的,可以根据仲裁协议重新申请仲裁。

(2)调解。仲裁庭在作出裁决前,可以先行调解。当事人自愿调解的,仲裁庭应当调解。调解达成协议的,仲裁庭应当制作调解书或者根据协议结果制作裁决书。调解书与裁决书具有同等法律效力。调解不成或在调解书签收前当事人反悔的,应当及时作出裁决。

调解书由仲裁员签名,加盖仲裁委员会的印章,经双方当事人签收后,即发生法律效力。

3.裁决

仲裁裁决应当按照多数仲裁员的意见作出,仲裁庭不能形成多数意见时,裁决应当按照首席仲裁员的意见作出。独任仲裁庭仲裁的案件,裁决按照独任仲裁员的意思作出。裁决书由仲裁员签名、加盖仲裁委员会印章。

裁决书自作出之日起发生法律效力。仲裁实行一裁终局,仲裁案件经过一次仲裁作出仲裁裁决即告终结。除非仲裁裁决被依法撤销或不予执行,当事人不能申请再次仲裁,也不能起诉、上诉。

五、申请撤销仲裁裁决和仲裁裁决的执行

(一)申请撤销仲裁裁决

仲裁实行一裁终局,仲裁机构一旦作出仲裁裁决,当事人此后不可就同一事项再向任何仲裁机构提请仲裁,也不能向人民法院提起诉讼。但是,根据《仲裁法》第58条的规定,如果当事人认为仲裁裁决确实不符合我国法律规定,可以在收到仲裁裁决书之日起6个月内向仲裁委员会所在地的中级人民法院提出撤销裁决的申请:

(1)没有仲裁协议的;

(2)裁决的事项不属于仲裁协议的范围或者仲裁委员会无权仲裁的;

(3)仲裁庭的组成或者仲裁的程序违反法定程序的;

(4)裁决所根据的证据是伪造的;

(5)对方当事人隐瞒了足以影响公正裁决的证据的;

(6)仲裁员在仲裁该案时有索贿受贿、徇私舞弊、枉法裁决行为的。

人民法院受理撤销裁决的申请后,认为可以由仲裁庭重新仲裁的,通知仲裁庭在一定期限内重新仲裁,并裁定中止撤销程序。仲裁庭拒绝重新仲裁的,人民法院应当裁定恢复撤销程序。

对当事人撤销仲裁裁决的申请,人民法院应当组成合议庭审查核实。如果确有《仲裁法》第58条规定的可以撤销仲裁裁决情形的,应当裁定撤销。人民法院认为仲裁裁决违背社会公共利益的,应当裁定撤销。人民法院应当在受理撤销裁决申请之日起2个月内作出撤销裁决或者驳回申请的裁定。

(二)仲裁裁决的执行

1.仲裁裁决的执行

(1)当事人应当履行裁决。一方当事人不履行的,另一方当事人可以依照《民事诉讼法》的有关规定向被执行人住所地或者被执行的财产所在地的人民法院申请执行,受申请的人民法院应当执行。

(2)《民事诉讼法》第244条规定:对依法设立的仲裁机构的裁决,一方当事人不履行的,对方当事人可以向有管辖权的人民法院申请执行,受申请的人民法院应当执行。同时,《民事诉讼法》第246条规定:申请执行的期间为2年。申请执行时效的中止、中断,适用法律有关诉讼时效中止、中断的规定。前款规定的期间,从法律文书规定履行期间的最后一日起计算;法律文书规定分期履行的,从最后一期履行期限届满之日起计算;法律文书未规定履行期间的,从法律文书生效之日起计算。

(3)一方当事人申请执行裁决,另一方当事人申请撤销裁决的,人民法院应当裁定中止执行。人民法院裁定撤销裁决的,应当裁定终结执行。撤销裁决的申请被裁定驳回的,人民法院应当裁定恢复执行。

2.仲裁裁决的不予执行

《民事诉讼法》第244条规定,人民法院接到当事人的执行申请后,应当及时按照仲裁裁决予以执行。但是,如果被申请执行人提出证据证明仲裁裁决有下列情形的,经人民法院组成合议庭审查核实,裁定不予执行:

(1)当事人在合同中没有订有仲裁条款或者事后没有达成书面仲裁协议的;

(2)裁决的事项不属于仲裁协议的范围或者仲裁机构无权仲裁的;

(3)仲裁庭的组成或者仲裁的程序违反法定程序的;

(4)裁决所根据的证据是伪造的;

(5)对方当事人向仲裁机构隐瞒了足以影响公正裁决的证据的;

(6)仲裁员在仲裁该案时有贪污受贿、徇私舞弊、枉法裁决行为的。

仲裁裁决被人民法院裁定不予执行的,当事人可以根据双方达成的书面仲裁协议重新申请仲裁,也可以向人民法院起诉。

六、涉外仲裁的特别规定

(一)涉外仲裁的含义、种类及法律运用

涉外仲裁是指争议具有涉外因素的仲裁。涉外因素包括:①争议的主体(包括法人和自然人)属于不同国家;②争议的标的物位于国外或者跨越国界;③争议的法律关系的产生、变更或消灭在国外,如合同的订立、履行和终止在国外。在我国,对当事人一方或双方是外国公司的仲裁,称为涉外仲裁。涉港、澳、台案件根据我国法律参照涉外案件处理。

涉外经济贸易、运输和海事中发生的纠纷的仲裁,适用《仲裁法》第七章的规定,该章没有规定的,适用《仲裁法》其他有关规定。

(二)涉外仲裁委员会

涉外仲裁委员会是中国仲裁涉外经济贸易、运输和海事中发生的纠纷的国际性的民间仲裁机构。涉外仲裁委员会可以由中国国际商会组织设立。我国的涉外仲裁机构有中国国际贸易促进委员会(中国国际商会)内设立的中国国际经济贸易仲裁委员会和中国海事仲裁委员会。

涉外仲裁委员会由主任1人,副主任若干人和委员若干人组成,他们可以由中国国际商会聘任,仲裁员则由涉外仲裁委员会从具有法律、经济贸易、科学技术等专门知识的中外人士中聘任。

(三)涉外仲裁的几项特别规定

(1)涉外仲裁的证据保全由涉外仲裁委员会将当事人的申请提交证据所在地的中级人民法院。

(2)涉外仲裁委员会作出的发生法律效力的仲裁裁决,当事人请求执行,如果被执行人或者其财产不在中华人民共和国领域内的,应当由当事人直接向有管辖权的外国法院申请承认和执行。

(3)已经中华人民共和国涉外仲裁机构裁决的,当事人不得向人民法院起诉。一方当事人不履行仲裁裁决的,对方当事人可以向被申请人住所地或者被执行财产所在地的中级人民法院申请执行。

本章小结

诉讼与仲裁是解决企业经济纠纷的两种途径。本章依据《民事诉讼法》及《仲裁法》,对民事诉讼及仲裁的相关制度进行分析和阐述,以期学生能够掌握企业经济纠纷处理的程序,能够独立处理简单的企业涉讼案件或涉裁案件。

技能训练

内容:2012 年 11 月 16 日,被告以"泉州××商务酒店鲤城分店"的名义,与原告福建某消防公司签订一份"消防工程承包合同书",由原告为被告的酒店提供消防系统工程的装修改造,约定的工程款为人民币 22.5 万元;被告应于消防验收合格后支付合同约定价款的 95%,并在消防验收合格后半年内,付清剩余的全部款项。合同签订后,原告依约完成了全部工程的消防改造工程,并按被告指示增补施工了 93513 元的变更工程,且前述全部工程已于 2014 年 4 月 2 日通过消防验收。至此,被告总计应支付给原告工程款合计为 318513 元。然而,被告未能依约支付工程款,并且虽经原告多次催讨,被告尚拖欠 185763 元工程款未付。故,原告起诉至泉州市鲤城区人民法院,要求被告支付尚欠工程款及逾期利息。

要求:学生分别扮演原告、被告及诉讼代理人、法官,依照《民事诉讼法》一审程序,开展模拟法庭活动。

目的:通过模拟法庭,掌握民事诉讼一审程序全流程。

参考文献

[1]高洁,朱小英.经济法基础[M].北京:高等教育出版社,2021.

[2]财政部会计资格评价中心.经济法基础[M].北京:经济科学出版社,2021.

[3]王福友,曲振涛.经济法(第六版)[M].北京:高等教育出版社,2017.

[4]王娜,王金河.经济法[M].北京:中国商务出版社,2018.

[5]李仁玉.经济法概论(财经类)[M].北京:中国人民大学出版社,2016.

[6]中华人民共和国民法典[M].北京:中国法制出版社,2020.

[7]周昌发.企业法律风险防范的原理与实务[M].北京:社会科学文献出版社,2021.

[8]谈萧.企业法律实务(第二版)[M].武汉:华中科技大学出版社,2015.

[9]赵旭东.新公司法制度设计[M].北京:法律出版社,2006.

[10]刘俊海.公司法学[M].北京:北京大学出版社,2020.

[11]王欣新.公司法[M].北京:中国人民大学出版社,2020.

[12]杨立新.合同法[M].北京:法律出版社,2021.

[13]李少伟,张晓飞.合同法[M].北京:法律出版社,2021.

[14]王莲峰.商标法学(第三版)[M].北京:北京大学出版社,2019.

[15]崔国斌.著作权法:原理与案例[M].北京:北京大学出版社,2014.

[16]王桦宇.劳动合同法实务操作与案例精解[M].北京:中国法制出版社,2020.

[17]王少波.劳动关系与劳动法[M].北京:中国劳动社会保障出版社,2011.

[18]王全兴.劳动法[M].北京:法律出版社,2017.